IFO-INSTITUT FÜR WIRTSCHAFTSFORSCHUNG

STRUKTUR UND WACHSTUM

REIHE INDUSTRIE

Heft 45

IFO-INSTITUT FÜR WIRTSCHAFTSFORSCHUNG

Druckindustrie

Strukturwandlungen und Entwicklungsperspektiven

Von

Klaus Grefermann

DUNCKER & HUMBLOT / BERLIN - MÜNCHEN

CIP-Titelaufnahme der Deutschen Bibliothek

Grefermann, Klaus:
Druckindustrie: Strukturwandlungen und
Entwicklungsperspektiven / Klaus Grefermann. –
Berlin; München: Duncker u. Humblot, 1990
(Struktur und Wachstum: Reihe Industrie; H. 45)
ISBN 3-428-06840-8
NE: Struktur und Wachstum / Reihe Industrie

Satz: Werksatz Marschall, Berlin 45
Fotoprint: Color-Druck Dorfi GmbH, Berlin 49
Printed in Germany

ISSN 0536-1621
ISBN 3-428-06840-8

Vorwort

Das Ifo-Institut für Wirtschaftsforschung sieht eine seiner Hauptaufgaben darin, den strukturellen Umschichtungen innerhalb einer wachsenden Wirtschaft nachzugehen. Es hat deshalb die Schriftenreihe „Struktur und Wachstum" ins Leben gerufen.

In zwangloser Folge erscheinen Studien über den strukturellen Wandel und die sich daraus ergebenden Wachstumschancen dieser Bereiche. Die vorliegende „Reihe Industrie" vermittelt einen Einblick in Strukturwandlungen und deren Ursachen in wichtigen Industriegruppen der Bundesrepublik. Die Untersuchungen werden in den Branchenreferaten der Abteilung Industrie und Struktur durchgeführt.

Im Mittelpunkt der vorliegenden Untersuchung steht die Analyse der Anpassungsreaktionen der „Druckerei, Vervielfältigung" an die sich ändernden technischen und wirtschaftlichen Rahmenbedingungen. Darauf aufbauend werden die Chancen und Risiken für die künftige Entwicklung der Branche insgesamt und ihrer wichtigsten Teilbereiche (Bücher, Zeitungen, Zeitschriften, Kataloge und Werbedrucksachen sowie Geschäftspapiere) herausgearbeitet.

Der Bundesminister für Wirtschaft hat die Studie finanziell unterstützt.

München, im November 1989

Prof. Dr. Karl Heinrich Oppenländer

Präsident
des Ifo-Instituts für Wirtschaftsforschung
München

Inhaltsverzeichnis

Verzeichnis der Tabellen

Tabellen im Text

Tabellen im Anhang

Verzeichnis der Abbildungen

I. Problemstellung und Aufbau der Untersuchung

1. Rahmenbedingungen und Problemstellung

Die Druckindustrie[1] ist eine recht alte und traditionsreiche Branche, ihre Erzeugnisse umgeben jeden Menschen im täglichen Leben, sei es im privaten, sei es im beruflichen Bereich. Ihr Produktionswachstum hat sich in der Vergangenheit sehr ähnlich demjenigen des verarbeitenden Gewerbes insgesamt vollzogen.

Hinter dieser scheinbar glatten Entwicklung verbergen sich zahlreiche Veränderungen auf den Absatzmärkten, bei den Wettbewerbsverhältnissen, den Produkten und den Produktionsmethoden. Es ist davon auszugehen, daß diese Strukturwandlungen sich in Zukunft wesentlich beschleunigen werden, woraus sich für die Hersteller von Druckerzeugnissen große Herausforderungen ergeben werden. Angesichts dieser sich abzeichnenden Änderungen ist es angebracht, den wichtigen Trends, wie sie sich aus den Entwicklungen der letzten Jahre abzeichnen, nachzugehen. Folgende *Arbeitshypothesen* lagen daher der vorliegenden Studie zugrunde.

Verschiebungen im Mediengefüge

Die stärksten Impulse sind aus den Verschiebungen im Mediengefüge zu erwarten. Hier besteht schon lange eine Konkurrenz zwischen den Printmedien und den elektronischen Medien (Radio, Fernsehen) um die Werbeetats der Wirtschaft. Bisher ist diese Konkurrenz aber nur deswegen vergleichsweise wenig sichtbar geworden, weil die Werbezeiten in den öffentlich-rechtlichen Medien limitiert waren. Die Tatsache, daß diese Zeiten ständig überbucht waren, zeigt, daß ein ungedeckter Bedarf vorlag. Mit dem Ausbreiten eines anders strukturierten Privatfernsehens, verbreitet über Satellit, Kabel oder regional auch terrestrisch, stehen nun zunehmend auch mehr Werbezeiten zur Verfügung, so daß bei gegebenem Gesamt-Werbebudget tendenziell mehr Werbeausgaben von den Printmedien abgezogen werden.

[1] Diese Bezeichnung wurde im folgenden für Druckerei, Vervielfältigung entsprechend SYPRO-Wirtschaftszweig 57 gewählt.

Konkurrenz der elektronischen Informationssysteme

Es zeichnet sich ab, daß Druckerzeugnisse auch als Informationstransport- und -speichermedien an Bedeutung einbüßen. Die Elektronik in Form von Datennetzen und -banken, von Informations- und Kommunikationssystemen beginnt in Wirtschaft und Verwaltung, künftig vielleicht auch im privaten Bereich, verstärkt Einzug zu halten.

Konkurrenz des „Print-it-yourself"

Zwar hat sich die Furcht vor dem „paperless office" als unbegründet erwiesen, es hat noch nicht einmal das „less paper office" gegeben, aber es ist nicht auszuschließen, daß ein steigender Anteil dieses Papiers nicht mehr von der Druckindustrie bedruckt wird. Vielmehr erfolgt dies zum einen durch „Copyshops", die gerade bei den kleineren Akzidenzen (z. B. Handzettel, Wurfsendungen, Dissertationen, Briefpapier) den Druckereien viele Aufträge weggenommen haben. Zum anderen konkurrieren hier die „Hausdruckereien", also Druckkapazitäten, die außerhalb der Druckindustrie in anderen Wirtschaftszweigen installiert sind. Diese Druckereien, die bisher überwiegend mit kleinen (Bogen-)Offsetmaschinen arbeiteten, haben neuerdings in Form des Desktop-Publishing die Möglichkeiten, einfachere Prospekte, Bedienungsanleitungen, Preislisten, Briefbögen und ähnliche Erzeugnisse mit Hilfe von Personal-Computern, Layout-Software, Scannern und Matrix- oder Laserdruckern gleichsam vom Schreibtisch aus in einer sich den traditionellen Druckverfahren angleichenden Qualität herzustellen und somit vom Auftragsvolumen der Druckindustrie abzuziehen. Auch im Bereich des Formulardrucks mit Hilfe der EDV und entsprechender Masken sind ähnliche Entwicklungen zu beobachten.

Sättigungstendenzen in der privaten Nachfrage

Neben dieser Konkurrenz durch andere Medien bzw. „branchenfremde" Hersteller von Druckerzeugnissen wirken auf die Entwicklung der Druckindustrie aber auch noch soziodemographische Faktoren, und zwar per Saldo offensichtlich zunehmend negativ. So zeichnen sich bereits heute auf einigen Gebieten zunehmend Sättigungstendenzen ab: Dies gilt beispielsweise für den Konsum von Zeitschriften und Zeitungen pro Kopf bzw. pro Haushalt. Hinzu kommt, daß das „gedruckte Wort" im Freizeitverhalten der Bevölkerung anscheinend an Bedeutung zu verlieren beginnt, sich mithin ein Wertewandel abzeichnet. Dies kann noch dadurch verstärkt werden, daß elektronische Speichermedien die gedruckten Informationen abzulösen beginnen.

Internationalisierung im Druckbereich

Bisher waren die Drucker in der Bundesrepublik Deutschland von Konkurrenzdruck aus dem Ausland noch vergleichsweise wenig betroffen. Immerhin sind aber in den letzten zehn Jahren die Importe um 40 %, die Exporte sogar um fast 60 % gestiegen. Durch das Entstehen multinationaler Medienkonzerne und die Bemühungen um die Schaffung eines gemeinsamen Binnenmarktes könnte sich hier jedoch eine Verstärkung der Internationalisierung auch auf den Druckmärkten ergeben. Neue Methoden der Übertragung von Druckvorlagen via Kabel, terrestrischem oder Satellitenfunk werden dies begünstigen. Unterschiedliche Normen und technische Standards werden zunehmend harmonisiert und büßen ihre hemmende Wirkung ein. Die Bedeutung von sprachlichen Barrieren wird für die Zukunft als weniger wirksam angesehen.

Wandel in der Drucktechnik

Die Investitionsquote der Druckindustrie, also der Anteil der Investitionsausgaben am Umsatz, belief sich in den letzten zehn Jahren durchschnittlich auf 6,5-7 %. Hier stand zunächst die Ablösung des traditionellen Bleisatzes durch elektronische Verfahren im Vordergrund. Diese Umstellung ist inzwischen abgeschlossen; die Ablösung des Hochdrucks durch den Offsetdruck ist ständig weitergegangen. Die Druckmaschinen der neuen Generation sind wesentlich schneller und größer geworden (die neuesten Konstruktionen für Tiefdruck sind 3,30 m breit) sowie flexibler, bedienungsfreundlicher (beschleunigter Farbwechsel, geringe Anfahrverluste) und präziser. Damit steigen die Investitionskosten, was besonders kleinere, kapitalschwächere Unternehmen trifft. Der Anteil der Druckindustrie am gesamten verarbeitenden Gewerbe ist beim Brutto-Anlagevermögen in den letzten Jahren denn auch ständig gestiegen.

Auf die Ansprüche an die Qualifikation der Beschäftigten hat der technische Fortschritt in zweierlei Hinsicht gewirkt: die Vorbereitung des Satzes, teilweise auch der Satz selbst, sind, vereinfacht gesagt, heute bereits vom Schreibtisch des Autors aus möglich oder können zumindest von angelernten Kräften durchgeführt werden. Damit sind traditionelle und hochqualifizierte Berufe wie der des Schriftsetzers neu zu definieren. Andererseits erfordern die Druckmaschinen wegen der gestiegenen Produktivität zwar weniger, dafür aber höher qualifizierte Kräfte.

Die vorliegende Studie soll dazu dienen, die Strukturwandlungen und die Entwicklungschancen der Druckindustrie in der Bundesrepublik Deutschland vor dem Hintergrund dieser sich abzeichnenden Tendenzen unter einer

Vielzahl von Aspekten zu beleuchten. Sie setzt damit die Tradition derartiger Untersuchungen durch das Ifo-Institut[2] fort.

2. Aufbau der Untersuchung

Die Studie gliedert sich in drei Komplexe: einen allgemeinen Teil (Abschnitte II-V), eine Sektoranalyse (Abschnitt VI) und einen Perspektivteil. Ziel des *allgemeinen Teils* ist es, einen Überblick über die Druckindustrie als Ganzes zu geben; dabei werden aber auch Hinweise auf produktgruppenspezifische Besonderheiten gegeben. Insbesondere werden die Stellung der Druckindustrie im Rahmen der Gesamtwirtschaft, ihre Verflechtung mit Papiererzeugung und -verarbeitung, aber auch mit Medienkonzernen, ihre Abnehmerbereiche (vor allem der Einfluß der Werbung), die Nachfrage- und Angebotsentwicklung, die Marktstruktur sowie die außenwirtschaftliche Verflechtung analysiert. Ergänzt wird dies durch eine Betrachtung der Kosten- und Ertragsentwicklung, der produktionstechnischen Entwicklungslinien sowie des Rohstoffverbrauchs. In diesem Teil sollen vor allem solche Daten und Ergebnisse vorgeführt werden, die nur auf der Ebene der Wirtschaftsgruppe vorliegen.

Der *zweite Teil* befaßt sich mit der Analyse einzelner Teilbereiche der Druckindustrie. Nach Abgrenzung und Erklärung des Teilbereiches wird zunächst auf die Angebots- und Nachfragestruktur der jeweiligen in- und ausländischen Märkte eingegangen. Sodann werden diejenigen technisch/wirtschaftlichen/gesellschaftlichen Faktoren analysiert, die für die einzelnen Teilbereiche relevant sind.

Der *dritte Teil* faßt als Perspektivteil die Ergebnisse der einzelnen Untersuchungsabschnitte zusammen. Sodann wird dargestellt, welche Risiken, aber auch welche Chancen der deutschen Druckindustrie aus den erkennbaren, zukunftsweisenden Entwicklungen erwachsen und ob sie die für die Wahrnehmung ihrer Zukunftsaufgaben geeignete Größe und Struktur hat.

Die Analysen der Vergangenheit beginnen generell mit dem Jahr 1977, um einen lückenlosen Anschluß an die letzte Studie des Ifo-Instituts über diese Branche zu gewährleisten. Wenn notwendig, wird aber auch auf Daten für frühere Jahre zurückgegriffen, vor allem dann, wenn nur sehr langsam ablaufende Strukturwandlungen dargestellt werden sollen. Endjahr der Re-

---

[2] R. Schroeder, Papierverarbeitung und Druckerei-Industrie, Struktur und Wachstum, Reihe Industrie, Heft 12, 1965. — K. Grefermann, Papierverarbeitung und Druckerei-Industrie aus der Sicht der siebziger Jahre, Struktur und Wachstum, Reihe Industrie, Heft 22, 1973. — K. Grefermann, Druckerei- und Vervielfältigungsindustrie — Strukturwandlungen und Entwicklungsperspektiven für die achtziger Jahre, Struktur und Wachstum, Reihe Industrie, Heft 32, 1980.

ferenzperiode war generell 1987; vor der endgültigen Drucklegung wurden aber noch möglichst viele Daten für 1988 ergänzt.

Informationsbasis für die Untersuchung bildeten die Daten aus der amtlichen Statistik, so wie sie vom Statistischen Bundesamt oder aber auch in entsprechend aufbereiteter Form vom Bundesverband Druck veröffentlicht werden. Hier ist insbesondere auch die Pressestatistik des Statistischen Bundesamtes (Fachserie 11, Reihe 5) zu nennen. Ergänzend wurden Spezialstatistiken herangezogen, so z. B. für den internationalen Teil Daten der internationalen Verbände, der UN und der OECD; für die Aussagen über die Medien die entsprechenden Media-Handbücher und ZAW (Zentralausschuß der Werbewirtschaft)-Statistiken und für die Direktwerbung die Statistiken der Bundespost. Sehr hilfreich waren auch die Ergebnisse der jährlichen Sonderbefragung der Druckindustrie, die das Ifo-Institut für den Bundesverband Druck über solche Tatbestände durchführt, die nicht durch die amtliche Statistik abgedeckt sind. Zusätzlich wurde eine Reihe von Gesprächen mit Fachleuten aus Forschung, Verbänden und Unternehmen geführt. Allen, die zum Zustandekommen dieser Untersuchung beigetragen haben, sei an dieser Stelle herzlich gedankt.

Die Druckindustrie ist die einzige Branche (Zweisteller der amtlichen Statistik), deren Produktion nur wertmäßig (in laufenden Preisen) ausgewiesen wird. Die Überführung dieser Nominalgrößen in Realgrößen ist methodisch deshalb nicht unbedenklich, weil Preisindices in der erforderlichen Qualität und Detaillierung nicht vorliegen. Aus diesem Grund mußte häufig auf Hilfsgrößen — im englischen Sprachgebrauch auch als „proxis" bezeichnet — zurückgegriffen werden, um die entsprechenden Entwicklungstendenzen unter Ausschaltung der Einflüsse von Preisveränderungen zu erklären.

Zum Zwecke der besseren Lesbarkeit wurden die Tabellen, die im Format über kleinere Texttabellen hinausgehen, in einen Anhang aufgenommen. Die im Text verbliebenen Tabellen werden bei den Hinweisen mit einem „T" gekennzeichnet (z. B.: Tab. T 2).

II. Bedeutung und Aufbau der Druckindustrie in der Bundesrepublik Deutschland

1. Bedeutung und Abgrenzung der Branche

1.1 Charakterisierung der Druckindustrie

„Druckerei, Vervielfältigung" umfaßt in der Abgrenzung der „Systematik der Wirtschaftszweige, Ausgabe 1979" (WZ) den Druck von Zeitungen und anderen Hoch-, Flach- und Tiefdruckerzeugnissen, die zeichnerische Herstellung von Landkarten, Bauskizzen, Kleidermodellen u. ä. für Druckzwecke, die Vervielfältigung, einschließlich der Herstellung von Druckplatten und den zum Absatz bestimmten Hand-, Maschinen- und Fotosatz sowie die Licht- und Photopauserei. Nicht einbezogen wird die Herstellung von Gesellschafts-, Unterhaltungs- und Beschäftigungsspielen, von Tüten, Beuteln und Faltschachteln, von Taschen- und Terminkalendern sowie von geprägten, gestanzten und gummierten Etiketten. Außerdem werden (Stand 1989) nicht (mehr) zur „Druckerei, Vervielfältigung" die Herstellung von Stempeln aller Art und von Erzeugnissen der Fotor- und Filmlabors gerechnet. Besonders bedeutsam ist, daß in der deutschen Statistik im Gegensatz zur „Allgemeinen Systematik der Wirtschaftszweige in den Europäischen Gemeinschaften, Ausgabe 1970" (NACE) das bedeutsame Verlagsgewerbe den Dienstleistungen zugeordnet wird, wohingegen es dort zum verarbeitenden Gewerbe gehört.

Löst man sich von diesem mehr statistisch-definitorischen Ansatz, so lassen sich als Charakteristika der Druckindustrie festhalten: Hergestellt werden vor allem Presse- und sonstige Druckerzeugnisse, die im weitesten Sinne der Informationsübertragung und -speicherung dienen und von allen Individuen und Gruppen der Bevölkerung nachgefragt werden. Insbesondere in jüngerer Zeit ist deutlich geworden, daß die Informationsbedürfnisse auch noch von einer Fülle anderer Einrichtungen in Form von elektronischen Medien und Kommunikationssystemen gedeckt werden können. Es gibt daher eine enge Verbindung zwischen dem Druckbereich und der Gesamtentwicklung der Kommunikations- und Informationstechnologien, die zu einer verstärkten gegenseitigen Befruchtung, aber auch Konkurrenzsituation geführt hat.

Die Herstellung von geschriebenen, später gedruckten, Informationen gehört zu den ältesten „Kulturindikatoren" der Menschheit und war zeitweise und regional unterschiedlich nur privilegierten Schichten möglich oder vorbehalten. Mit der Einführung des Druckens mittels beweglicher Lettern setzte auch die geschichtliche Periode der Neuzeit ein. Wesentliche Erfindungen aus dem Bereich der Drucktechnik kamen aus Deutschland, das stets zu den qualitativ führenden Drucknationen der Welt zählte. In diesem Zusammenhang sollte nicht vergessen werden, daß traditionell zum Beruf des Schriftsetzers und der damit verwandten Tätigkeiten ein überdurchschnittliches Bildungsniveau gehörte (z. B. das früher nicht so weit verbreitete Lesen- und Schreibenkönnen), was zum einen zu einem teilweise elitären Standesbewußtsein dieser Berufsgruppen, zum anderen aber auch zu einem besonders ausgeprägten Drang nach sozialem Fortschritt führte. Dies drückt sich u. a. auch darin aus, daß die Druckberufe traditionell in der Spitzengruppe der Lohnskala zu finden sind.

Die Druckindustrie ist in weiten Bereichen eine „High-Tech-Branche" geworden. Viele Schritte des Produktionsprozesses sind inzwischen automatisiert; sie werden über Mikroprozessoren gemessen und kontrolliert. Unter mitteleuropäischen Verhältnissen können rund drei Fünftel der Beschäftigten in der Druckindustrie als hochspezialisierte Fachleute gelten. Dieser Anteil ist sehr viel höher als in anderen Branchen und ist ebenso eine weitere Erklärungskomponente für die hohen Arbeitslöhne wie die Tatsache, daß viele Druckerzeugnisse (z. B. Zeitungen, Zeitschriften) auch in Nacht- und Sonntagsarbeit hergestellt werden.

Die hergestellten Druckprodukte sind hinsichtlich Art, Umfang und Losgröße außerordentlich vielfältig. Sie reichen von den Millionenauflagen der großen Publikumszeitschriften bis zu sehr kleinen Aufträgen privater Nachfrage (z. B. Briefbogen) oder gar zu Einzelstücken. Damit ist auch die breite Palette der Nachfrager aus Verwaltung, Wissenschaft, Verlagen, gewerblichem Bereich und privatem Sektor angesprochen. Dementsprechend ist auch die Struktur der Anbieter von Druckleistungen außerordentlich heterogen. Zahlenmäßig dominieren, wie im verarbeitenden Gewerbe insgesamt, bei weitem die kleinen und kleinsten Unternehmen. Hervorstechend sind jedoch die Großdruckereien für Presseerzeugnisse, insbesondere für Publikums- und Programmzeitschriften sowie für überregionale Tageszeitungen, die häufig im Besitz der entsprechenden Verlage sind.

Nicht alle Druckprodukte sind unter dem Begriff der Statistik „Druckerei" subsumiert. Beispielhaft seien hier Gesellschaftsspiele, Faltschachteln, Teile der Kalender (nämlich Taschen- und Terminkalender) und Etiketten-Produktion (nämlich geprägte, gestanzte und gummierte Etiketten) sowie bedrucktes Holz (z. B. Lineale), bedruckter Kunststoff (z. B. Tragetaschen) oder bedrucktes Feinblech (z. B. Dosen) genannt. Zu berücksichtigen ist außerdem, daß ein erheblicher Teil der Druckproduktion auf Maschinen erfolgt, die nicht in einem Betrieb stehen, der in der amtlichen Statistik der

„Druckerei, Vervielfältigung" zugerechnet wird, da er seinen wirtschaftlichen Schwerpunkt auf anderen Gebieten hat. Diese Hausdruckereien vor allem größerer, aber auch kleinerer Unternehmen aus Industrie und Handel vermehrt um die zahlreichen Druckereien in Behörden und vielen Dienstleistungsfirmen dürften eine beträchtliche Produktion auf sich vereinigen, zumal dies technisch durch die Entwicklung kleiner, leistungsfähiger und einfach zu bedienender Druckmaschinen leichter geworden ist. Damit ist aber auch der fließende Übergang vom „klassischen" Druck auf Druckmaschinen zu Computer-Druckern und Kopiermaschinen angesprochen, der zunehmend weniger trennscharf wird.

1.2 Bedeutung der Branche in der Bundesrepublik

Die Druckindustrie wird dem Verbrauchsgüter produzierenden Gewerbe zugerechnet. Hier ist sie nach der Herstellung von Kunststoffwaren, dem Textilgewerbe und der Holzverarbeitung der viertgrößte Wirtschaftszweig. Im Rahmen des gesamten verarbeitenden Gewerbes sind zwölf Wirtschaftszweige größer und 24 Zweige kleiner als die Druckindustrie; sie kann daher als mittelgroße Branche bezeichnet werden. Zahlenmäßig kann ihre Bedeutung durch ihren Anteil bei einzelnen Indikatoren am Verarbeitenden Gewerbe insgesamt dargestellt werden (Tab. 1). Dieser liegt bei Beschäftigten, Arbeiterstunden, Lohn- und Gehaltssumme sowie Anlageinvestitionen in einer Größenordnung von 2,5 bis 3 %. Die relativ geringe Einbindung in den internationalen Warenaustausch dokumentiert sich in dem verschwindend geringen Anteil beim Auslandsumsatz (1988: 0,5 %).

Die wirtschaftliche Bedeutung der Druckindustrie in der Bundesrepublik ist aber noch wesentlich höher zu veranschlagen als es in den genannten Zahlen zum Ausdruck kommt, wenn man nämlich ihre enge Beziehung zum Verlagsgewerbe berücksichtigt. Nach den Ergebnissen der Umsatzsteuerstatistik 1984, die für den Bereich „Druckerei, Vervielfältigung" einen steuerbaren Umsatz in Höhe von 27,4 Mrd. DM ausweist, hatten die Verlage im gleichen Jahr (ohne Musikverlage) einen steuerbaren Umsatz von 29,6 Mrd. DM aufzuweisen. Selbst wenn man berücksichtigt, daß hierin Vorleistungen von knapp zwei Dritteln enthalten sind[1], die zu einem großen Teil in Druckleistungen bestehen, so ist dem Bereich der Druckindustrie doch eine beträchtliche wirtschaftliche Leistung der Verlage hinzuzurechnen, mit denen sie in engem „produktionstechnischen" Verbund, häufig sogar in kapitalmäßiger Verflechtung steht.

---

[1] M. Hummel und M. Berger, Die volkswirtschaftliche Bedeutung von Kunst und Kultur, Schriftenreihe des Ifo-Instituts für Wirtschaftsforschung Nr. 122, Berlin/München 1988.

Bezogen auf die Bruttowertschöpfung *aller* Wirtschaftsbereiche, also das Bruttoinlandsprodukt, leistete die „Druckerei, Vervielfältigung“ 1986 einen Beitrag von 0,7 %. Im Jahre 1984, für das entsprechende Berechnungen des Ifo-Instituts vorliegen[2], betrug der zusammengefaßte Beitrag von Druckerei, Vervielfältigung sowie Verlagen 1,4 %.

1.3 Bedeutung der Branche in der EG

Die Druckindustrie zählt auch EG-weit zu den bedeutenden industriellen Sektoren. Die Anzahl der Betriebe wird auf rund 60 000 geschätzt. Die Zahl der Beschäftigten wird mit einer dreiviertel Million und der Umsatz 1988 mit 51 Mrd. ECU veranschlagt[3]. Der Anteil der in der Druckindustrie Beschäftigten an den Gesamtbeschäftigten wird EG-weit auf rund 2 % geschätzt.

Die Struktur der Druckindustrie in der Gemeinschaft ist charakterisiert durch einige wenige Großunternehmen mit 1 000 und mehr Beschäftigten, eine geringe Anzahl von Mittelbetrieben (mit einigen Hundert Beschäftigten) und eine sehr große Anzahl von Kleinbetrieben meist in Familienbesitz. Die großen Mitgliedsländer Frankreich, Bundesrepublik Deutschland und Vereinigtes Königreich haben rund 6 000 bis 10 000 Druckunternehmen und selbst in kleineren Ländern wie den Niederlanden und Belgien finden sich noch rund 2 000.

Der Vergleich der nationalen Druckindustrien hinsichtlich ihrer Bedeutung ist außerordentlich durch die Tatsache erschwert, daß kompatibles Zahlenmaterial nicht vorliegt. Dies ist nicht zuletzt dadurch bedingt, daß die Abgrenzungen stark divergieren (Einbeziehen des Verlagswesens oder auch von Teilen der Papiererzeugung und/oder Papierverarbeitung). Daher können die in Tabelle 2 dargestellten Indikatoren nur von globalem Charakter sein. Alle Daten weisen darauf hin, daß die deutsche Druckindustrie innerhalb der EG die mit Abstand bedeutendste ist. Gemessen am Verbrauch von Druckpapieren — unter den in Tabelle 2 ausgewiesenen Indikatoren der wohl aussagefähigste — entfällt auf sie etwas mehr als ein Viertel der gesamten Druckproduktion der EG (12). Diese Relation wird auch anhand des Verbrauchs an Druckfarben bestätigt, der nach Aussage eines bedeutenden Herstellers in der EG rund viermal so hoch ist wie in der Bundesrepublik.

Die grenzüberschreitenden Handelsbeziehungen der nationalen Druckindustrien (einschl. Verlage und Buchhandel) konzentrieren sich bei den Importen vor allem auf den Warenaustausch innerhalb der Gemeinschaft. Lediglich im Bereich des Buchdrucks werden von Verlegern innerhalb der

---

[2] Ebenda.

[3] EG-Kommission (Hrsg.), Panorama of EG Industry 1989, Brüssel/Luxemburg 1988, S. 23-1. Für 1988 standen Vorabinformationen aus der Neuauflage zur Verfügung.

EG Druckaufträge in nennenswertem Umfang in den Fernen Osten und nach Osteuropa vergeben; bei einem entsprechenden Dollarkurs kommt auch Nordamerika als Lieferant zum Zuge. Außer aus Büchern bestehen die Importe der Gemeinschaft an Druckerzeugnissen aus Zeitschriften und Werbematerial, welches von Tochtergesellschaften aus dem Sitzland der Muttergesellschaften zur Unterstützung der Verkaufsaktivitäten eingeführt wird. Insgesamt kamen 1988 die Einfuhren der Gemeinschaft an Druckerzeugnissen zu rund 19% aus den USA, 28% aus der Schweiz, 11% aus Österreich sowie zu 8% aus Japan. Von deutlich geringerer Bedeutung waren die nächstwichtigen Lieferanten Andorra, Hongkong und Finnland[4].

Die Hauptabnehmer der EG-Exporte an Druckerzeugnissen sind identisch mit den wichtigsten Lieferländern: Die USA nahm 1988 rund 15% der Gesamtausfuhren ab, die Schweiz 19%, Österreich 12% sowie Schweden 11% und Norwegen 5%. Von deutlich geringerer Bedeutung waren (in dieser Reihenfolge): Kanada, Australien und Japan. Die größte Bedeutung für die Druckindustrie haben Abnehmer außerhalb der EG für das Vereinigte Königreich, Spanien und Portugal, bei denen die (sprachlichen) Beziehungen zu den vielen englischsprachigen Staaten bzw. nach Südamerika eine wichtige Rolle für diese Lieferbeziehungen spielen.

Innerhalb der EG sind es vier Länder, die die Außenhandelsbeziehungen mit Abnehmern außerhalb der EG in besonderem Maße tragen. Auf das Vereinigte Königreich, die Bundesrepublik Deutschland, die Niederlande und Frankreich entfallen rund sieben Zehntel aller diesbezüglichen Importe und Exporte (Tab. 3).

Betrachtet man den Handel innerhalb der Gemeinschaft, so wiesen 1988 zwei Länder, nämlich BR Deutschland und Italien, kräftige Außenhandelsüberschüsse auf; Belgien/Luxemburg erzielten einen geringen Handelsüberschuß. Alle anderen Länder führten aus den anderen EG-Staaten mehr Druckerzeugnisse ein als sie dorthin lieferten.

1.4 Regionale Verteilung

Hinsichtlich der Standortwahl gilt die Druckindustrie als überwiegend absatzorientiert. Dies trifft vor allem auf die typischen kleineren Akzidenzbetriebe sowie auf die Druckereien zu, in denen lokale und regionale Tageszeitungen und ähnliche Periodika hergestellt werden. Man könnte deshalb einen engen Zusammenhang zwischen der regionalen Bedeutung der Druckindustrie einerseits sowie der Bevölkerungsdichte und der Wirtschaftskraft andererseits vermuten. Dies trifft in der Tat für viele Regionen

[4] EG-Kommission (Hrsg.), Panorama of EC Industry 1989, a.a.O., S. 23-7.

zu. Auf der Ebene der Bundesländer gilt dies insbesondere für Berlin (West), das Saarland, Rheinland-Pfalz und Hessen. Hingegen sind Bayern, Baden-Württemberg und Schleswig-Holstein mit Druckereien eher „überversorgt". In den restlichen Bundesländern sind Druckereien eher unterdurchschnittlich repräsentiert (Tab. 4).

Hauptursache für diese „Disproportionalitäten" sind in erster Linie regionale Schwerpunkte, die aus der Konzentration von Verlagen und den damit zusammenhängenden Verlagsdruckereien herrühren. So gelten München, Hamburg und Stuttgart als wichtige Verlags- und Druckzentren, wobei die großen Druckereien ihre Standorte häufig aus den Städten heraus in stadtnahe Gewerbegebiete verlagert haben, denn der Antransport der Papiere und der Abtransport der Druckerzeugnisse ist in der Regel sehr verkehrsintensiv, wobei sich vor allem bei Zeitungsbetrieben diese Verkehrsbewegungen in den Abend- und frühen Morgenstunden abspielen. Diese Verlagerungstendenzen zeigten sich auch in der bedeutenden Verlagsstadt Hamburg, wo bedeutende technische Einrichtungen ins Umland (Schleswig-Holstein) ausgelagert worden sind.

Im Durchschnitt der Bundesrepublik Deutschland sind (1988) 2,4% aller Beschäftigten im verarbeitenden Gewerbe in der Druckindustrie tätig. Eine große Abweichung von diesem Durchschnittswert zeigt sich vor allem aus den schon geschilderten Gründen in Schleswig-Holstein.

2. Aufbau der Druckindustrie

2.1 Unternehmenstypen

Die Druckindustrie wird durch ein außerordentlich breites Spektrum unterschiedlicher Unternehmenstypen gebildet, die in ihrer Unternehmensstrategie und in ihrem Marktverhalten sehr inhomogen agieren. Wenngleich jede Typisierung etwas Willkürliches beinhaltet, soll im folgenden versucht werden, diese Unternehmenstypen zu „Clustern" zusammenzufassen. Wesentliche Parameter für die Zuordnung sind zum einen Produktionsprogramm, zum anderen die vorherrschende Produktionstechnik.

Insgesamt lassen sich sechs Gruppen von Unternehmenstypen unterscheiden:

a) *„Zeitungsdrucker"*
Grundlage der Aktivitäten ist der Druck von Zeitungen und ähnlichen Produkten (Anzeigenblätter, Rätselhefte, einfache Comics etc.). Überwiegend angewendet wird noch das „klassische" Hochdruckverfahren bei einer raschen Zunahme des (Rollen-)Offset-Verfahrens. Die Art der Produkte bestimmt auch den Produktionsrhythmus (Nachtarbeit!), sichert

aber der Druckerei eine unterschiedlich hohe Grundauslastung. Die Anbindung an einen Verlag ist sehr häufig.

b) *„Illustrationsdrucker"*
Wichtigste Repräsentanten dieser Gruppe sind die reinen Zeitschriftendrucker, die überwiegend im Tiefdruck, aber auch teilweise im Rollenoffset hochauflagige Publikumszeitschriften drucken. Teilweise wird auch der Druck von Werbematerial (z. B. Versandhauskataloge oder Beilagen) übernommen; damit ergeben sich Überschneidungen zu den Akzidenzdruckern. Die Anbindung an (große) Verlagshäuser ist häufig.

c) *„Akzidenzdrucker"*
Auf dieser Typengruppe liegt — von der Zahl der Betrriebe aus gesehen — eindeutig der Schwerpunkt. Überwiegend angewendet wird das Offset-Verfahren. Die großen Rollenoffset-Drucker überschneiden sich dabei hinsichtlich Marktstrategie und Maschinenausstattung mit den „Illustrationsdruckern", unterscheiden sich aber von diesen dadurch, daß sie in der Regel nicht an einen Verlag gebunden sind. Die überwiegend mit dem Bogenoffset arbeitenden typischen Akzidenzdrucker (Prospekte, Plakate, Geschäftspapiere, auch Produkte wie Schallplattenhüllen, z. T. auch Verpackungsdruck) zeichnen sich durch maschinelle und (idealerweise) unternehmerische Flexibilität aus.

d) *„Werkdrucker"*
Die Werkdrucker stellen überwiegend buchbinderische Erzeugnisse (Bücher, Kalender) her. Sie bilden deshalb eine eigene Gruppe, weil diese Arbeiten — überwiegend wird Offsetdruck angewendet — sich zunehmend zu speziellen Produktionslinien (typischerweise z. B. für die Herstellung von Taschenbüchern) entwickelt haben.

e) *„Verpackungsdrucker"*
Der Verpackungsdruck gehört nur zum Teil zur Druckindustrie und ist überwiegend der Papierverarbeitung zugerechnet, wo er in der Regel mit der Herstellung der Packmittel und/oder Packungen organisatorisch oder produktionsmäßig verknüpft ist. Von der Nachfrageseite (abpackende Betriebe), der Art der Produkte (Betriebsstoffe in der Definition des Statistischen Bundesamts) sowie teilweise auch von den angewendeten Druckverfahren (z. B. Flexodruck, Tampondruck) nehmen die Verpackungsdrucker also eine ausgesprochene Sonderstellung im Rahmen der Druckindustrie ein.

f) *„Spezialdrucker"*
In diese Kategorie fallen eine ganze Reihe von hoch spezialisierten Betrieben. Typische Vertreter sind beispielsweise Wertpapierdrucker, die sowohl von der Nachfrage als auch von den Produktionsbedingungen (Geheimhaltung, Sicherheitsbestimmungen) herausragen. Von der Zahl

der Betriebe her bedeutender sind Endlos-Formular-Drucker und Telefonbuch-Drucker, die über eine spezielle Maschinenausstattung und ein spezielles Know-how verfügen müssen. Hier wären auch viele Siebdrucker, soweit sie nicht im Verpackungsdruck tätig sind, einzuordnen.

All die genannten Typen werden sicherlich nur in den seltensten Fällen in Reinform anzutreffen sein, vielmehr dürften Überschneidungen die Regel darstellen.

2.2 Anzahl und Größe der Unternehmen und Betriebe

Eine der umfassendsten Zusammenstellungen von am Markt tätigen Unternehmen ist die Umsatzsteuerstatistik. In dieser Statistik sind im wesentlichen alle Unternehmen mit einem steuerbaren Jahresumsatz von 20000 DM und mehr erfaßt. Die wirtschaftssystematische Zuordnung erfolgt dabei nach dem Schwerpunkt der wirtschaftlichen Tätigkeit, der sich bei verschiedenen Tätigkeiten nach dem Anteil der Wertschöpfung bemessen soll. Erfaßt werden Industrie- und produzierende Handwerksbetriebe. Wegen der Änderung der Branchenzuordnung der Umsatzsteuerstatistik ab 1980 werden im folgenden nur die beiden Stichjahre 1980 und 1986 behandelt.

Nach dieser Statistik gab es im Jahre 1986 über 14000 steuerpflichtige Unternehmen, die einen steuerbaren Umsatz von 30 Mrd. DM erzielten[5]. Gegenüber 1980 hat sich die Zahl der Steuerpflichtigen dabei in allen Umsatzgrößenklassen erhöht. Nimmt man einen Umsatz von 1 Mill. DM als Obergrenze für einen Kleinbetrieb[6], dann fielen 1986 rund 70% aller Steuerpflichtigen darunter (1980: rund 74%). Sie trugen zum Gesamtumsatz nur rund 10% bei. Hingegen entfielen auf die Unternehmen mit einem Umsatz von mehr als 20 Mill. DM (0,5% aller Steuerpflichtigen) rund 27% des Umsatzes. Die Druckindustrie ist also hinsichtlich der Zahl und Größe der Firmen durch eine starke Disparität gekennzeichnet. Das zahlenmäßige Übergewicht kleiner und kleinster Betriebe deutet darauf hin, daß es eine Fülle von regionalen oder sogar nur lokalen Marktnischen gibt, die diesen Kleinstbetrieben Betätigungschancen eröffnen.

Folgt man der Statistik des produzierenden Gewerbes, die auf Unternehmen mit mindestens 20 Beschäftigte abstellt, so gab es 1988 in der Bundesrepublik Deutschland im Jahresdurchschnitt 1764 *Unternehmen* mit wirt-

[5] Nach den im Juni 1989 veröffentlichten Ergebnissen der Arbeitsstättenzählung vom 25. Mai 1987 gab es im Wirtschaftszweig Druckerei, Vervielfältigung 16493 Arbeitsstätten.

[6] Nach den Ergebnissen der BVD-Umfrage 1987 hatten die dort repräsentierten Firmen mit weniger als 20 Beschäftigten einen durchschnittlichen Umsatz je Betrieb in Höhe von 1,2 Mill. DM.

schaftlichem Schwerpunkt Druckerei und Vervielfältigung (Tab. 5). In ihnen waren rund 143 000 Personen beschäftigt. Die Druckindustrie hatte damit einen Anteil am gesamten verarbeitenden Gewerbe von rund 5 % bei den Unternehmen und von rund 2 % bei den Beschäftigten. Mit 81 Beschäftigten je Unternehmen ist die Druckindustrie also durch im Durchschnitt wesentlich kleinere Unternehmen als das verarbeitende Gewerbe insgesamt gekennzeichnet, denn dieses verzeichnet durchschnittlich 191 Beschäftigte je Unternehmen.

Rein rechnerisch kann die Unternehmensgröße auf zwei Faktoren zurückgeführt werden: einmal auf die durchschnittliche Größe der zum Unternehmen gehörenden Betriebe, zum anderen auf die durchschnittliche Anzahl der Betriebe, aus denen ein Unternehmen besteht. Im Jahre 1988 gab es insgesamt 1 926 *Betriebe* mit wirtschaftlichem Schwerpunkt in der Druckerei, Vervielfältigung. Dies entspricht einem Anteil am verarbeitenden Gewerbe insgesamt von 4,4 %. In den Druckbetrieben waren rund 167 000 Personen, d. h. 86 je Betrieb, beschäftigt. Die entsprechende Verhältniszahl für den Durchschnitt des verarbeitenden Gewerbes war fast doppelt so hoch, nämlich 157.

Beim Konzept der *„fachlichen Betriebsteile"* werden die einzelnen fachlichen Betriebsteile von kombinierten Betrieben ohne Rücksicht auf deren wirtschaftlichen Schwerpunkt dem jeweiligen Wirtschaftszweig zugeordnet (sog. Beteiligten-Konzept). Stellt man die Betrachtung auf dieses Konzept ab, so sind die fachlichen Betriebsteile ebenfalls kleiner als im Durchschnitt des verarbeitenden Gewerbes insgesamt (80 gegenüber 117 Beschäftigten).

Zusammenfassend läßt sich also festhalten, daß die Produktionseinheiten in der Druckindustrie durchschnittlich kleiner sind als im verarbeitenden Gewerbe insgesamt.

Zweigbetriebe sind in der Druckindustrie ebenfalls seltener als im Mittel des verarbeitenden Gewerbes. Während dort insgesamt rund 11 % aller Unternehmen mehr als einen Betrieb hatten, waren es in der Druckindustrie nur knapp 4 %. Zu jedem Unternehmen des Aggregats „Bergbau und verarbeitendes Gewerbe" gehören im Durchschnitt 1,23 Betriebe; dabei ist die Mehrbetrieblichkeit stark größenabhängig. Dies gilt auch für die Druckindustrie, wo bei einem rechnerischen Durchschnitt von 1,0 Betrieben je Unternehmen die drei umsatzstärksten Unternehmen im Durchschnitt über 2,3 und die 50 umsatzstärksten immerhin noch durchschnittlich über 1,4 Betriebe verfügen (Tab. T 1).

Wenn auch die Ergebnisse der vom Ifo-Institut jährlich durchgeführten BVD-Umfrage nicht als repräsentativ im mathematisch-statistischen Sinne angesehen werden können, so geben sie doch einen Überblick über die Struktur. Tab. 6 zeigt diese für den Berichtskreis für das Geschäftsjahr 1987.

Tabelle T 1

Durchschnittliche Zahl der Betriebe pro Unternehmen in der Papierwirtschaft, 1983

Wirtschaftszweig	Durchschnittliche Zahl der Betriebe pro Unternehmen					
	im Wirtschaftszweig	der 3	6	10	25	50 umsatzgrößten Unternehmen
Druckerei, Vervielfältigung	1,0	2,3	2,0		1,7	1,4
zum Vergleich: Papier- und Pappeverarbeitung	1,2	.	5,3	5,3	3,7	2,6

Quelle: Monopolkommission: Hauptgutachten 1984/1985.

Die größten Betriebe (gemessen an der Beschäftigtenzahl) sind danach im Tiefdruck tätig. Sie sind mehr als doppelt so groß wie die Zeitungsdruckfirmen. Die kleinsten Betriebe des Ifo-Berichtskreises finden sich im Bereich der Druckvorbereitung (Fotosatz, Reprobetriebe), aber auch im Siebdruck. Die je Beschäftigten erzielten Umsätze differieren aber bei weiten nicht so stark wir die durchschnittlichen Betriebsgrößen. Zwar stehen auch hier die mit technischen Großaggregaten bestückten Tiefdruckereien an der Spitze, aber auch im Bereich des Siebdrucks und des Endlosdrucks werden überdurchschnittliche Umsätze je Beschäftigten erzielt.

2.3 Konzentration

Von einer mittelständisch strukturierten Branche wie der Druckindustrie wird man normalerweise nicht erwarten, daß sie zu den Wirtschaftszweigen mit dem Erscheinungsbild und den Problemen einer hohen Konzentration gehört. Dies insbesondere auch deshalb nicht, weil die Monopolkommission ganz allgemein formuliert hat, „daß die Konzentrationsraten am größten in den Hauptgruppen sind, die am Anfang des gesamtwirtschaftlichen Produktionsprozesses stehen. Mit wachsender Nähe zum Konsumgüterbereich sinken die Konzentrationsraten“[7]. Die Monopolkommission klassifiziert den Grad der Konzentration u. a. nach der Höhe der Konzentrationskoeffizienten. Bildet man eine Rangfolge der Wirtschaftsgruppen dergestalt, daß der Anteil der jeweils zehn größten Unternehmen am Umsatz der (zweistelligen)

[7] Monopolkommission (Hrsg.), Die Wettbewerbsordnung erweitern, Siebentes Hauptgutachten 1986/87, Ziffer 228.

Wirtschaftsgruppe (CR_{10}) des Jahres 1985 als Konzentrationskoeffizient herangezogen wird, so steht die Druckindustrie unter 33 ausgewiesenen Gruppen des verarbeitenden Gewerbes an 27. Stelle. Das ungewogene Mittel für das verarbeitende Gewerbe lag 1985 bei 44,2 und die Druckindustrie mit 16,7 sehr deutlich darunter. Die Druckindustrie ist hiernach also gering konzentriert. Allerdings hat die Konzentration vergleichsweise rasch zugenommen. Im Zeitraum 1978-1986 stieg CR_{10} für die Druckindustrie von 12,6 auf 16,7 (Tab. 7), und sie lag damit unter den Wirtschaftsgruppen mit der höchsten Zunahme hinter der Ledererzeugung und der Eisenschaffenden Industrie an dritter Stelle.

Nun kann eine Analyse der Konzentration auf der Ebene des „Zweistellers" naturgemäß nur eine relativ grobe Betrachtung darstellen, die unterschiedlich hohe Konzentrationsverhältnisse auf den Teilgebieten unberücksichtigt läßt. Die Monopolkommission hat daher auch die Angebotskonzentration in einzelnen Güterklassen (Viersteller der Produktionsstatistik) untersucht. Für den Bereich der Druckindustrie wurden sieben Klassen unterschieden (Tab. 8). In der Güterklasse „Zeitschriften" werden die mit Abstand höchsten Konzentrationsraten erreicht. Unter 550 Anbietern entfielen 1986 auf die sechs größten Anbieter bereits mehr als die Hälfte des Produktionswertes der Güterklasse; CR_3, CR_6 und CR_{10} weisen zudem steigende Tendenz auf.

Nicht ganz so hoch konzentriert zeigen sich die beiden Güterklassen „Zeitungen" sowie „Verpackungs- und Ausstattungsdrucksachen". Die niedrigsten Konzentrationsraten finden sich hingegen in den — von der Zahl der Anbieter her gesehen — größten Bereichen „Geschäftspapiere" sowie „Kataloge und Werbedrucksachen".

2.4 Verflechtung mit anderen Wirtschaftsbereichen

Auf der Input-Seite ist die Druckindustrie auf drei Vorleistungs-Lieferanten fixiert. Aus der „Herstellung von Zellstoff, Holzschliff, Papier und Pappe" stammen rund 28% der „Vorleistungen aus inländischer Produktion" (Tab. 9). Stellt man die Berechnung jedoch auf die gesamten *Vorleistungen*, also unter Einschluß der importierten Vorleistungen ab, so erhöht sich dieser Anteil um rund zehn Prozentpunkte auf knapp zwei Fünftel. Beide Zahlen gelten nach Ausschaltung der bereichsinternen Lieferungen, die in beiden Fällen rund zehn Prozent ausmachen. Eine zweite wichtige Vorleistungsgruppe stellen die chemischen Erzeugnisse, also Druckfarben und Druckereihilfsmittel dar; auf sie entfällt rund ein Sechstel der Vorleistungen. Rund 30% vereinigen die „sonstigen marktbestimmten Dienstleistungen" auf sich. Da unter diesem Bereich u. a. Dienstleistungen der Wirtschaftswerbung sowie der Photographie zusammen gefaßt sind, dürfte es sich bei dieser bemerkenswert hohen Vorleistungsgruppe um fremdbezogene Druckvorlagen handeln.

Die von der amtlichen Produktionsstatistik erfaßte Produktion von Druckerzeugnissen erfolgt nur zu annähernd vier Fünfteln, nämlich zu 81,5 %, auch in den Produktionsstätten der *Druckindustrie*[8], also in Betrieben von Unternehmen mit dem wirtschaftlichen Schwerpunkt im Bereich „Druckerei, Vervielfältigung". Mehr als 16 % werden in Betrieben aus „sonstigen Wirtschaftszweigen" hergestellt; dabei handelt es sich um die Verlagsdruckereien. Weitere 1,5 % kommen aus dem in Teilbereichen (Verpackungsdruck!) eng verwandten Sektor „Papier- und Pappeverarbeitung". Der Anteil „untypischer" Bereiche an der Produktion von Druckerzeugnissen ist bei den einzelnen Erzeugnisgruppen außerordentlich unterschiedlich (Tab. 10). Hoch liegt er bei Mikrofilmen, Zeitungen sowie bei Verpackungs- und Ausstattungsdrucksachen, niedrig hingegen bei Zeitschriften und Kalendern. Die Druckindustrie selbst stellt zu 97 % Druckerzeugnisse her; ist also hochspezialisiert und produkttreu.

Nur unzureichend in der amtlichen Statistik erfaßt sind die sogenannten *Hausdruckereien* (In-house-printing). Definition und Abgrenzung sind schwammig. Grundsätzlich handelt es sich um Druckkapazitäten in Nicht-Druckbetrieben. Nach amerikanischen Untersuchungen habe es davon 1983 in der Bundesrepublik 15000 gegeben; in Europa insgesamt 51000[9]. Die gleiche Firma hatte für 1979 sogar 74000 westeuropäische Hausdruckereien ermittelt. Diese Druckereien sollten in der Bundesrepublik sogar einen Marktanteil von 28 % besitzen[10].

Die Investitionsgüter für die Druckindustrie werden vor allem von den Herstellern von „Druck- und Papiermaschinen" geliefert. Die deutschen Unternehmen auf diesem Gebiet verfügen über eine lange Tradition und eine ausgezeichnete Position auf den Weltmärkten. Bei einem Exportanteil an der Produktion in einer Größenordnung von knapp 80 % liegt der Weltmarktanteil[11] bei Druckmaschinen über 40 %. Daß hier auch in ganz wesentlichem Umfang neue technische Impulse aus der Bundesrepublik Deutschland kommen, zeigt die Tatsache, daß rund ein Drittel aller weltweit gemachten diesbezüglichen Erfindungen aus der Bundesrepublik stammt.

---

[8] Die Zahlenangaben in diesem Absatz sind berechnet nach: Statistisches Bundesamt, Struktur der Produktion im Produzierenden Gewerbe, Fachserie 4, Reihe 3.2; sie gelten für das Jahr 1985.

[9] O. V., Europas Hausdruckereien nehmen kräftig zu, in: Deutscher Drucker, 19 (1983), Heft 25, S. I.

[10] O. V., 74000 Unternehmen in Europa drucken selbst, in: Druck-Sachen, hrsg. vom Bundesverband Druck e. V., April 1980.

[11] Genauer: Anteil am Export der OECD-Länder.

Größenordnungsmäßig ein Drittel (wertmäßig) der in der Bundesrepublik eingesetzten Druckmaschinen stammt aus dem Ausland, wobei wichtige Anbieter auf dem deutschen Markt Italien, Japan, die USA und in Einzelfällen auch die DDR sind.

Vom Output an Druckerzeugnissen entfallen rund 93 % auf die Nachfrage anderer Produktionsbereiche und 7 % auf die Endnachfrage (Tab. 11). Vier Fünftel dieser Endnachfrage bestehen in Exporten, so daß der Absatz von Druckerzeugnissen praktisch ausschließlich an andere Wirtschaftszweige erfolgt.

Der wichtigste Abnehmerbereich sind mit knapp 50 % die Dienstleistungen der Wissenschaft, Kultur und Verlage, also die Zeitungs-, Zeitschriften- und Buchverlage. Einen weiteren großen Schwerpunkt stellen die „Dienstleistungen des Handels“ dar.

Insgesamt wird der Output der Druckindustrie beinahe ausschließlich von der Nachfrage des Dienstleistungsbereichs bestimmt, der nach der Input-Output-Systematik zu den Produktionsbereichen gerechnet wird. Die restlichen Absatzbereiche — hier ist lediglich die Herstellung von Nahrungs- und Genußmitteln zu erwähnen, die von der Druckindustrie bestimmte Verpackungsmittel (z. B. Schokoladeneinwickler) bezieht — sind nur mit sehr geringen Anteilen vertreten. Auf das verarbeitende Gewerbe insgesamt entfiel 1984 ein Anteil von 18,7 %.

III. Die Nachfrage nach Druckerzeugnissen

1. Bestimmungsfaktoren der Nachfrage

1.1 Einleitung

Das Beziehungsgefüge der verschiedenen Einflußfaktoren auf die Nachfrage nach Druckerzeugnissen ist kompliziert. In Abb. 1 ist es schematisch und vereinfacht dargestellt. Die Einflußfaktoren lassen sich grundsätzlich in zwei Gruppen einteilen:

— allgemeine sozio-ökonomische Faktoren

— druckmarktspezifische Faktoren

Die Entwicklung der erstgenannten Faktorengruppe, die ja für alle Wirtschaftszweige, wenn auch in unterschiedlicher Intensität, wirksam ist, kann

Abb. 1

Einflußkomplexe der Nachfrage nach Druckerzeugnissen

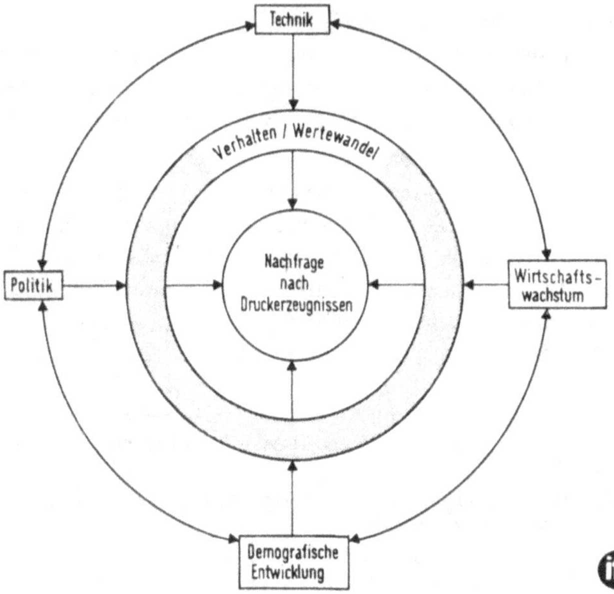

als bekannt vorausgesetzt werden. Sie ist Gegenstand vieler Veröffentlichungen; stellvertretend sei hier auf die Strukturberichterstattung hingewiesen[1]. Deshalb wird an dieser Stelle auf eine breite Darstellung verzichtet; vielmehr wird der Schwerpunkt der folgenden Abschnitte auf die Analyse der druckmarktspezifischen Faktoren gelegt. Hier sind vor allem drei wichtige Komplexe zu nennen:

— Werbeausgaben und Medienpräferenzen der Wirtschaft
— Änderungen in der Informationsübertragungs- und -speicherungstechnik
— Medienverhalten der Bevölkerung.

Auf diese Faktoren und ihren Einfluß auf die Nachfrage nach Druckerzeugnissen soll im folgenden eingegangen werden.

1.2 Werbung

1.2.1 Überblick

In einem marktwirtschaftlich orientierten Wirtschaftssystem besteht eines der Hauptziele eines Unternehmens darin, den potentiellen Abnehmern, dem Markt, das Angebot seiner Erzeugnisse bekanntzumachen, um sie zum Kauf zu veranlassen. Die Werbung ist — neben der Absatzmethode, der Preispolitik und der Produktgestaltung — eines der Haupt-Marketinginstrumente. Nach Gutenberg[2] stellt Werbung den Versuch dar, „die Absatzbedingungen eines Unternehmens ... mit Hilfe von Werbemitteln möglichst günstig zu gestalten". Damit dient die Werbung dem werbenden Betrieb bei der Verwirklichung seiner Absatzziele, hilft aber auch den Zielgruppen der Werbemaßnahmen, sich eine möglichst schnelle und umfassende Übersicht über das Angebot am Markt zu machen.

Die Summe der von den Unternehmen für Werbezwecke eingesetzten Mittel, der „gesamtwirtschaftliche Werbeetat", ist in seiner exakten Höhe nicht bekannt, stellt aber einen beachtlichen volkswirtschaftlichen Faktor dar. Klein-Blenkers[3] beziffert ihn in einer sehr extensiven Abgrenzung des Begriffs der Werbekosten für 1984 mit mindestens 51 Mrd. DM, entsprechend 1,4% der Umsätze der Gesamtwirtschaft. Der Zentralausschuß der

---

[1] Z. B. W. Gerstenberger, Wettbewerbsfähige Strukturen gestatten Expansionspolitik. Strukturberichterstattung 1987 — Kernbericht —, Schriftenreihe des Ifo-Instituts, Berlin 1988.

[2] E. Gutenberg, Grundlagen der Betriebswirtschaftslehre, 2. Band: Der Absatz, Berlin/Göttingen/Heidelberg 1962, S. 392.

[3] F. Klein-Blenkers u. J. Hillesheim, Die Werbekosten in der Bundesrepublik Deutschland 1984, Sonderhefte der Mitteilungen des Instituts für Handelsforschung an der Universität zu Köln, Sonderheft 32, Göttingen 1986.

Abb.2

Internationaler Vergleich der Werbeausgaben[a)] 1985

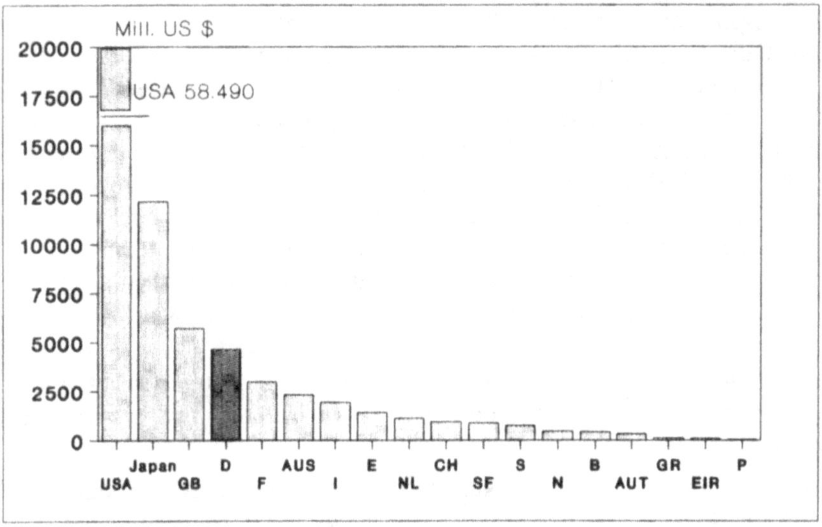

a) Werbeumsätze in Zeitungen, Zeitschriften, Adressbüchern, TV, Radio, Film, Außenwerbung

Quelle: Mike Waterson/Frank Harrison: International Advertising Expenditure Data. ifo

Abb.3

Anteil der Werbeausgaben am Bruttosozialprodukt[a)] 1985

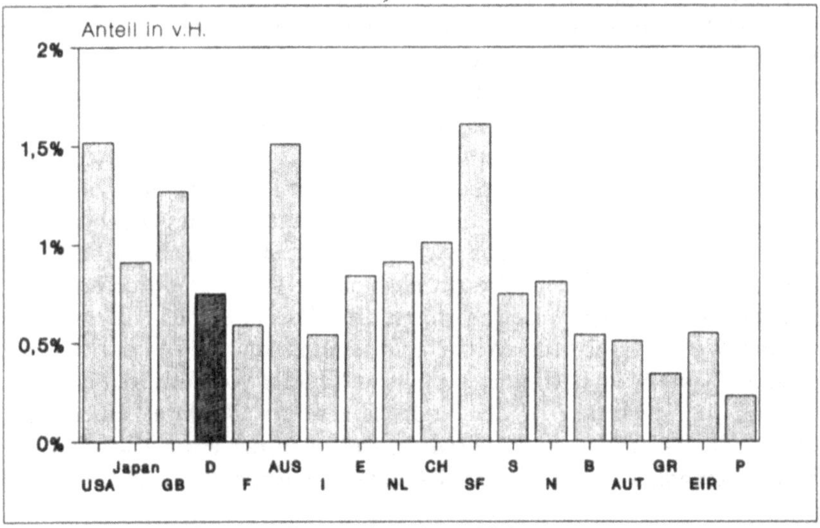

a) Werbeumsätze in Zeitungen, Zeitschriften, Adressbüchern, TV, Radio, Film, Außenwerbung

Quelle: Mike Waterson/Frank Harrison: International Advertising Expenditure Data. ifo

Werbewirtschaft (ZAW) hat erstmals für 1987 die „tatsächlichen Werbeausgaben der deutschen Wirtschaft“ hochgerechnet[4]. Im Jahre 1988 erreichten die Werbeausgaben (Ausgaben für Werbemittelproduktion, wie Fernsehwerbespot, Anzeigenvorlage, Prospekt, für Werbeverwaltung, wie Honorare und Gehälter, sowie Werbeträger) in der Bundesrepublik im genannten Jahr ein Volumen von 34,7 Mrd. DM, entsprechend 1,6% des Sozialprodukts. Damit gehört die Bundesrepublik Deutschland zur Spitzengruppe der werbeintensivsten Staaten der Welt. In einem internationalen Vergleich (Abb. 2 und 3), der sich aus systematischen Gründen allerdings auf die Werbeumsätze in Zeitungen, Zeitschriften einschl. Adreßbuchwerbung, Fernsehen, Hörfunk, Film und Außenwerbung beschränkt, steht die Bundesrepublik Deutschland nach der Summe der Werbeausgaben an vierter Stelle. Bezieht man diese auf das Sozialprodukt, so nimmt sie einen Mittelplatz ein[5].

Die oben genannten 34,7 Mrd. DM setzen sich aus drei Elementen, den verschiedenen bei einem Werbung treibenden Unternehmen entstehenden Kosten, zusammen:

— Werbemittelproduktionskosten (z. B. Produktion eines Hörfunk- oder Fernsehspots, Erstellung einer Anzeigenvorlage, Herstellung eines Prospekts).
— Werbeverwaltungskosten (Honorare, Gehälter z. B. der Agenturen).
— Werbeträgerkosten (z. B. Einnahmen der Medien, Porto für Direktwerbung).

Für die Druckindustrie ist die Werbung der wichtigste Einflußfaktor für die Nachfrage. Insgesamt rund zwei Drittel der gesamten Produktion von Druckerzeugnissen sind mehr oder weniger eng mit der Werbung verknüpft. Unmittelbar ist dies bei der Erzeugnisgruppe Kataloge/Werbedrucke der Fall, auf die 1988 rund 27% des Produktionswertes aller Druckerzeugnisse entfiel. Die nächstwichtige Gruppe der Zeitungen und Anzeigenblätter (rund 19%) ist ebenfalls stark von der Werbetätigkeit bestimmt. So erzielen die verlegten Tages- und Wochenzeitungen (1986) rund 64% des Gesamtumsatzes aus Anzeigen, die damit das wichtigste „wirtschaftliche Standbein“ der Zeitungsverlage darstellen. Die Anzeigenblätter finanzieren sich praktisch ausschließlich aus den Anzeigenerlösen. Ebenfalls in beträchtlichem Maße von den Werbeausgaben der Wirtschaft beeinflußt sind die Zeitschriften, die rund 55% (1986) ihres Umsatzes aus dem Verkauf von Anzeigen erzielten und auf die 1988 rund 16% des Produktionswertes aller Druckerzeugnisse entfiel. Berücksichtigt man außerdem, daß auch der Absatz der übrigen Druckerzeugnisse von Werbeaktivitäten maßgeblich mitbestimmt wird, wie z. B.:

[4] Zentralausschuß der Werbewirtschaft (Hrsg.), Werbung '88, Bonn 1988.
[5] M.-L. Kiefer, Der Werbemarkt 1986, in: Media Perspektiven, 1987, 6, S. 375f.

— Bücher (als Werbegeschenke sowie Adreßbücher, Festschriften und Geschäftsberichte)
— Kalender (Wandkalender als Werbegeschenke)
— Bilddrucke (Werbeposter)
— Sonstige Druckerzeugnisse (Aufkleber),

so wird deutlich, daß die Werbeaktivitäten ganz wesentlich die Nachfrage nach Druckerzeugnissen bestimmen.

1.2.2 Gesamtentwicklung der Werbung

Die Verfolgung der wirtschaftlichen Entwicklung der Werbung im Zeitverlauf wird durch das Fehlen bruchfreier Zeitreihen außerordentlich erschwert. Am konsistentesten sind hier noch die „Netto-Werbeeinnahmen erfaßbarer Werbeträger", so wie sie vom Zentralausschuß für Werbewirtschaft (ZAW) alljährlich veröffentlicht werden. Der ZAW nimmt also nur die Streukosten von zehn Werbeträgern in diese Statistik auf, und zwar „netto", d. h. nach Abzug von Mengen- und Malrabatten sowie Mittlerprovisionen. Die außerhalb der Werbeträger entstehenden Produktionskosten sind darin nicht enthalten: so sind beispielsweise bei der Position „Direktwerbung" nur die Streukosten der durch die *Post* verteilten Direktwerbesendungen nach den Verkehrszahlen des Bundespostministeriums enthalten, nicht aber die Kosten für eine Verteilung durch Privatunternehmen und auch nicht die Herstellungskosten des Werbematerials. Gravierend ist auch, daß die Einnahmen der Anzeigenblätter wegen mangelnder Repräsentativität der ermittelten Netto-Werbeeinnahmen nicht berücksichtigt werden. Der Bundesverband Deutscher Anzeigenblätter (BVDA) schätzt für 1988 den Werbeumsatz aller in Deutschland erscheinenden Anzeigenblätter auf 1,6 Mrd. DM; sie stellen mithin einen gravierenden Faktor dar. So sind die Netto-Werbeeinnahmen wegen der zahlreichen erfassungstechnischen Mängel zwar nicht als Analyseinstrument für die gesamten Werbeaufwendungen in der Bundesrepublik Deutschland geeignet, können aber dennoch als Indikator für die Richtung der Werbetätigkeit und ihre Verteilung auf einzelne Werbeträger angesehen werden.

Die Werbetätigkeit in der Bundesrepublik Deutschland steht in sehr engem und linearem Zusammenhang mit der gesamtwirtschaftlichen Entwicklung; Abweichungen davon sind sehr gering (vgl. Abb. 4). Dies deckt sich auch mit den Beobachtungen von Klein-Blenkers[6], der feststellte, daß die Relation der gesamten Werbekosten zum steuerbaren Umsatz aller Unter-

---

[6] F. Klein-Blenkers u. J. Hillesheim, Die Werbekosten in der Bundesrepublik Deutschland 1984, a.a.O., S. 10f.

nehmen im Erhebungszeitraum (1972-1984) weitgehend stabil geblieben sei und größere Abweichungen von dem durchschnittlichen Anteil in Höhe von rund 1,4 % in den einzelnen Erhebungsjahren nicht vorhanden gewesen seien. Es deuten also alle Anzeichen darauf hin, daß — generell betrachtet — prozyklisch geworben wird. Dies ist aus den Methoden, mit Hilfe derer die Werbeetats festgelegt werden, nicht ohne weiteres abzuleiten (Tab. 12). Als Prozentsatz vom Umsatz werden diese Etats nur in drei von zehn Fällen ausschließlich oder vorwiegend bestimmt. Auch der Gewinn/Deckungsbeitrag spielt hierbei keine Rolle. Entscheidend sind vielmehr die Marktziele, die mit Hilfe der Werbung erreicht werden sollen, sowie die für die Werbung finanziell verfügbaren Mittel.

Abb.4

Zusammenhang zwischen gesamtwirtschaftlicher Entwicklung und Werbetätigkeit

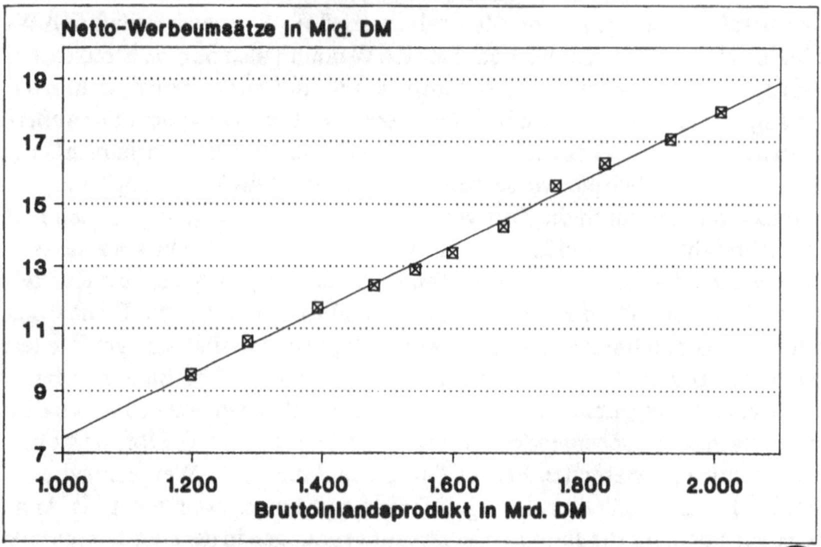

Quelle: Zentralausschuß der Werbewirtschaft (ZAW), Stat. Bundesamt.

Hinsichtlich der beworbenen Produktgruppen hat sich in den vergangenen Jahren (1975-1988) vergleichsweise wenig geändert. Von den gesamten Werbeaufwendungen[7] entfielen sowohl 1975 als auch 1987 auf die großen Handelsorganisationen rund 10 %. Einen gewaltigen Sprung in der Bedeutung nach vorn hat der Bereich „EDV-Hard- und -Software" gemacht. Im Jahre 1975 stand er in der Rangfolge der umworbenen Bereiche erst an 43.

[7] Brutto-Aufwendungen für die „klassischen" Medien (Zeitungen, Zeitschriften, Hörfunk, TV); Ergebnisse der Nielsen-Werbeforschung / S + P.

Stelle; 1987 war er auf den 7. Platz vorgerückt. Auch der Automobilsektor ist, wohl auf Druck der sich verschärfenden internationalen Konkurrenz heute stärker umworben als in der Vergangenheit; 1988 stand er sogar an der Spitze der Werbeinvestoren.

1.2.3 Entwicklung der Printwerbung

Von den wachsenden Werbeinvestitionen der Warenhersteller, Anbieter von Dienstleistungen und des Handels haben alle wichtigen Werbeträger profitiert. Die Struktur der Netto-Werbeumsätze hat sich im Zeitraum 1977-1988 nur wenig geändert (Abb. 5). An der Spitze der vom ZAW erfaßten Werbeträger steht mit großem Abstand vor den anderen die Mediengruppe Zeitungen (einschl. Wochen- und Sonntagszeitungen), obwohl ein großer Teil ihres traditionellen Anzeigengeschäftes von den sog. Anzeigenblättern übernommen worden sind, die sich zum großen Teil auch im Besitz von Zeitungsverlagen befinden. Zudem ist darauf hinzuweisen, daß sich das Werbegeschäft der Zeitungen immer mehr zu einem Zwei-Sektoren-Markt entwickelt, der zum einen im traditionellen Anzeigengeschäft, zum anderen im stark wachsenden Beilagengeschäft besteht. Dies mag ein Vergleich ver-

Struktur der Netto-Werbeumsätze ausgewählter Werbeträger in % Abb.5

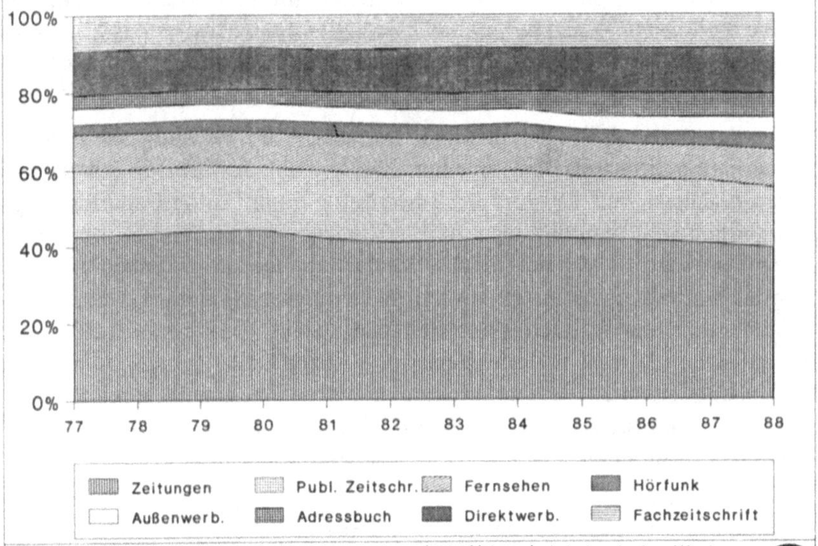

Quelle: Zentralausschuß der Werbewirtschaft (ZAW)(Hrsg.), Jahrbuch der Werbung, verschiedene Jahrgänge; Berechnungen des IFO-Instituts.

deutlichen: Das Aufkommen der Zeitungen aus Inseraten wuchs im Zeitraum 1979-1987 um 39%, der Erlös aus dem Beilagengeschäft jedoch um 113%. Im Jahre 1988 wurden in der Bundesrepublik Deutschland annähernd 6 Mrd. Zeitungsbeilagen gestreut[8].

Die zweitstärkste Werbeträgergruppe bilden die Zeitschriften, wobei festzuhalten ist, daß bis 1980 nur die von der AG Media-Analyse vertretenen Titel berücksichtigt und erst dann die Werbeumsätze aller Publikumszeitschriften erfaßt wurden.

Insgesamt haben die Printmedien ihren Anteil an den Netto-Werbeumsätzen von 1977 bis 1988 mit mehr als 80% halten können. Dabei blieb die Außenwerbung, die ja teilweise ebenfalls zur Printwerbung gehört (Plakate), z. T. aber auch kein Druckerzeugnis im engeren Sinne ist („Ganzbemalung von Bussen und Bahnen", hinterleuchtete Glasscheiben) noch außer Betracht. Die elektronischen Medien (Hörfunk, TV) haben anteilsmäßig bei rund 12% stagniert. Zu berücksichtigen ist allerdings, daß es sich bei den Umsatzwerten für den Hörfunk um die Einnahmen der öffentlich-rechtlichen Hörfunkveranstalter sowie des Privatsenders RTL handelt. Der ZAW weist darauf hin, daß es noch nicht möglich sei, die Werbeumsätze der mittlerweile über 60 weiteren privaten Radiosender zu erfassen.

Beim Werbefernsehen sind die privaten Fernsehveranstalter SAT 1 und RTL plus hingegen berücksichtigt; diese konnten ihre Netto-Umsätze aus der TV-Werbung in den wenigen Jahren ihres Bestehens (seit 1985) kräftig steigern. Gegenüber den öffentlich-rechtlichen Sendern ist ihr Anteil an den gesamten Netto-Umsätzen des Werbefernsehens mit 13,1% (1988) zwar noch gering; die starken Wachstumsraten lassen allerdings erwarten, daß die werbungtreibende Wirtschaft bereits in nennenswertem Umfang von diesen zusätzlichen Möglichkeiten Gebrauch macht[9].

Die Bundesrepublik ist also nach wie vor in der Werbung als deutlich printorientiertes Land anzusprechen. Dies ist mit Sicherheit auch darauf zurückzuführen, daß TV- und Radiowerbung in der Bundesrepublik lange Zeit zeitlich reglementiert war und erst in den letzten Jahren allmählich dereguliert wird. So hat sich für die Bundesrepublik die „optimale" Aufteilung der Werbebudgets auf Privat- und elektronische Medien am Markt noch nicht herausbilden können. Aber selbst in den USA, die als Paradies des deregulierten Kommerz-Fernsehens und -Rundfunks gelten, haben die Printmedien einen größeren Anteil am gesamten Werbeaufkommen als die elektronischen Medien, nämlich 53,9% gegenüber 44,1% für Hörfunk und Fernsehen zusammen[10]. In Europa ist diese Verteilung außerordentlich hete-

[8] Mitteilungen des Bundesverbandes Druck.

[9] Rund 1% entfiel außerdem auf den Sender TELE 5.

[10] A. C. Tempest, Rundfunk und Werbung: eine Partnerschaft, in: Media Perspektiven 1986, Heft 3, S. 150.

rogen (Tab. 13). Der hohe und in den letzten Jahren außerordentlich stark wachsende Anteil der „Elektronik" bei den Werbeumsätzen in Italien kann wohl auf die staatlich kaum reglementierte Ausbreitung von Privat-TV und -Hörfunk zurückgeführt werden. Wachstumsraten der Werbeausgaben von jährlich 10-12% (bei allerdings vergleichsweise höheren Inflationsraten) werden dort, auch künftig, durchaus für möglich gehalten. Noch höhere Steigerungsraten waren in den neuen EG-Ländern Portugal und Spanien zu registrieren, auch hier in erster Linie zugunsten der elektronischen Medien. Aber auch Franzosen und Briten investierten relativ mehr in Werbespots in Hörfunk, Fernsehen und Kino als die Deutschen. Deutlich geringere Anteile für die elektronischen Medien weisen hingegen skandinavische Länder auf, da dort bis 1986 staatliche Werbebeschränkungen den Einsatz audiovisueller Werbeträger nahezu vollständig blockiert haben. Zwar sind die Mediengesetze in diesen Ländern inzwischen schrittweise liberalisiert worden, doch wurde ein „Nachholbedarf" bisher noch nicht registriert. Es bleibt also festzuhalten, daß sich die Ausweitung der Werbebudgets in der Bundesrepublik in den letzten zehn Jahren im Gleichklang mit der gesamtwirtschaftlichen Entwicklung vollzogen hat und daß dabei die gedruckten Medien ihren hohen Anteil praktisch haben konstant halten können.

1.3 Änderungen in der Informationsübertragungs- und -speicherungstechnik

1.3.1 Übersicht

Es wird oft davon gesprochen, daß wir am Beginn des Zeitalters der Information stehen. In der Tat ist die Versorgung mit Informationen mehr als ausreichend; das Schlagwort von der „Informationsüberflutung" macht die Runde. Dafür gibt es einige beeindruckende Beispiele[11]:

— Jeden Tag werden weltweit 6000-7000 wissenschaftliche Aufsätze geschrieben.
— Das Wachstum der wissenschaftlichen und technischen Informationen wird auf jährlich 13% geschätzt, das bedeutet eine Verdopplung innerhalb von 5,5 Jahren.
— Diese Wachstumsrate soll in absehbarer Zeit auf vielleicht 40% hochschnellen, wenn die Zahl der Wissenschaftler und Techniker weiter steigt und neue leistungsfähige Informationssysteme installiert werden. Das würde dann eine Verdopplung innerhalb von nur 20 Monaten bedeuten.

[11] J. Rennel unter Mitarbeit von R. Aurell und H. Paulapuro, Future of Paper in the Telematic World, Helsinki 1984, S. 59.

— Die großen Bibliotheken der Welt mit ihren Beständen von Millionen Büchern und Zeitschriften sollen die kaum vorstellbare Zahl von 10^{14} bits textlicher und von 10^{15} bits grafischer Informationen enthalten.

Der Bestand und das Wachstum von Informationen kann ohne erhebliche Informationsverluste nicht mehr mit den klassischen Methoden bewältigt werden. Eine unorganisierte und vor allem unkontrollierte und unkontrollierbare Informationsmenge verliert aber in einem „Zeitalter der Information" seinen Sinn; sie wird sogar zum Feind des Wissenschaftlers. Naisbitt[12] weist darauf hin, daß es bei zuviel „chaotischer" Information sinnvoll werden kann, wissenschaftliche Arbeiten einfach durchzuführen, anstatt erst zu klären, ob diese nicht an anderer Stelle bereits durchgeführt worden sind. Nach japanischen Untersuchungen sank der Anteil der verwendeten Informationen an den insgesamt verfügbaren Informationen von 40 % (1960) auf 10 % (1975); er dürfte dann heute noch viel niedriger liegen.

B. Nussbaum hat diese Informationsüberflutung in einem Schreckensbild enden sehen, denn „die Gesellschaft wird von dieser Datensintflut so überschwemmt sein, daß Personen mit der Fähigkeit, die Flut für andere Leute zu interpretieren und zu kanalisieren, an die Spitze der Gesellschaft aufsteigen und sie vielleicht zur Geisel nehmen"[13]. Die Lösung dieses Dilemmas muß in der Etablierung neuer Systeme der Informationsübertragung und -speicherung liegen.

Dem Papier und damit dem Drucken wurde in euphorischen Stellungnahmen zu diesen neuen Systemen eine abnehmende Bedeutung und damit „No Future" beigemessen. „A specialist by the name of Kenneth Fishbeck claims, that 1978 at the latest will bring an end to most printing, because the trend points towards direct transmission of information to homes and working areas"[14]. Das Ende der Tageszeitungen wurde noch vor wenigen Jahren für das Jahr 1990 für möglich gehalten[15]. Inzwischen wird die Entwicklung sehr viel realistischer betrachtet. Den auf Papier gedruckten Speichermedien wird zumindest solange noch eine ungeschmälerte Bedeutung beigemessen, als der Mensch nicht bereit und von der technischen Infrastruktur her auch in der Lage ist, seine Informationsbedürfnisse zumindest überwiegend aus elektronischen Medien zu decken. Dies wird höchstwahrscheinlich erst im nächsten Jahrtausend der Fall sein.

[12] J. Naisbitt, Megatrends, New York 1984.

[13] B. Nussbaum, Das Ende unserer Zukunft, München 1984, S. 26.

[14] Esselte Norstedt (Hrsg.), Print 80, Stockholm 1973, S. 8.

[15] B. Nussbaum, Das Ende unserer Zukunft, a.a.O., S. 68.

1.3.2 Trends in der Bürotechnik

Der Markt für elektronische Büroausrüstungen hat in den vergangenen Jahren außerordentlich stark expandiert. Dies gilt für elektronische Schreibmaschinen, Textverarbeitungssysteme, vor allem aber für Personal Computer, die phantastische Zuwachsraten erzielten, wobei diese Gerätegruppen in verschiedenen Anwendungsbereichen untereinander konkurrieren.

Trotz der fortschreitenden Computerisierung in den Büros und der wachsenden Vernetzung haben sich nicht nur die klassischen Organisationsmittel behauptet, sondern der Verbrauch von Büro- und Administrationspapieren ist weiter gestiegen. Die Weiterentwicklung in der Bürotechnik hat also den Verbrauch entsprechender Papiere bisher nicht signifikant negativ beeinflussen können. Damit ist aber noch nicht gesagt, daß auch negative Einflüsse auf die Absatzchancen von Druckerzeugnissen ausgeblieben sind. Solche werden in erster Linie vom Erfolgskurs des Desktop Publishing erwartet, denn Prospekte, Bedienungsanleitungen, Preislisten, Briefbögen und Formulare sollen nach Ankündigungen der Hardware-Hersteller mit Hilfe von PC, Layoutsoftware, Scanner sowie Matrix- oder Laserdrucker gleich am Schreibtisch angefertigt werden können. Nach Herstellerschätzungen[16] sollen 80% aller Geschäftspublikationen mit Hilfe des Desktop Publishings erstellt werden können. Es handelt sich also im Prinzip um Inhouse-Systeme, die ihren Ursprung in der Bürokommunikation haben, jetzt aber für die Herstellung von Druckerzeugnissen Verwendung finden, mithin der Druckindustrie Konkurrenz machen. Sie sind aber außerdem geeignet, die Druckvorlage für einen konventionellen Druckvorgang zu erzeugen und dann als Arbeitsschritt des traditionellen Drucks zu gelten.

Die auf dem Markt befindlichen DTP-Systeme sind zwar technisch zu einem breiten Spektrum von Arbeiten in der Lage, können jedoch nur dann erstklassige Druckvorlagen liefern, wenn das Bedienungspersonal entsprechende Aus- und Weiterbildungsmaßnahmen durchlaufen hat. Dies ist wohl einer der wesentlichen Gründe dafür, daß DTP noch nicht zu signifikanten Einbußen beim Absatz der Druckereien geführt hat. Allerdings wächst der Bestand an DTP-Systemen in der Bundesrepublik Deutschland, der 1988 auf rund 100000 geschätzt wurde[17] mit jährlichen Wachstumsraten von über 100%. Insbesondere die innerbetriebliche Kommunikation und Präsentation, also die Herstellung von Firmenzeitschriften, Broschüren, Anzeigenvorlagen, Präsentationsfolien, aber auch von Werbungshandbüchern und

---

[16] O. V., Desktop Publishing — Chancen und Risiken für die Druckindustrie, in: Deutscher Drucker, 1988, Heft 4, S. w4.

[17] Quelle: Diebold, zit. nach: U. Dietz, Abschied von der Insel, in: Das Büro der Zukunft, Special Supplement Nr. 6 der Wirtschaftswoche vom 21.10.1988.

technischen Dokumentationen wird als wachstumsträchtigster Bereich für DTP angesehen. Neben den großen Unternehmen kommen als Anwender vor allem auch kleinere Consultingfirmen, Werbeagenturen und ähnliche Firmentypen infrage.

1.3.3 Trends in der Speichertechnik

Langsamer als ursprünglich erwartet hat sich die opto-elektronische Speicherung von Informationen am Markt durchgesetzt. Insbesondere ist hier die „CD-ROM" zu erwähnen; diese Variante der Laser-Bildplatte hat eine Speicherkapazität von 600 Megabite und kann damit auf kleinstem Raum ganze Firmenablagen oder Bibliotheken ersetzen. Ihren besonderen Anwendungsschwerpunkt soll sie dort haben, wo von einer Zentrale aus Kataloge, Preislisten oder ähnliche Informationen für möglichst viele Verwender zur Verfügung gestellt werden sollen. Hier kommen ihre Vorteile einer hohen Datendichte und der sehr schnellen Zugriffsmöglichkeit auf die abgespeicherten Einzelinformationen besonders zum Tragen. Nach amerikanischen Schätzungen dürfte der Anteil der CD-ROM-Informationen am Gesamtumsatz mit elektronischen Informationen 1988 noch nicht einmal ein Prozent betragen haben[18]. In den USA sollen 1988 knapp 100 000 Laufwerke im Einsatz gewesen sein; in der Bundesrepublik nur 750.

Aber auch die Mikrografie hat sich durch die Entwicklung des CAR (Computer Assisted Retrieval = EDV-unterstützter Zugriff) eine wichtige Speicherfunktion erobert und erhalten. Sie kommt vor allem dort zum Einsatz, wo große Mengen Unterlagen platzsparend mit gelegentlichem Zugriff gelagert werden müssen oder auch für die sichere Aufbewahrung wertvoller Dokumente. Aber auch die Bereitstellung komplexer Informationen für den schnellen, zielgerichteten Zugriff ist möglich. In Teilbereichen sind CD-ROM und Mikrografie Konkurrenten; ihre Weiterentwicklung erfolgt in engem Kontext mit der sie verknüpfenden EDV-Technik, die ja die erforderliche Hardware zu akzeptablen Preisen bereitstellen und auch die benutzerfreundliche Software anbieten muß. Zielgerichtetes Nachfragen, das bereits ein detailliertes Wissen um das eigene Wollen voraussetzt, wird sich wahrscheinlich zunehmend von den Druckmedien zu den elektro-optischen Medien verlagern. Die unbestimmte Nachfrage, das allgemeine, sich über den engen Fachhorizont hinaus ausdehnende Sichinformieren, das Erwecken von Wünschen, das Lesen allgemein wird jedoch weiterhin die Hauptaufgabe der Druckmedien sein[19]. Es wird deshalb wohl bei der heute schon zu beob-

---

[18] K. Lange, CD-ROM vor dem take-off?, in: Cogito, 1989, Heft 2, S. 54 ff.

[19] W. Scheffel, Gegenwart und Zukunft der elektro-optischen Speichermedien, in: Der Polygraph 1987, Heft 11, S. 1077 ff.

achtenden Online-Abfrage einerseits und der relativ große Zielgruppen abdeckenden (Fach-)Presse andererseits bleiben. Hierfür spricht auch, daß Aufbau, Angebot und Nutzung von (Online-)Datenbanken weit hinter den ursprünglichen Erwartungen zurückgeblieben sind. So deckten im Durchschnitt des Jahres 1987 die Fachinformationszentren ihre Kosten durch Einnahmen nur zu 38 %. Inzwischen ist die Flut an Informationen in Datenbanken und deren Zahl selbst so stark gestiegen, daß es mittlerweile eine größere Menge von „Datenbanken über Datenbanken" gibt. Der „Information-Manager" wird zunehmend wichtiger, um einen „Informationskonkurs" abzuwenden.

1.3.4 Trends beim Informationstransport

Schon seit längerer Zeit ist es das Bestreben der Bundespost, möglichst viele Informationen „vom Postsack auf den Draht" zu verlagern, um den Transport weniger personalkostenabhängig zu gestalten. Neben dem Ausbau der Kabelnetze für Fernsehen und Hörfunk, die in erster Linie das Medienverhalten der Bevölkerung berühren können, ist es vor allem das im Aufbau befindliche ISDN-Netz, bei dem jegliche Form der Kommunikation, also Sprache, Bild und Daten, über das bisherige Telefonnetz abgewickelt werden kann und das es ermöglicht, über eine besondere Schnittstelle (ISDN-Steckdose) im Haus oder im Büro gleichzeitig zu telefonieren, zu telefaxen, Bildschirmtext zu nutzen oder Bilder zu übermitteln[20]. Die erforderliche Digitalisierung der Übertragungs- und Vermittlungstechnik läuft bereits; 1993 soll annähernd Flächendeckung erreicht sein und bis 2020 sollen alle Ortsnetze voll digitalisiert sein. Ein wesentlich leistungsfähigeres Netz auf der Basis von Glasfaserkabeln ist ebenfalls im Aufbau; 1990 soll das bundesweite, überregionale Glasfaser-Fernnetz fertig sein.

Wie das Beispiel des Fernkopierers (Telefax) beweist, wird ein einfaches, praktisches und preiswertes Informationsübertragungssystem rasch akzeptiert. Inzwischen gibt es kaum noch ein nennenswertes Unternehmen, das sich nicht dieser Übertragungsmöglichkeit für Schriftgut bedient, wobei die Einführung des Telekopierens auf Kosten konventioneller Postdienste wie der Briefpost, des Telex und des Telefons ging, mithin bisher die Nachfrage nach Druckerzeugnissen noch nicht spürbar negativ beeinflußt haben dürfte.

---

[20] D. Ratzke, Der Fortschritt in der Medienentwicklung wird sich nicht aufhalten lassen, in: Der Polygraph 1987, Heft 11, S. 982.

1.4 Medienverhalten der Bevölkerung

1.4.1 Überblick

Ein Teil der Nachfrage nach Druckleistungen wird direkt oder indirekt durch das Medienverhalten der Bevölkerung beeinflußt. Der direkte Einfluß manifestiert sich in Kaufentscheidungen für oder gegen gedruckte Erzeugnisse (z. B. Bücher). Der indirekte Einfluß geht von der Nutzung der gedruckten Medien im Vergleich zu anderen Medien aus: Nur wenn das Angebot der gedruckten Medien in ausreichendem zeitlichen und/oder sachlichen Umfang seitens des Publikums auch genutzt wird, lohnt es sich für Werbetreibende oder sonstige Anzeigenkunden, sich dieser Medien auch zu bedienen und sie damit finanziell zu unterstützen. Wenn also die Werbe- und Anzeigenbotschaft über das Printmedium nicht mehr in ausreichendem Umfang an die Konsumenten gebracht werden kann, würden ihre Financiers auf andere Medien ausweichen. Damit würde das gedruckte Medium sich wesentlich verteuern, weitere „Klienten" verlieren und schließlich mangels ausreichender Finanzgrundlage eingestellt werden müssen. Auf die wichtigsten Tendenzen im Medienverhalten, soweit sie für die Nachfrage nach Druckerzeugnissen von Relevanz sind, soll im folgenden kurz eingegangen werden.

1.4.2 Zeitaufwand für die Mediennutzung

Im Jahre 1985 betrug das Zeitbudget eines Bundesbürgers für mediale und kommunikative Tätigkeiten rund 430 Minuten pro Tag. Davon wurden 14 % den Printmedien (dem Lesen), 39 % auditiven Medien (Hörfunk), 29 % audiovisuellen Medien (Fernsehen, Kino) und 18 % der personalen Kommunikation gewidmet[21]. Dabei ist die Stichtag-Nutzung („Tätigkeit wurde am Stichtag ausgeübt") bei den nicht tagesaktuellen Medien, also Büchern, Zeitschriften, Schallplatten, Kassetten gegenüber 1980 (als diese Untersuchung ebenfalls durchgeführt wurde) etwas zurückgegangen. Auch der durchschnittliche Zeitaufwand für die Nutzung dieser Medien war rückläufig. Wichtig ist vor allem, daß die Attraktivität der Printmedien für Jugendliche und jugendliche Erwachsene abzunehmen scheint, wobei aber zu berücksichtigen ist, daß diese das Buch immer noch deutlich intensiver nutzen als die älteren Menschen und die Zeitschrift in etwa gleichem Umfang. Für dieses nachlassende Interesse kann das Fernsehen nicht verantwortlich gemacht werden, denn zwischen dem Zeitaufwand für die Nutzung audiovisueller Medien, also in erster Linie des Fernsehens, und dem Zeitaufwand

[21] K. Berg und M.-L. Kiefer (Hrsg.), Massenkommunikation III, Schriftenreihe MEDIA PERSPEKTIVEN, Band 9, Frankfurt 1987, S. 66ff.

für die Nutzung von Printmedien, läßt sich ein systematischer Zusammenhang nicht feststellen[22]. Jugendliche und junge Erwachsene verwenden vielmehr einen sehr großen Teil ihres Freizeitbudgets überhaupt nicht für mediale Tätigkeiten; mit zunehmendem Alter nimmt die Palette der ausgeübten Freizeitbeschäftigungen ab. „Die Feststellung der Freizeitforschung, daß sich die drei klassischen Freizeit-„F", nämlich Fernsehen, Flaschenbier und Filzpantoffeln, seit Anfang der 80er Jahre weitgehend überlebt hätten, wird ... zumindest für die jüngeren und formal gebildeten Bundesbürger durchaus bestätigt"[23].

Als 1985 die dritte Langzeitstudie „Massenkommunikation" durchgeführt wurde, befand sich die Medienlandschaft in der Bundesrepublik mit dem beginnenden Kabel- und Satellitenfernsehen und dem sich verbreiternden Angebot vom neuen Regionalhörfunk- und -Fernsehprogrammen im Umbruch. Auswirkungen auf die Mediennutzung waren dadurch aber (noch) nicht erkennbar. „Insofern gilt das Fazit der Studie 1980, daß die Substitutionsthese zu verwerfen sei, auch für die Ergebnisse 1985"[24]. Die Ausbreitung des Fernsehens hat die Nutzung von Hörfunk und Tageszeitung nicht, zumindest nicht auf Dauer, beeinträchtigt. Es ist auch derzeit keine signifikante Änderung dieses Verhaltens erkennbar.

Während die Konsumentenforschung ergeben hat, daß mit wachsendem Fernsehkonsum nicht weniger, sondern sogar mehr Zeitschriften und Zeitungen gelesen werden (sog. more-and-more-Regel), werden bei mehr Fernsehen weniger Bücher gelesen[25]. Die Tatsache, daß Bücher und hier vor allem solche der Unterhaltungsliteratur bei wachsender Freizeit und auch bei wachsendem Medienzeitbudget relativ an Bedeutung verloren haben, hat dazu geführt, daß man von einem beginnenden Zerfall der „Lesekultur", insbesondere unter Jugendlichen, zu sprechen begann. Dies ist insofern etwas bemerkenswert, als die Haushalte in der Bundesrepublik praktisch zu 100% mit Büchern ausgestattet sind und der durchschnittliche Bücherbestand je Haushalt mit über 150 beziffert wird. Aber offensichtlich spricht einiges dafür, daß Bücherkauf und „Büchernutzung" nicht notwendigerweise zusammenhängen müssen. Der Typ „Mehr Buchgeschenk-Käufer als Leser"[26] ist offensichtlich von einiger (und zunehmender?) Bedeutung.

---

[22] Ebenda.

[23] Ebenda, S. 67.

[24] Ebenda, S. 179.

[25] E. Noelle-Neumann und R. Schulz, Typologie der Käufer und Leser, in: Archiv für Soziologie und Wirtschaftsfragen des Buchhandels LXII, Beilage zum Börsenblatt für den Deutschen Buchhandel, Frankfurter Ausgabe, Nr. 1 vom 2. Januar 1987.

[26] Ebenda, S. W 2174.

1.4.3 Verbraucherausgaben für Medien

Die privaten Haushalte wenden knapp 3 % ihres Einkommens und knapp 4 % ihrer Verbrauchsausgaben für Massenmedien auf. Bei den 4-Personen-Arbeitnehmerhaushalten mit mittlerem Einkommen weisen diese Anteile eine schwach steigende Tendenz auf (Anteil am Privaten Verbrauch 1970: 3,17 %, 1987: 3,75 %), während sie bei den besser Verdienenden (4-Personen-Haushalte von Beamten und Angestellten mit höherem Einkommen) zu stagnieren scheinen (vgl. Tab. 14). Ein hoher und dazu steigender Anteil der Ausgaben für Massenmedien wird zum Kauf von Druckerzeugnissen aufgewandt; mittlerweile sind es bei den Haushalten mit mittlerem Einkommen rund zwei Fünftel, bei den Haushalten mit höherem Einkommen knapp 50 %. Es hat also den Anschein, als ob die Konsumenten bereit sind, einen zwar geringen, aber tendenziell steigenden Teil ihrer Kaufkraft dazu zu verwenden, um Printmedien „zu konsumieren". Dies gilt allerdings nur bei nominaler Betrachtung. Die Preise für Bücher, Zeitungen und Zeitschriften sind nämlich deutlich stärker gestiegen als der Preisindex für die Lebenshaltung, aber auch die Preise für Bildungs- und Unterhaltungszwecke. Der Anstieg erfolgte in etwa dem gleichen Ausmaß wie die Verteuerung der Aufwendungen für Theater, Kino und Sportveranstaltungen. Damit ist bei Realbetrachtung der Anteil des Budgets, der für Printmedien aufgewendet wird, rückläufig.

2. Entwicklung der Nachfrage

In einem marktwirtschaftlich orientierten Wirtschaftssystem wie dem der Bundesrepublik ist die Nachfrage die entscheidende Bestimmungsgröße für die Produktion. Im folgenden soll die Analyse der Nachfrageseite durch eine solche der Angebotsseite ergänzt werden. Zunächst wird also die Entwicklung der Nachfrage untersucht und dies durch die Betrachtung der außenwirtschaftlichen Verflechtung der Druckindustrie vertieft. Sodann wird auf die Ausstattung der Druckindustrie mit Produktionsfaktoren eingegangen, wobei den Veränderungen im Einsatzverhältnis der einzelnen Produktionsfaktoren besondere Aufmerksamkeit geschenkt wird.

2.1 Entwicklung der Inlandsnachfrage

Der „Verbrauch" von Druckerzeugnissen in einem Land hängt zunächst einmal von der Zahl der Einwohner ab. Dies ist bei vielen Druckerzeugnissen (Zeitungen, Zeitschriften) zwingend. Um einen internationalen Vergleich mit aussagefähigen Zahlen zu ermöglichen, bezieht man den „Verbrauch" daher üblicherweise auf den Kopf der Bevölkerung. Nun ist es praktisch unmöglich, einen international vergleichbaren und einigermaßen zuverlässigen Term für den „Verbrauch von Druckerzeugnissen“ zu finden. Die United Nations Educational, Scientific and Cultural Organization (UNESCO) verwendet in ihren Statistiken[27] als Indikator daher den Pro-Kopf-Verbrauch von Zeitungsdruckpapier einerseits sowie von Schreib- und Druckpapier andererseits. Da die Zahlen in der letzten Ausgabe des Statistical Yearbook — sie gelten für 1982 — doch etwas veraltet erschienen, wurden anhand der FAO-Statistiken Verbrauchsziffern auf einem aktuelleren Stand, nämlich 1986, berechnet.

Wie nicht anders zu erwarten, ist die Bundesrepublik beim Verbrauch von grafischen Papieren bei globaler Betrachtung in der Spitzengruppe zu finden; der Pro-Kopf-Verbrauch liegt weit über dem Weltdurchschnitt, der wesentlich von den Verhältnissen in den bevölkerungsreichen Entwicklungsländern bestimmt wird. Andererseits liegt die Bundesrepublik „nur“ an sechster Stelle der diesbezüglichen „Weltrangliste“, die mit weitem Abstand von den „NORSCAN-Ländern“, also den Staaten Skandinaviens Schweden und Finnland, sowie USA und Kanada angeführt wird. Vor der Bundesrepublik Deutschland ist dann außerdem noch die Schweiz plaziert. Auffallend ist, daß eine so starke Wirtschaftsmacht wie Japan hinsichtlich des Pro-Kopf-Verbrauchs von „cultural papers“ erst an zwölfter Stelle liegt. Innerhalb der EG ist die Bundesrepublik Spitzenreiter.

Die Verfolgung der zeitlichen Entwicklung der Inlandsnachfrage erfolgt üblicherweise anhand der Inlandsverfügbarkeit (berechnet als fachlicher Gesamtumsatz zuzüglich Einfuhr minus Ausfuhr). Dieses Vorgehen führt im Fall der Druckindustrie insofern methodisch zu Schwierigkeiten, als in den Ein- und Ausfuhrwerten eine ganze Reihe von Druckerzeugnissen (Zeitungen, Zeitschriften, Bücher, Wandkalender) der verlegerische Anteil sowie teilweise buchbinderische Arbeiten mit enthalten sind, also Leistungen, die in Wirtschaftsbereichen außerhalb der Druckindustrie erbracht worden sind. Außerdem enthalten die Außenhandelszahlen alle Vorleistungen. Dies ist bei den Produktionswerten anders: Sie beziehen sich nur auf die Druckleistungen, meist einschl. Vorleistungen (Papier, Farbe etc.). Bei Papierbeistellungen sind diese dann aber nicht enthalten. Produktions- bzw. Außenhandelszahlen sind also bei Verlagserzeugnissen nicht kompatibel. Da sich aber die Produktstruktur bei Ein- und Ausfuhren im betrachteten Zeitraum nicht signifikant verändert hat, soll hier trotz der geäußerten Bedenken hinsichtlich der Berechnungsmethode die Inlandsverfügbarkeit als Indikator für die Inlandsnachfrage herangezogen werden. Diese Entscheidung fällt um so leichter, als auch ein anderer Indikator, nämlich der Index des Auftragseingangs (Inland, Volumenindex, 1980 = 100) einen nahezu identischen Verlauf zeigt (Abb. 6).

[27] Statistical Yearbook, Paris.

Abb.6

Indikatoren zur Entwicklung der Inlandsnachfrage nach Druckerzeugnissen 1977 - 1988

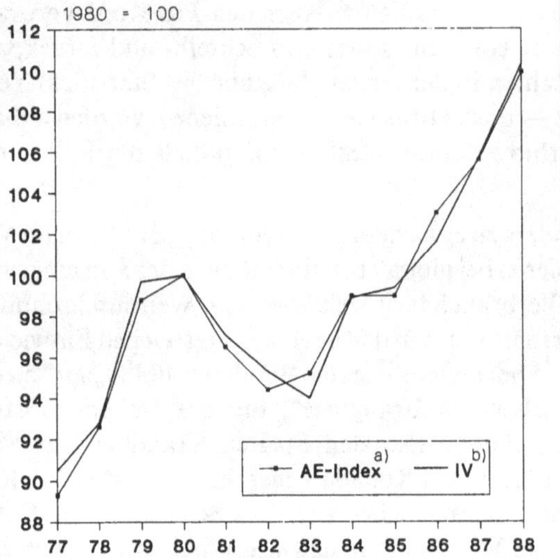

a) Index des Auftragseingangs, Volumen.
b) Inlandsverfügbarkeit, real, 1980 = 100 gesetzt
Quelle: Stat. Bundesamt; Berechnungen des IFO-Instituts

Die Entwicklung der Inlandsnachfrage nach Druckerzeugnissen hängt in starkem Maße von der gesamtwirtschaftlichen Produktionstätigkeit ab. Auf diese Tatsache wurde bereits bei der Betrachtung der Werbung und ihrer Bedeutung für die Druckproduktion hingewiesen. Vergleicht man das Wachstum der Inlandsnachfrage nach Druckerzeugnissen mit der gesamtwirtschaftlichen Produktion (Tab. 15), so zeigt sich, daß die Nachfrage im betrachteten Zeitraum fast gleich schnell gewachsen ist (2,0 % gegenüber 2,1 % durchschnittliches jährliches Wachstum). Während in der ersten Hälfte der Referenzperiode der Wachstumsunterschied jährlich durchschnittlich sechs Zehntel Punkte ausmachte, war in der zweiten Hälfte ein Unterschied nicht festzustellen. Bezieht man die Nachfrage nach Druckerzeugnissen auf die Industrieproduktion, so zeigt sich, daß in der ersten Hälfte des Referenzzeitraums die Druckerzeugnisse besser abgeschnitten haben.

Der zeitliche Ablauf der Nachfrageentwicklung nach Druckerzeugnissen ist durch eine Wellenentwicklung gekennzeichnet. Im Referenzzeitraum dauerte die Wachstumsphase bis Ende der siebziger Jahre mit einem Höhepunkt in den Jahren 1979/80. Sie war anschließend — wie die gesamtwirtschaftliche Entwicklung auch — rückläufig, kam aber erst ein Jahr später aus der

Rezession im Gefolge des zweiten Ölpreisschocks heraus. In den letzten Jahren der Referenzperiode erlebte die Nachfrage nach Druckerzeugnissen dann eine bezogen auf die gesamtwirtschaftliche Produktion deutlich überdurchschnittliche und positive Entwicklung.

2.2 Auslandsnachfrage

2.2.1 Handelsströme bei Druckerzeugnissen

Druckerzeugnisse gelten als Waren, die sich nur teilweise für einen internationalen Austausch eignen. Zum einen setzen sprachliche Barrieren Grenzen, zum anderen verbietet das Problem der Aktualität (Zeitungen, Zeitschriften) längere und zeitaufwendige Transportprobleme. Deshalb ist bezogen auf die Produktion das Außenhandelsvolumen bei Druckerzeugnissen klein. Das Welthandelsvolumen[28] für Druckerzeugnisse belief sich 1986 auf knapp 10 Mrd. US $, entsprechend rund 21 Mrd. DM. Dieser Wert erreicht nicht einmal den Umsatz der deutschen Druckindustrie; dieser betrug 1986 rund 27 Mrd. DM. Für 184 Länder läßt sich auf der Basis von UN-und UNESCO-Statistiken eine „Weltproduktion" von rund 157 Mrd. US $ errechnen[29]. Daraus errechnet sich eine „Weltexportquote" für Druckerzeugnisse von rund 6 %.

Rund 28 % des Welthandelsvolumens macht der intra-gemeinschaftliche Handel der EG[30] aus. Nimmt man noch die restlichen Länder Westeuropas dazu, so findet rund die Hälfte des gesamten Welthandels mit Druckerzeugnissen zwischen den Staaten Westeuropas statt. Ein weiteres Zehntel wird innerhalb Nordamerikas abgewickelt.

Die EG sind der größte Anbieter von Druckerzeugnissen auf dem Weltmarkt, 1986 stammten rund drei Fünftel aller Lieferungen von dort. Gleichzeitig stellten die EG-Staaten aber auch den größten Abnehmer von Druckerzeugnissen dar; sie nahmen 1986 rund zwei Fünftel des Angebots auf.

Es bleibt festzuhalten, daß die hoch industrialisierten Länder Westeuropas und Nordamerikas in besonderem Maße als Anbieter und Nachfrager auf

[28] Da eine statistische Erfassung des Außenhandels aller Länder nicht existiert, erfaßt die OECD, um zu Näherungswerten für den Welthandel zu kommen, die Ausfuhren aller OECD-Länder (auf fob-Basis) sowie die Einfuhren aus Nicht-OECD-Ländern (auf cif-Basis). Der Handel der Nicht-OECD-Länder untereinander, der auf weniger als 10 % des Welthandels geschätzt wird, wird dabei nicht berücksichtigt.

[29] Zitiert bei: H. Willkomm, Internationales Panorama der Druckindustrie und der Reproduktionstechnik — ein globaler Ländervergleich, in: Deutscher Drucker 1989, Heft 17, S. w46-w58.

[30] In diesem Vergleich sind Griechenland, Portugal und Spanien noch nicht als EG-Länder berücksichtigt.

dem Weltmarkt für Druckerzeugnisse, der sich im Vergleich zur Produktion aber recht bescheiden ausnimmt, eingeschaltet sind.

Die Bundesrepublik Deutschland ist in diesen Welthandel mit Druckerzeugnissen in beachtlichem und dazu in steigendem Maße eingebunden. Ihr Anteil an den gesamten entsprechenden Weltexporten lag 1986 bei rund einem Fünftel; zu Beginn der siebziger Jahre hatte dieser Anteil bei nur rund einem Sechstel gelegen. Verglichen mit dem Weltmarktanteil bei den Industrieerzeugnissen insgesamt ist die Einschaltung der Bundesrepublik Deutschland in den Welthandel mit Druckerzeugnissen damit leicht — nämlich um rund zwei Prozentpunkte — überdurchschnittlich.

Bei den Importen ist die Bundesrepublik hingegen weit weniger bedeutend; sie hat hier nur einen Anteil von knapp 7% an den Weltimporten insgesamt und liegt hinter USA (14%), Frankreich (10%), Großbritannien (8%) und Kanada (7%) erst an fünfter Stelle.

2.2.2 Exporte der Bundesrepublik

Die Nachfrage des Auslandes hat für die deutsche Druckindustrie insgesamt betrachtet eine steigende Bedeutung. Die „Exportquote" stieg von 8,9% (1970) über 12,4% (1980) auf 15,4% (1988). Wie bereits oben erwähnt, ist diese Quote aus methodisch statistischen Gründen überhöht. Nimmt man den Anteil des Auslandsumsatzes am Gesamtumsatz zum Maßstab (diese Meßziffer gibt die Exportquote etwas zu niedrig wieder, da nur die direkten Exporte, nicht jedoch solche über den Handel oder ähnliche Institutionen, z. B. Kollegenhilfe, erfaßt werden), so betragen die „Exportquoten" für die genannten Jahre 3,4% (1970), 6,2% (1980) und 6,8% (1988). Nach der NE-Metallgießerei ist die Druckindustrie damit die Branche mit der niedrigsten Exportquote. Das Niveau dieser so berechneten „Exportquoten" liegt zwar deutlich unter demjenigen der „traditionell" ermittelten Quoten, zeigt aber einen praktisch identischen Verlauf.

Hinter diesen Quoten stehen beachtliche Zuwächse. Wurden 1977 noch Druckerzeugnisse für 1,9 Mrd. DM exportiert, so betrug dieser Wert 1988 bereits 4,7 Mrd. DM; er hat sich also in zehn Jahren mehr als verdoppelt. Real, d. h. nach Ausschaltung der Preissteigerungen, wuchsen die Exporte um reichlich zwei Drittel (70,5%) oder um (real) durchschnittlich rund 5% pro Jahr.

Bewertet man diese Exportkennziffern für die Druckindustrie im Zusammenhang, so ergibt sich das Bild einer Branche, für die die Auslandsnachfrage zwar keine überragende Bedeutung hat, für die sie aber ständig wichtiger wird. Denn das Wachstum der Auslandsnachfrage in den zehn Jahren 1977-1988 war mit durchschnittlich 5% pro Jahr etwa dreimal so stark wie das Wachstum der Inlandsnachfrage, die im gleichen Zeitraum nur um durchschnittlich 2,0 % jährlich gestiegen ist.

Die Exportfähigkeit der deutschen Drucker beschränkt sich auf nur vergleichsweise wenige Firmen. Von den Teilnehmern am Ifo-Konjunkturtest geben regelmäßig zwei Drittel an, nicht zu exportieren. Bei einer Umfrage in der deutschen Industrie zu Fragen der Vollendung des europäischen Binnenmarktes hatte von den antwortenden 130 Unternehmen keines Fertigungsstätten im Ausland (Verarbeitendes Gewerbe insgesamt: 21 %); nur 9,3 % (Verarbeitendes Gewerbe insgesamt: 32 %) hatten Kooperationsvereinbarungen mit ausländischen Firmen und gar nur 2,2 % (Verarbeitendes Gewerbe insgesamt: 38 %) eigene Verkaufsbüros im Ausland.

Der Beitrag der Druckerzeugnisse zum gesamten deutschen Exportvolumen nimmt sich relativ bescheiden aus; er lag 1987 noch unter 1 %. Allerdings zeigt auch dieser Anteil ein ständiges Wachstum: Der Anteil der Ausfuhr von Druckerzeugnissen an den Exporten industrieller Produkte insgesamt stieg von 0,74 % (1970) über 0,8 % (1980) auf 0,86 % (1987). Mit Druckerzeugnissen wurden mithin überproportionale Exporterfolge erzielt.

Für die Analyse des Exportwachstums ist die Beantwortung zweier Fragen hilfreich, nämlich:

— Mit welchen Ländern wird der Außenhandel abgewickelt?
— Welche Produkte der deutschen Druckindustrie werden in erster Linie von ausländischen Abnehmern nachgefragt?

Als Abnehmer für deutsche Exporte von Druckerzeugnissen nehmen die EG-Staaten eine dominierende Position ein (Tab. 16 und 17); wie dies auch bei den gesamten Exporten der Bundesrepublik Deutschland der Fall ist. Allerdings ist die Bedeutung der EG-Länder als Abnehmer für Druckerzeugnisse längst nicht so ausgeprägt wie bei den Ausfuhren aller Güter (1987: 47 % gegenüber 53 %). Die Sprache als Stimulans des Außenhandels mit Druckerzeugnissen wird durch die hohe Bedeutung der beiden deutschsprachigen Länder Österreich und Schweiz als Abnehmer deutlich. Während diese beiden Staaten nur reichlich zehn Prozent der deutschen Exporte insgesamt abnehmen, ist es bei den Druckerzeugnissen ziemlich genau ein Drittel. Beim „übrigen Europa" sind die beiden Anteile recht ähnlich. Die USA und Kanada (1987: 10,4 %) sowie die übrigen Länder der Welt (1987: 14,6 %) stellen für die deutschen Exporteure eine sehr wichtige Abnehmergruppe dar, nehmen sie doch ein Viertel der Waren ab. Bei Druckerzeugnissen haben sie hingegen nur einen relativ bescheidenen Anteil von 11 %. Zusammenfassend läßt sich also hinsichtlich der geografischen Abnehmerstruktur für Druckerzeugnisse festhalten, daß die Exporte weitaus überwiegend in die EG-Länder und das deutschsprachige Ausland gehen, die übrigen Weltregionen als Kunden für die deutsche Druckindustrie (einschl. Verlage und Buchhandel) hingegen nur eine vergleichsweise geringe Bedeutung haben. Die Abnehmerstruktur hat sich in den zehn Jahren der Referenzperiode zudem als bemerkenswert konstant erwiesen.

Knapp ein Drittel der ins Ausland gelieferten Druckerzeugnisse entfallen auf „Werbedrucksachen u. a. Bilddrucke" (Tab. 18). Dabei handelt es sich zum überwiegenden Teil um Druckaufträge ausländischer Kunden, die von deutschen Druckern ausgeführt worden sind. Hingegen haben Exporte von Prospekten, Katalogen u. ä., die deutsche Unternehmen zur Unterstützung ihrer Auslandsmarktbearbeitung benutzen und im Inland haben erstellen lassen, weniger Bedeutung. Die Werbedrucksachen haben im Referenzzeitraum ihr Gewicht an der Gesamtausfuhr von Druckerzeugnissen vergrößert.

Etwa gleiche Bedeutung haben die Ausfuhren von Büchern und Broschüren einerseits und von Zeitungen und Zeitschriften andererseits; auf sie entfallen jeweils ein reichliches Viertel aller Druckexporte. Die vergleichsweise große Bedeutung, die Büchern im Rahmen der Ausfuhren von Druckerzeugnissen zukommen, mag insofern überraschen, als sie ja innerhalb der Produktion bedeutend weniger Gewicht haben. Bei den Ausfuhren handelt es sich nur zu rund 10-15 % um solche Bücher, die im Ausland verlegt worden sind. Buchexporte sowie die Ausfuhren der Sammelgruppe „Sonstige Druckerzeugnisse" sind in der Referenzperiode strukturell geschrumpft.

3. Entwicklung des Angebots

3.1 Das ausländische Angebot am deutschen Markt

Ausländische Anbieter von Druckerzeugnissen haben am Markt der Bundesrepublik Deutschland insgesamt betrachtet keine nennenswerte Bedeutung. Die „Importquote", also der Anteil der Einfuhren am Verbrauch, die aus den oben erläuterten Gründen überhöht ist, liegt bei rund 6 %; tatsächlich dürfte sie etwa 4 % betragen. Etwa nur jede zwanzigste Mark, die in der Bundesrepublik für Druckerzeugnisse ausgegeben wird, fließt also an einen ausländischen Lieferanten.

Bei nominaler Betrachtung haben sich die Einfuhren von Druckerzeugnissen im Referenzzeitraum 1977-1988 mehr als verdoppelt (Tab. 19). Bei realer Betrachtung, d. h. nach Ausschaltung von Preisveränderungen, betrug der Anstieg noch 96 %. Dieses Wachstum war deutlich kräftiger als das der Exporte (+ 70 %) oder gar des — ebenfalls preisbereinigten — Umsatzes. Damit stieg auch die „Importquote" von 4 % (1977) auf 6,3 % (1988) rasch an. Der Außenhandelssaldo, also der Überschuß der Exporte über die Einfuhren, der bei Druckerzeugnissen stets positiv für die Bundesrepublik war, ist aber ständig weiter gewachsen, und zwar bei Realbetrachtung im Zeitraum

1977-1988 um rund 57 %. Dieser scheinbare Widerspruch erklärt sich daraus, daß bei den gegenüber den Importen so sehr viel bedeutenderen Exporten bei diesen selbst kleinere Wachstumsraten genügen, um die absolute Differenz weiter zu erhöhen.

Bezogen auf alle von der Bundesrepublik importierten Waren ergibt sich, wie schon bei den Exporten, eine überproportionale Fixierung der Druckimporte auf die deutschsprachigen Länder (Tab. T2) Österreich und Schweiz, deren Anteil aber von dem der EG-Länder weit übertroffen wird (Tab. 20).

Tabelle T 2

Regionalstruktur der Importe und Exporte von Druckerzeugnissen und von Gütern insgesamt, 1987

Region	Anteil an Exporten		Anteil an Importen	
	Druckerzeugnisse	Güter insg.	Druckerzeugnisse	Güter insg.
EG	52,6	52,6	46,9	52,7
Schweiz/Österreich	29,9	8,9	33,2	11,5
Übriges Europa	4,4	11,0	8,6	10,8
USA/Kanada	7,6	7,1	4,9	10,4
Übrige Welt	5,5	20,4	6,4	14,6
Insgesamt	100	100	100	100

Quelle: Statistisches Bundesamt; Berechnungen des Ifo-Instituts.

Deren Bedeutung bei der Lieferung von Druckerzeugnissen entspricht genau derjenigen bei den Importen aller Güter. Überproportional sind auch die Staaten Nordamerikas, insbesondere die USA, auf dem deutschen Markt für Druckerzeugnisse vertreten. Dies hängt wohl in erster Linie damit zusammen, daß von dort stammende (Fach-)Bücher in vielen Wissenschafts- und Technikbereichen unverzichtbar sind. Bücher und Broschüren sind mit rund 36 % die wichtigste Warengruppe unter den importierten Druckerzeugnissen (Tab. 21). Sie haben allerdings im Referenzzeitraum relativ an Bedeutung eingebüßt; ihr Anteil ist von 1977 bis 1987 um acht Prozentpunkte zurückgegangen. Dies gilt auch für „sonstige Druckerzeugnisse". Wie schon bei den Ausfuhren der Bundesrepublik Deutschland sind die Werbedrucksachen strukturell kräftig gewachsen.

Zusammenfassend läßt sich sagen, daß sich die Stellung ausländischer Anbieter auf dem deutschen Markt zwar rasch verstärkt, sich insgesamt betrachtet aber noch recht bescheiden ausnimmt. Die Lieferanten kommen vor allem aus dem EG-Raum und dem deutschsprachigen Ausland und bei den Produkten dominieren (noch) Bücher und Broschüren sowie die rasch expandierende Warengruppe der „Werbedrucksachen u. a. Bilddrucke".

3.2 Innerdeutscher Handel

Der Handel zwischen der Bundesrepublik Deutschland und der Deutschen Demokratischen Republik ist bei Druckerzeugnissen trotz der sprachlichen Identität nicht sehr bedeutsam. Bezogen auf den gesamten Import der Bundesrepublik bei diesen Erzeugnissen erreichten 1987 die Bezüge aus der DDR einen Anteil von 2,5 %. Bei den Lieferungen in die DDR ergab sich 1987 sogar nur — bezogen auf den Gesamtexport — ein Anteil von 1 %. Im Jahre 1977 hatten die entsprechenden Anteile bei 3,5 % bzw. 1,7 % gelegen. Die DDR ist also als Handelspartner bei Druckerzeugnissen deutlich weniger wichtig geworden. Der Saldo des Warenverkehrs ist über den gesamten Referenzzeitraum positiv gewesen (Tab. 22).

Jeweils rund zwei Drittel der Lieferungen und Bezüge entfielen 1987 auf Verlagerungserzeugnisse, also auf Zeitungen, Zeitschriften einerseits und Bücher andererseits. Dabei ist die Warenbilanz bei Büchern für die Bundesrepublik traditionell und deutlich negativ, während sie bei Zeitungen und Zeitschriften noch deutlicher positiv ist.

Der innerdeutsche Handel mit diesen Erzeugnissen erfolgt auf zwei verschiedenen Wegen. Beim „*Clearing*“ wird mit Verrechnungseinheiten gearbeitet. Es erfolgt praktisch ausschließlich zwischen westdeutschen Kommissionären bzw. Grossisten einerseits und der zentralen Einkaufs- und Verkaufsstelle in Leipzig andererseits. Für das „*Kompensationsverfahren*“ stehen zwei Möglichkeiten zur Verfügung, nämlich entweder Bücher und Zeitschriften auszutauschen oder Lieferungen von Büchern und Zeitschriften mit Druckaufträgen zu kompensieren. Derartige Kompensationsgeschäfte führen fast nur Verlage durch; der Lieferant erhält in der Währung des Käufers eine Gutschrift und vergibt dafür Druckaufträge. Allerdings erfolgt diese Art von Gegenleistung nur im Auftrag westdeutscher Verlage. Der Austausch von Büchern, Zeitungen und Zeitschriften konzentriert sich bisher fast ausschließlich auf fachliche und wissenschaftliche Themenkomplexe und Musikarten, während schöngeistige Literatur kaum beteiligt ist[31].

3.3 Produktion

3.3.1 Bruttoproduktion und Umsatz

Der Umsatz der Druckindustrie ist im Zeitraum 1977-1982 um durchschnittlich 5,7 % und 1982-1988 um 4,7 % jährlich gewachsen. Die entsprechenden Raten für das verarbeitende Gewerbe insgesamt betrugen 5,2 % und

---

[31] Börsenverein des Deutschen Buchhandels e. V. (Hrsg.), Buch und Buchhandel in Zahlen, Frankfurt 1988, S. 73 f.

3,4 %. Schaltet man die Preisveränderungen aus, so schrumpfen naturgemäß diese Wachstumsraten (Tab. T 3). Während der ersten der beiden unterschiedenen Perioden war, bei etwa gleich starkem nominalen Wachstum, die reale Umsatzzunahme in der Druckindustrie deutlich kräftiger als im verarbeitenden Gewerbe insgesamt. Im zweiten Zeitabschnitt ist das Umsatzwachstum im übergeordneten Aggregat etwas stärker gewesen als in der Druckindustrie.

Tabelle T 3

Wachstum des Umsatzes[a] der Druckindustrie
(% pro Jahr)

Aggregat	1977-1982		1982-1988	
	nominal	real	nominal	real
Druckindustrie	5,7	1,4	4,7	2,2
Verarbeitendes Gewerbe	5,2	0,4	3,4	2,6

a) Ergebnisse nach fachlichen Betriebsteilen.

Rund 90 % ihres Umsatzes erzielen die Unternehmen der Druckindustrie aus dem Verkauf ihrer eigenen Produktion und aus eigenen industriellen und handwerklichen Dienstleistungen; nur rund 2,4 % wurden aus Handelsware erlöst. Ein relativ großer Anteil, nämlich mehr als 7 % des Umsatzes, werden aus nichtindustriellen, nichthandwerklichen Tätigkeiten erzielt. Hierunter ist eine ganze Reihe recht unterschiedlicher Erlöse (z. B. aus Wohnungsvermietung, Veräußerung von Patenten und aus Beratungstätigkeit) zusammengefaßt. Im Falle der Druckindustrie dürfte es sich aber nahezu ausschließlich um die hier ebenfalls subsumierten Erlöse aus Verlagstätigkeit (z. B. Anzeigen) handeln. Ein besonders hoher Anteil dieser Erlösarten findet sich bei den größeren Unternehmen (über 200 Beschäftigte), wo dieser Anteil über 12 % beträgt, während er sich bei den kleineren Druckereien (20-49 Beschäftigte) auf nur 0,2 % beläuft.

Korrigiert man den Gesamtumsatz um die Änderungen der Bestände an unfertigen und fertigen Erzeugnissen und addiert die selbsterstellten Anlagen hinzu, so erhält man den Bruttoproduktionswert. Selbsterstellte Anlagen hatten 1986 nur einen Wert von 12,5 Mill. DM. Da diese selbsterstellten Anlagen als Element des Bruttoproduktionswertes nur eine völlig unbedeutende Rolle spielen (Anteil: 0,06 %), können sich Wachstumsunterschiede zwischen Bruttoproduktion und Umsatz also lediglich aus der Veränderung der Lagerbestände ergeben.

Lagerbestände spielen bei der Druckindustrie eine unterschiedliche Rolle. Fertigwarenlager kommen so gut wie nicht vor; dies ergibt sich aus der Natur der Erzeugnisse: Bei Zeitungen und Zeitschriften verbietet sich eine Lagerung aus Gründen der Aktualität; Bücher lagern beim auftraggebenden Verlag bzw. auf den verschiedenen Handelsstufen. In geringen Mengen lagern ungebundene Bücher gelegentlich auch bei Druckereien. Lediglich bei gewissen Standardartikeln, z. B. Post-, Zoll- und andere behördliche Formulare, ist eine Lagerhaltung denkbar. Bei den Umfragen im Rahmen des Ifo-Konjunkturtests wird bei nahezu allen Druckerzeugnissen gemeldet, daß eine Lagerhaltung nicht üblich sei.

Auch die Rohstofflager haben in der Druckindustrie keine überragende Bedeutung. Druckfarbe ist nur sehr begrenzt lagerfähig. Druckpapier wird nur in produktionstechnisch nötigem Umfang gelagert; die Bestände sichern nach den Ergebnissen des Ifo-Konjunkturtests im Durchschnitt etwa 3-3,5 Produktionswochen. Insbesondere bei den Pressepapieren, also den Druckpapieren für Zeitungen und Zeitschriften, hat die Vorstufe, also die Papiererzeugung und gelegentlich der Papiergroßhandel, die Lagerfunktionen übernommen. Die in Rahmenverträgen georderten Jahres- oder Halbjahresmengen werden dann von den Druckereien successiv abgerufen. Dieses Vorgehen ist in den Fällen nahezu zwingend, in denen große Druckereien im Stadtkern liegen und Lagermöglichkeiten für die sperrigen Papierrollen nur sehr beschränkt vorhanden sind. Die relativ geringe Bedeutung, die Lager für die Druckindustrie haben, spiegeln sich auch in der Lagerquote wider, die sich ergibt, wenn man die jeweils am Jahresende vorhandenen Vorräte[32] auf den Umsatz des abgelaufenen Jahres bezieht. Diese Lagerquote lag 1986 für die Druckindustrie bei 7 % (Durchschnitt des verarbeitenden Gewerbes insgesamt: 16 %).

3.3.2 Nettoproduktion

Der Index der Nettoproduktion der Druckindustrie, der die Entwicklung der Produktion auf realer, d. h. von Preisveränderungen bereinigter Basis widerspiegelt, ist von 1970 bis 1987 um rund 30 % gestiegen. Dieses entspricht einem Produktionswachstum von 1,6 % jährlich im Durchschnitt dieser Periode. Das Wachstum verlief innerhalb dieses Zeitraums jedoch mit kräftigen konjunkturell bedingten Schwankungen. In der ersten Hälfte der siebziger Jahre hat die Produktion praktisch stagniert; 1975 stellte gleichsam eine Talsohle dar. Es folgte dann bis zum Jahre 1980 eine Periode kontinuierlichen Wachstums, der sich wiederum eine Phase leicht rezessiver Entwick-

[32] Wert der Lagerbestände an Rohstoffen und sonstigen Vorprodukten (einschließlich fremdbezogener Halbfabrikate, Einzelteile, Einbauteile u. dgl.), Hilfs- und Betriebsstoffen, Brenn- und Treibstoffen, an fertigen und unfertigen Erzeugnissen aus eigener Produktion (einschließlich angefangener Arbeiten, Einzel- und Ersatzteile u. ä. aus eigener Produktion) sowie Handelsware (eingekaufte Stoffe und Waren, die ohne Be- und Verarbeitung und ohne Einbau in eigene Erzeugnisse weiterverkauft werden).

lung bis 1983 anschloß. Seither hat eine Erholung eingesetzt; die Produktion stieg von 1983 bis 1987 um rund 12%. Über den gesamten Zeitraum hat sich also das Produktionswachstum der Druckindustrie in einem vergleichsweise engen Korridor bewegt. Sieht man von den beiden „Ausreißerjahren" (1975 (-7,2%) und 1976 (+8,3%) ab, so lagen die jährlichen Veränderungsraten zwischen +6% und -3%.

Ein Vergleich des Produktionswachstums der Druckindustrie mit demjenigen des verarbeitenden Gewerbes insgesamt ist in Form des Branchenkoeffizienten möglich. Dieser zeigt die (realen) Produktionsveränderungen einer Branche gegenüber der (realen) Produktionsveränderung des verarbeitenden Gewerbes an. Ist dieser Branchenkoeffizient größer als 1, so hat die betreffende Branche ein höheres Produktionswachstum aufzuweisen gehabt als der Durchschnitt des verarbeitenden Gewerbes. Liegt er unter 1, so ist das Umgekehrte der Fall. Im Zeitraum 1970-1987 war der Branchenkoeffizient der Druckindustrie in sieben Jahren höher, in drei Jahren gleich und in acht Jahren kleiner als eins. Da eine Branche dann als Wachstumsbranche gilt, wenn sie über einen längeren Zeitraum ein höheres Produktionswachstum aufzuweisen hat als das verarbeitende Gewerbe insgesamt, der Branchenkoeffizient also ständig oder überwiegend über 1 liegt, kann die Druckindustrie nicht als ausgesprochene Wachstumsbranche bezeichnet werden. Sie ist vielmehr als ein durchschnittlich wachsender Bereich anzusehen.

3.3.3 Veränderungen der Produktionsstruktur

Die dargestellte Entwicklung der Gesamtproduktion überdeckt die entsprechenden Entwicklungen in den einzelnen Teilbereichen der Druckindustrie. Im folgenden sollen diese nur insoweit angesprochen werden, als sie sich in Veränderungen der Produktionsstruktur niedergeschlagen haben. Die Bestimmungsgründe für die Entwicklung der Teilbereiche werden in einem eigenen Hauptabschnitt (VI) dargelegt und analysiert.

Bei den Produkten der Druckindustrie sind drei Hauptgruppen zu unterscheiden:

— Druckerzeugnisse im eigentlichen Sinne
  Hierzu zählen Geschäftspapiere, Zeitungen, Zeitschriften, Bücher u. ä. Erzeugnisse

— Vervielfältigungen, sonstige Druckerzeugnisse
  Hierzu zählen reprografische Produkte (z. B. Fotokopien, Overheadfolien etc.), Mikrofilme, Druckformen und Druckplatten sowie Fremdsatz

— Lohnveredlungsarbeiten
  Hierzu zählt z. B. Lackieren, Kaschieren, Kalandrieren.

Bei der Darstellung der Produktionsstruktur wurde auf die beiden letztgenannten Erzeugnisgruppen verzichtet, da sie nicht zu den „klassischen" Druckerzeugnissen gehören. Zudem ist ihr Anteil an der Gesamtproduktion der Druckindustrie mit 5-6 % gering und eher rückläufig.

Die Produktionsstruktur der Druckindustrie im oben definierten Sine hat sich im Referenzzeïtraum 1977-1987 nur sehr wenig verändert (Tab. 23). Am deutlichsten ist das strukturelle Wachstum der Kataloge und Werbedrucke, wobei auf letztere vier Fünftel dieser Erzeugnisgruppe entfallen. Der Anteil stieg nahezu kontinuierlich von 22 % (1977) auf 26 % (1987) und spiegelt die Beobachtung wider, daß die Werbung die Printmedien begünstigt haben. Rückläufig war hingegen der Anteil der Geschäftspapiere (von über 20 % auf 18 %), was wiederum vor allem aus Anteilsverlusten bei Einzelformularen resultiert, während Endlosformulare sich haben behaupten können. Leicht vermindert hat sich auch der Anteil der Bücher. Dort könnten sich strukturelle Verschiebungen zugunsten billiger Ausgaben (z. B. Taschenbücher, „Kaffeerösteraktionen") ausgewirkt haben.

IV. Produktionsfaktoren

Für eine Branche ist entscheidend, welche Vor- und Nachteile der jeweilige Standort bietet, ob sie knappe und damit teure oder reichlich vorhandene und damit billige Produktionsfaktoren nutzen kann. Im folgenden soll auf die Kosten und Einsatzverhältnisse der Produktionsfaktoren in der Druckindustrie eingegangen werden. Analysiert werden sollen auch die Veränderungen der Relationen zwischen einzelnen Produktionsfaktoren, die Effizienz der gewählten Faktorkombinationen, d. h. die Produktivitätsveränderungen sowie der aus dem Zusammenspiel dieser Komponenten sich ergebende Erfolg, also die Ertragsentwicklung (dies in Abschnitt V).

1. Einsatz von Sachkapital

1.1 Investitionstätigkeit im Inland

In der Druckindustrie herrschen verfahrenstechnische Fertigungsprozesse vor, die im allgemeinen als hoch technisiert und aufwendig gelten. Dennoch liegt die Sachkapitalintensität, die üblicherweise als Bruttoanlagevermögen je Beschäftigten gemessen wird, in der Druckindustrie um 2 % (1987) unter dem Durchschnitt des verarbeitenden Gewerbes insgesamt. Hierzu ist allerdings festzustellen, daß diese Differenz zehn Jahre zuvor, also 1977, noch mehr als 20 % betragen hat (Tab. 24). Die Druckindustrie hat also in diesem betrachteten Zeitraum ihr Brutto-Anlagevermögen je Beschäftigten sehr viel stärker gesteigert als der Durchschnitt des verarbeitenden Gewerbes insgesamt. Hinzu kommt, daß die Druckindustrie bei aller Technisierung immer noch und in einigen Teilen sogar zunehmend eine Servicefunktion hat, die notwendigerweise sehr arbeits- und weniger kapitalintensiv ist. Sie liegt zudem hinsichtlich der Sachkapitalintensität unter 32 Wirtschaftszweigen an 15. Stelle (1987), im Verbrauchsgüter produzierenden Gewerbe an vierter Stelle, nimmt also einen Mittelplatz ein.

Das Angleichen der Kapitalintensität an den Durchschnitt des verarbeitenden Gewerbes war das Ergebnis einer starken Investitionstätigkeit in der Druckindustrie. Nimmt man als Maßstab die Investitionsquote, also die Brutto-Anlageinvestitionen bezogen auf den Umsatz, so lag die Druckindustrie im Zeitraum 1977-1988 ausnahmslos über dem Durchschnitt des verarbeitenden Gewerbes; in einzelnen Jahren (1987, 1983) betrug der Abstand sogar größenordnungsmäßig drei Prozentpunkte (Tab. 25 und Abb. 7). Die Investitionsquote der Druckindustrie lag nur in wenigen Jahren unter 6 %.

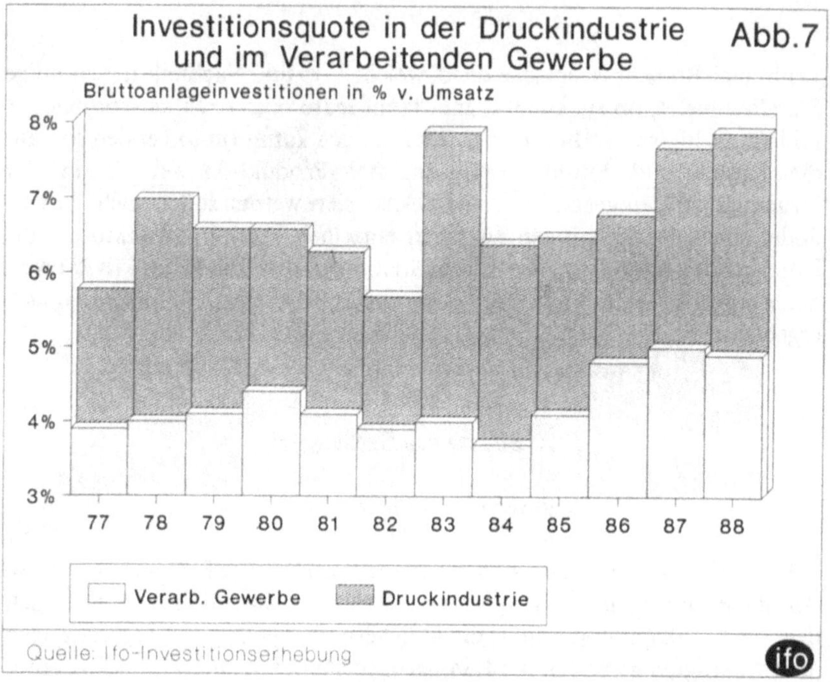

Im zeitlichen Verlauf bestätigt sich das Bild von den beachtlichen Investitionsanstrengungen auch anhand der realen Investitionsausgaben. Sieht man einmal von dem konjunkturell bedingten Einbruch Mitte der siebziger Jahre ab, so zeigt sich ein insgesamt deutlich aufwärts gerichteter Trend; 1983, 1987 und 1988 stellen dabei besonders herausragende Jahre dar (Tab. 26).

1.2 Miete und Pacht von Anlagen

In den Investitionskennziffern für die Druckindustrie sind die Aufwendungen für das Anlagen-*Leasing* nicht enthalten, dem eine steigende und vor allem eine im Vergleich zu anderen Branchen weit überdurchschnittliche Bedeutung beizumessen ist. Der sogenannte Mietinvestanteil, d. h. der Anteil der Mietinvestitionen an der Summe aus Miet- und Eigeninvestitionen hat sich — wie in fast allen Branchen des verarbeitenden Gewerbes — in der Vergangenheit stark erhöht (Tabelle T 4).

Tabelle T 4

Entwicklung der Mietinvestanteile[a)]
1970-1987

Bereich	1970	1975	1980	1987
Druckerei, Vervielfältigung	16,8	25,1	24,4	25,0
Papier- und Pappeverarbeitung	5,7	9,8	12,9	14,0
Verarbeitendes Gewerbe	5,3	8,3	11,7	12,9

a) Quotient aus Mietinvestitionen und Gesamtinvestitionen (Benutzerkonzept), Mill. DM in jeweiligen Preisen.

Quelle: Ifo-Investorenrechnung.

Mit einem Mietinvestanteil von rund 25% lag die Druckindustrie in der Spitzengruppe aller Branchen. Die BVD-Umfrageergebnisse deuten darauf hin, daß sich das Interesse der leasenden Unternehmen auf EDV-Anlagen für den kaufmännischen Bereich konzentriert, was nicht bedeutet, daß hier auch der Schwerpunkt der Leasing*ausgaben* liegen muß. Dieser ist wohl eindeutig im Bereich der Satzanlagen zu suchen, die als besonders leasinggeeignet gelten. Mit der Einführung der neuen Satztechniken — die Ablösung des Bleisatzes durch den Fotosatz —, die in einem relativ gedrängten Zeitraum erfolgte und Finanzkraft und Liquidität vieler Firmen wohl überfordert hätte, nahm das Anlagenleasing in der Druckindustrie einen steilen Aufschwung. Dabei stellte es sich heraus, daß mit der raschen technischen Weiterentwicklung dieser neuen Technik sich das Leasing als besonder geeignet erwies, um hier jeweils mit Anlagen auf dem neuesten technischen Stand ausgestattet zu sein. Das Leasen von Fahrzeugen hat auch in der Druckindustrie stark an Bedeutung gewonnen. Immerhin ist heute schon jedes fünfte in der Bundesrepublik Deutschland zugelassene Kraftfahrzeug geleast. Druckmaschinen selbst werden dagegen nur in verhältnismäßig geringem Umfang geleast.

1.3 Motive für Investitionen im Inland

Unter den Motiven für Investitionen dominierte in der Druckindustrie — wie in vielen Branchen auch — lange die Rationalisierung; sie hat jedoch seit 1983 an Bedeutung eingebüßt. Seither ist nämlich die Ersatzbeschaffung in den Vordergrund getreten (Abb. 8). Die Kapazitätserweiterung war zunächst nur in den Jahren 1978-1980 von Gewicht. Dies ist eine Zeitperiode, die von besonders intensiven Änderungen des Maschinenbestandes gekennzeichnet war. Nach den Ergebnissen der Maschinenerhebungen des Bundesverbandes Druck waren hier nur die Bestände an Bleisatzmaschinen sowie

Abb.8

Investitionsziele und Kapazitätszuwachs in der Druckindustrie

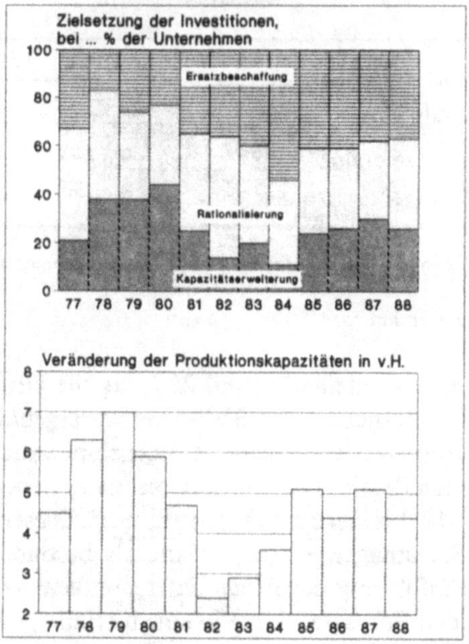

Quelle: Ifo-Investitionstest

Bogen-Hochdruckmaschinen rückläufig, während bei allen anderen Maschinentypen, insbesondere im Repro-Bereich aber auch bei Bogen- und Rollenoffsetmaschinen, die Bestände kräftig erhöht wurden. Allerdings waren die mit den Rationalisierungsinvestitionen und mit den Investitionen zur Ersatzbeschaffung verbundenen Kapazitätseffekte beachtlich. So wurden in den Jahren 1982-1984, als im Durchschnitt nur 10-20 % der Unternehmen der Druckindustrie schwerpunktmäßig mit dem Ziel der Kapazitätserweiterung investiert haben, bei den am Markt verbliebenen Unternehmen immer noch Kapazitätszuwächse von rund 3 %[1] erreicht. Das sind die Unternehmen, die jeweils von Jahr zu Jahr am Markt geblieben sind. Wenn aber für den Zeitraum 1977-1988 ein durchschnittlicher Kapazitätszuwachs in einer Größenordnung von 4,7 % zustande gekommen ist, während gleichzeitig die Produktion um jährlich nur rund 1,5 % gestiegen ist, so müßte es in erheblichem Umfang zum Aufbau von Überkapazitäten gekom-

[1] Die erwähnten Zuwachsraten der Kapazitäten gelten zwar nur für den Berichtskreis des Ifo-Investitionstests, sind aber von solchen Verzerrungen bereinigt, die sich aus unterschiedlich stark repräsentierten Unternehmensgrößen ergeben könnten. Erfahrungsgemäß geben diese Daten zumindest die Entwicklungstendenz, wahrscheinlich aber auch das Niveau wieder.

men sein, wenn nicht in entsprechendem Umfang auch Betriebe aus dem Produktionsprozeß ausgeschieden und die Produktionseinrichtungen entweder verschrottet oder exportiert worden sind. Das Entstehen dieser Überkapazitäten kann aber aus den verfügbaren Statistiken nicht verifiziert werden. Die Kapazitätsauslastung in der Druckindustrie hat (konjunkturbereinigt) nicht abgenommen. Auch die Entwicklung der Erträge (vgl. Abschnitt V) deutet nicht auf einen durch Überkapazitäten bedingten ruinösen Wettbewerb hin. Andererseits ist bekannt, daß durch Ersatzinvestitionen überflüssig gewordene Maschinen vielfach exportiert werden. Es gibt dafür sogar eine eigene Exportorganisation, die sich mit der Ausfuhr gebrauchter Maschinen, vorzugsweise in Entwicklungsländer, beschäftigt.

1.4 Altersstruktur des Anlagevermögens

Bei ihren Investitionen geben die Unternehmen der Druckindustrie im langjährigen Durchschnitt 80-90 % für Ausrüstungen in Form von Geräten, Maschinen, Fahrzeugen sowie Betriebs- und Geschäftsausstattung und entsprechend 10-20 % für Bauten aus. Diese Struktur weicht vom Durchschnitt des verarbeitenden Gewerbes kaum ab. Die Ausrüstungen stehen somit auch hier deutlich im Zentrum, wenn es um die Frage geht, ob die Investitionstätigkeit ausreichend war, um die Produktionsmittel auf dem erforderlichen Stand der Modernität zu halten.

Das Durchschnittsalter der von der Druckindustrie der Bundesrepublik Deutschland genutzten Ausrüstungen lag 1986 bei 6,8 Jahren (Tab. 27); sie waren damit um mehr als ein Jahr jünger als diejenigen des verarbeitenden Gewerbes insgesamt. Im Zeitraum 1973-1986 hat sich das Durchschnittsalter der genutzten Ausrüstungsgüter zwar ebenso wie im verarbeitenden Gewerbe insgesamt erhöht, diese Erhöhung war jedoch nur sehr gering, deutlich geringer, als im übergeordneten Aggregat. Die starke Betonung der Ersatzbeschaffung als Investitionsmotiv hat also dazu geführt, daß in der Druckindustrie das Durchschnittsalter des Anlagevermögens praktisch konstant geblieben ist.

Dieses Bild wird etwas differenzierter, wenn man nicht auf den Durchschnitt des Anlagevermögens, sondern auf einzelne wichtige Produktionsanlagen-Teile abstellt. Die Angaben dazu sind der Maschinenerhebung 1986 des Bundesverbandes Druck entnommen.

Bei den Maschinen zur *Satzherstellung* hat die steigende Bedeutung der Elektronik dazu geführt, daß hier eine besonders rasche Erneuerung des Bestandes erfolgt. Die Elektronik in den Fotosatz*systemen* hat die technischen Einsatzmöglichkeiten so sehr verbessert, daß sie vielfältige Aufgaben der Fotosetz*geräte* mitübernehmen konnten. Von denen stammten 1986 noch 30% aus den Jahren 1974-1977. Hingegen wurden von den Fotosatzkompaktsystemen mit Simultanbetrieb — gleichsam die technisch modernste Variante — über die Hälfte der Maschinen des Jahres 1986 in den Jahren 1982-1985 installiert. Es gab allerdings auch noch relativ hohe Bestände an Bleisetzmaschinen — speziell an manuellen Zeilengießmaschinen —, die offensichtlich noch gelegentlich für spezielle Arbeiten eingesetzt werden und die zu rund drei Vierteln am Erhebungszeitpunkt (1986) älter als 16 Jahre waren. Zusammenfassend läßt sich für den Satzbereich sagen, daß er in der ersten Hälfte der achtziger Jahre durchgreifend modernisiert worden ist. Ähnliches gilt auch für den Bereich der *Reprotechnik*, wo sich die Geräte- und Maschinenstruktur in der genannten Periode gründlich geändert hat. Auffällig ist aber hier, daß die Geräte und Maschienen für die konventionelle Reproduktion trotz der verstärkten elektronischen Bildverarbeitung installiert blieben.

Stark überaltert stellt sich der Bestand an Maschinen zur Druckformherstellung *Hochdruck*, aber auch an Bogen-Hochdruckmaschinen und Hochdruck-Rollenrotationsmaschinen dar. Das Hochdruckverfahren gilt als technisch veraltet und so haben die Unternehmen nur selten neue Maschinen aufgestellt und in die vorhandenen Anlagen nur das Notwendigste investiert.

Anders sieht es im Bereich des *Offsets* aus. Hier sind bei den Maschinen zur Druckformherstellung viele Anschaffungen erst in jüngerer Zeit erfolgt. Bei den Bogen-Offsetmaschinen wird je nach Komfort und Format zwar unterschiedlich, insgesamt jedoch recht gleichmäßig investiert. Bei den Rollenrotationen ist durch den großen Investitionsboom bei Zeitungsmaschinen der Maschinenpark stark verjüngt worden, während bei den Illustrationsdruckmaschinen der Investitionsschwerpunkt um das Jahr 1980 lag.

Im *Tiefdruck*bereich sind bei den Maschinen zur Druckformherstellung sowohl verhältnismäßig stark ältere Jahrgänge, als auch Neuanschaffungen vertreten, wobei es sich bei letzteren meist um überbreite Anlagen handelt, die zur Beschickung der zunehmenden überbreiten Tiefdruck-Rotationen erforderlich sind. Diese „Jumbo-Maschinen“ mit Arbeitsbreiten über 200 cm und gegenüber 1981 fast verdoppelten Geschwindigkeiten sind überwiegend jüngeren Datums. Hingegen sind von Maschinen mit Arbeitsbreiten unter 160 cm erhebliche Teile zum Zeitpunkt der Maschinenerhebung mehr als 15 Jahre alt gewesen.

Diese angeführten Tendenzen mögen verdeutlichen, daß die ausgeprägte Investitionstätigkeit, insbesondere auch die zur Ersatzbeschaffung, immer solche Maschinenaggregate betrifft, die sich in einem raschen technologischen Wandel befinden. Bewährte, ausgereifte Maschinen werden hingegen über lange Zeiträume beibehalten und weiterbenutzt, ohne daß sie als technisch veraltet bezeichnet werden können. Unter Berücksichtigung dessen kann der Bestand an Produktionsanlagen der Druckindustrie in der Bundesrepublik Deutschland als hochmodern bezeichnet werden.

1.5 Kapitalintensität und Kapitalproduktivität

Der Realkapitaleinsatz — gemessen am Bruttoanlagevermögen und ohne Einschluß des Leasings — belief sich in der Druckindustrie 1977 (in Preisen von 1980) auf 14,4 Mrd. DM und ist bis 1987 auf 20,9 Mrd. DM (ebenfalls in Preisen von 1980) gestiegen (Tab. 24). Dieser Aufstieg belief sich also auf insgesamt 45,6 %. Im Durchschnitt des verarbeitenden Gewerbes insgesamt betrug der Anstieg im gleichen Zeitraum nur 14,9 %. Der Kapitaleinsatz ist also in der Druckindustrie dreimal schneller gewachsen als im Vergleichsaggregat. Mit diesem starken Wachstum hat die Druckindustrie hinsichtlich der Kapitalintensität den Durchschnitt des verarbeitenden Gewerbes erreicht; in Abschnitt 1.1 dieses Kapitels wurde darauf bereits hingeweisen. Diese „Kapitalintensität" zeigt im übrigen an, welcher Kapitaleinsatz erforderlich ist, um die Arbeitsplätze mit den für die Produktion erforderlichen Bauten und Ausrüstungen auszustatten.

Wie beim Produktionsfaktor Arbeit wird üblicherweise auch beim Produktionsfaktor Kapital[2] die Leistung des Faktors — hier also des Kapitals — an der Bruttowertschöpfung (in konstanten Preisen) gemessen und dann auf das Bruttoanlagevermögen als Term für das Kapital bezogen. Dabei ist zu berücksichtigen, daß dieses unterschiedlich ausgelastet sein kann und teilweise überhaupt nicht, zeitlich nicht voll und/oder weniger intensiv als möglich genutzt wird. Daher darf die Wertschöpfung nur auf das tatsächlich ausgenutzte Bruttoanlagevermögen bezogen werden.

Nach Berechnungen des Deutschen Instituts für Wirtschaftsforschung[3] lag die Druckindustrie 1987 hinsichtlich der potentiellen Kapitalproduktivität — also der bei Vollauslastung erzielbaren Leistung — sowohl über dem Durchschnitt des verarbeitenden Gewerbes als auch des Verbrauchsgüter produzierenden Gewerbes. In absoluten Beträgen ergab sich je 1000 DM Brutto-Anlagevermögen (in Preisen von 1980) in der Druckindustrie eine potentielle Bruttowertschöpfung von 657 DM. Die Vergleichswerte für das verarbeitende Gewerbe und das Verbrauchsgüter produzierende Gewerbe betrugen 637 bzw. 618 DM.

Während im Durchschnitt des verarbeitenden Gewerbes sich die Kapitalproduktivität in den letzten zehn Jahren (1977-1987) kaum mehr verändert

---

[2] Auch bei den folgenden Betrachtungen ist Leasing nicht eingeschlossen.

[3] B. Görzig u. a., Produktionsvolumen und -potential, Produktionsfaktoren des Bergbaus und des verarbeitenden Gewerbes in der Bundesrepublik Deutschland, 30. Folge, Berlin 1988.

hat, ist diese in der Druckindustrie wie in einer ganz anderen Reihe von Branchen —vornehmlich im Verbrauchsgüter produzierenden Gewerbe— rückläufig gewesen (vgl. Tab. 28). Dieser Rückgang betrug im genannten Zeitraum mehr als ein Fünftel. Zunächst einmal bedeutet dies nur, daß sich das Anlagevermögen hier stärker erhöht hat als die Produktion (bei Vollauslastung). Die Höhe der Kapitalproduktivität hängt aber unmittelbar von der zeitlichen Inanspruchnahme der Produktionsanlagen ab. Einer Umfrage des Ifo-Instituts aus dem Jahr 1989 zufolge ist in den letzten fünf Jahren die Betriebszeit in der Druckindustrie anscheinend rückläufig gewesen. Auf die diesbezügliche Frage antworteten rund 80 % der Betriebe mit „ja" und nur 5 % meldeten eine Verlängerung der Betriebszeit. Offensichtlich haben sich also bei Verkürzung der Arbeitszeiten die Maschinenlaufzeiten nicht verlängern lassen. Wenn sich also die Betriebszeit, die zumindest bei den Produktionsanlagen für Presseerzeugnisse ja schon vergleichsweise hoch ist, insgesamt erhöhen ließe, würde die Kapitalproduktivität wieder steigen. Dabei ist allerdings vorauszusetzen, daß die damit verbundene Mehrproduktion auch abgesetzt werden könnte. Die Verlängerung der Maschinenlaufzeiten ist jedoch — abgesehen vom Widerstand der Gewerkschaften — nur in begrenztem Umfang möglich. Nach einer Umfrage des Ifo-Instituts (BDV-Umfrage 1982) arbeiteten 1982 mehr als zwei Fünftel aller Betriebe in Schichten. Sehr häufig, insbesondere in Großbetrieben, im Tiefdruck (Zeitschriften!) und Hochdruck (Zeitungen!) wird in zwei oder drei Schichten gearbeitet. Nach einer späteren Umfrage (BVD-Umfrage 1987) haben 1987 zwei von drei Betrieben an Samstagen gearbeitet, und zwar im Durchschnitt an jedem dritten Samstag. Mit zunehmender Betriebsgröße steigt sowohl die Verbreitung der Samstagsarbeit als auch die Zahl der Samstage, an denen im Durchschnitt gearbeitet wurde. Eine Umfrage des Ifo-Instituts von 1989 kam zu ähnlichen Zahlen: 40 % der befragten Betriebe arbeiteten in einer Schicht, ein Drittel in zwei, der Rest in drei und mehr Schichten.

1.6 Kapitalverflechtung mit dem Ausland

Nicht nur der Waren- und Dienstleistungsverkehr beeinflußt im internationalen Maßstab die Wettbewerbsverhältnisse, sondern auch der Kapitalfluß, und hier insbesondere die Direktinvestitionen.

Im folgenden wird zunächst auf die Auslandsinvestitionen der deutschen Unternehmen der Druckindustrie eingegangen. Sodann wird analysiert, inwieweit ausländische Firmen sich auf diesem Sektor in der Bundesrepublik engagiert haben.

1.6.1 Deutsche Direktinvestitionen im Ausland

Die deutsche Druckindustrie gehört zu den Branchen, die nur in relativ bescheidenem Umfang Direktinvestitionen im Ausland getätigt haben. Deutsche Unternehmen hatten Ende 1986 insgesamt 108 Mill. DM im Ausland direkt investiert[4], und zwar waren diese Investitionen unmittelbar, d. h. ohne Einschaltung einer Beteiligungsgesellschaft, investiert worden (Tab. 29). An diesen Investitionen waren nur 11 Investoren beteiligt; auf jeden Investor entfiel damit Ende 1986 eine durchschnittliche Investitionssumme in Höhe von knapp 100 Mill. DM. Im zeitlichen Verlauf sind die Investitionen kräftig gewachsen, wenn man vom Jahr 1981 absieht, als sich zwei Investoren von ihren Auslandsbeteiligungen offensichtlich getrennt haben.

Insgesamt handelte es sich bei den Objekten, in die die deutsche Druckindustrie investiert hat, Ende 1986 um 20 Unternehmen. Diese Unternehmen hatten jeweils im Durchschnitt rund 150 Beschäftigte und einen Umsatz von rund 25 Mill. DM (Tab. 30). Diese Zahlen signalisieren, daß es für die deutsche Druckindustrie in der Vergangenheit offensichtlich kein strategisches Ziel gewesen ist, durch Direktinvestitionen ausländische Stützpunkte zu errichten und den Markt dergestalt zu erschließen. Allerdings ist hier zu bedenken: es könnten sich dennoch in erheblichem Umfang ausländische Druckereien in mittelbarem oder unmittelbarem deutschen Besitz befinden, wenn nämlich die Beteiligung von einem Verlag erworben worden wäre; dies ist angesichts der Bedeutung, die deutsche Medienkonzerne in Europa, aber auch in weltweitem Kontext haben, eine durchaus naheliegende Unterstellung. In der entsprechenden Statistik der deutschen Bundesbank sind im Ausland investierende Verleger aber in der Position „Sonstige Dienstleistungen“ enthalten, in der auch noch eine breite Palette anderer Wirtschaftszweige (z. B. Finanzierungsleasing) zusammengefaßt ist. Diese „Sonstigen Dienstleistungen“ hatten Ende 1986 im Ausland 1 382 Mill. DM (davon 1 350 Mill. DM unmittelbar) investiert. Darunter könnten sich auch Investitionen von deutschen Verlagen in ausländische Druckereien befinden. Daß dem tatsächlich so ist, ergibt die Analyse der Geschäftsberichte und ähnlicher Informationen der größten deutschen Verlagsgesellschaften: Dabei stellt sich heraus, daß sie alle direkt oder indirekt an Druckbetrieben im benachbarten — teilweise auch im überseeischen — Ausland beteiligt sind.

---

[4] Unter Direktinvestitionen wird der Anteil am Nominalkapital und an den Rücklagen eines ausländischen (bzw. inländischen) Unternehmens verstanden, der einem Inländer (bzw. Ausländer) zuzurechnen ist, sowie alle Kredite und Darlehen, die dieser Anteilseigner dem Unternehmen gewährt hat. Als Untergrenze für eine Direktinvestition wird eine Mindestbeteiligung von 25 % des Nominalkapitals oder der Stimmrechte angesehen.

1.6.2 Ausländische Direktinvestitionen im Inland

Die Bundesrepublik Deutschland stellt einen der bedeutendsten Märkte für Druckerzeugnisse in der Welt dar. Sie ist für exportorientierte ausländische Wettbewerber damit ein attraktives Absatzgebiet, und so läge nahe, daß diese durch Kauf hier entsprechende Stützpunkte errichteten, um z. B. auch die Sprachgrenzen zu überwinden, vor allem aber, um hier präsent zu sein.

In der Tat sind solche Investitionen getätigt worden. Sie beliefen sich Ende 1986 auf eine Investitionssumme von 105 Mill. DM, was ziemlich genau dem Betrag entspricht, den deutsche Druckereien im Ausland plaziert haben. Die Beteiligungen betreffen aber nur vergleichsweise kleine Unternehmen: Die 36 Druckereien haben im Durchschnitt rund 16 Mill. DM Umsatz und beschäftigen rund 80 Arbeitnehmer (Tab. 31). In diesen Zahlen sind wiederum Investitionen ausländischer *Verlage* in deutsche Druckereien enthalten, da die Statistik auf die Investitionsobjekte und nicht auf die investierenden Unternehmen abstellt.

2. Arbeitseinsatz

2.1 Vorbemerkung

Die enge Verflechtung zwischen der Druckindustrie einerseits und den Verlagen andererseits hat auch zur Folge, daß die Abgrenzung der Beschäftigten außerordentlich erschwert ist. Diese Schwierigkeiten werden um so gravierender, je mehr diese Verflechtung durch den Einsatz computergestützter Kommunikationssysteme noch zunimmt. So ist es heute bereits weitverbreitet, daß die Texterstellung, beispielsweise in einer Redaktion, unmittelbar als Dateneingabe für den Satz erfolgt. Durch die Vernetzung können diese beiden Stationen des „Produktionsprozesses" räumlich voneinander getrennt agieren, ohne daß es zu Unterbrechungen des Produktionsprozesses kommt. Mit dieser Entwicklung sind also Arbeitsplätze in der Druckindustrie „weggefallen", die in Wirklichkeit teilweise nur verlagert worden sind. Der Trend, daß tertiäre Aufgaben immer wichtiger werden und sekundäre an Bedeutung verlieren, könnte sich also darin zeigen, daß in der Druckindustrie Beschäftigung abgebaut wird, während Presse und Verlage zusätzliche Fachkräfte beschäftigen. In denjenigen Zählwerken, in denen der Dienstleistungsbereich entsprechend disaggregiert ist, läßt sich für das Verlags-, Literatur- und Pressewesen in der Tat jeweils eine deutliche Beschäftigtenzunahme erkennen. Dies würde auf eine zumindest teilweise Verschiebung der vormals im Druckbereich entwickelten Aktivitäten in den Bereich der Verlage, Presse,

Werbung und Fotografie, also der Dienstleistungen, hindeuten. Dostal[5] hat jedoch bei seiner eingehenden Analyse der Berufsstrukturen in der Druckindustrie diese These nicht bestätigen können. Die Beschäftigungsmehrung in den angesprochenen Dienstleistungsbereichen erfolgte vielmehr durch Bürofach-, -hilfskräfte, Führungskräfte, Kaufleute und sonstige Dienstleister. Auch technische Berufe wie Datenverarbeitungsfachleute sowie Steno- und Datentypisten werden vermehrt beschäftigt, typische Druckberufe, wie Schriftsetzer und Druckerhelfer hingegen deutlich abgebaut. Hält man die These vom Übergang der Druckaktivitäten in Verlags- und Pressehäuser aber aufrecht — und es spricht ja vieles für deren Richtigkeit —, so könnte diese scheinbare Diskrepanz dadurch erklärt werden, daß viele Arbeiten, die früher Kräfte aus typischen Druckberufen erforderten, heute von anderen Berufen ausgeübt werden können.

2.2 Beschäftigtenzahl und Arbeitsvolumen

Die Druckindustrie gehört zu den wichtigeren Arbeitgebern innerhalb des verarbeitenden Gewerbes. Mit rund 165 000 Beschäftigten wird sie von 12 Wirtschaftszweigen übertroffen, 24 Wirtschaftszweige beschäftigten weniger Arbeitnehmer als sie. Diese Zahl von 165 000 aus der Statistik des verarbeitenden Gewerbes (Betriebskonzept), die im folgenden zur Charakterisierung der Beschäftigungsentwicklung verwendet wird, beschreibt aber wohl die Zahl der tatsächlich in der Druckindustrie Tätigen nur unvollkommen. Da sie nur von Betrieben ab 20 Beschäftigten ausgeht, müssen ihr noch die Beschäftigten in den industriellen Kleinbetrieben hinzugeschlagen werden. Diese beliefen sich 1986 auf weitere 34 200 Personen. Hinzuzurechnen sind außerdem noch die Beschäftigten in handwerklichen Kleinbetrieben mit weniger als 20 Beschäftigten. Nach der Handwerksstatistik waren für das Druckgewerbe 1986 insgesamt 23 000 Beschäftigte gemeldet worden, von denen allerdings ein unbekannter Teil in Betrieben ab 20 Beschäftigte tätig sein könnte und damit bereits in der Statistik des verarbeitenden Gewerbes erfaßt worden ist. Unterstellt, daß alle Handwerksbetriebe der Handwerksstatistik weniger als 20 Beschäftigte haben, so wären also der Gesamtbeschäftigtenzahl rund 23 000 zuzuschlagen, so daß zu den im folgenden verwendeten Zahlen noch rund 68 000 Personen und ihre Leistungen zuzuschlagen wären, so daß von rund 233 000 Beschäftigten im Druckbereich auszugehen wäre. Im Zeitablauf hat sich die Zahl der im Handwerk Tätigen praktisch nicht verändert; die in den industriellen Kleinbetrieben hat allerdings von

[5] W. Dostal, Beschäftigungswandel in der Druckerei- und Vervielfältigungsindustrie vor dem Hintergrund technischer Änderungen, in: Mitteilungen zur Arbeitsmarkt- und Berufsforschung, 1988, Heft, S. 97-114.

1977 bis 1986 um 6700 Personen oder um 24% zugenommen. Insgesamt gesehen dürften aber die Zahlen der Statistik des verarbeitenden Gewerbes — dies zeigen auch die Analysen von Dostal[6] — den Beschäftigungs*trend* zutreffend beschreiben. Als Ergänzung: Nach den Ergebnissen der Arbeitsstättenzählung vom 25. Mai 1987 waren im Wirtschaftszweig Druckerei, Vervielfältigung 257268 Beschäftigte tätig.

In der Druckindustrie waren im Referenzzeitraum rund 2,4% aller Beschäftigten des verarbeitenden Gewerbes tätig (Tab. 32). Die Druckindustrie hat damit gegenüber den frühen siebziger Jahren ihren Anteil praktisch konstant gehalten, obwohl sie damals einen Beschäftigtenhöchststand von rund 205000 aufweisen konnte. Seither sind rund ein Fünftel dieser Arbeitsplätze, insgeamt rund 40000, verloren gegangen. Besonders drastisch war der Abbau im Zeitraum 1973-1976 mit 27000 Arbeitsplätzen und 1981-1983 mit 16000 Arbeitsplätzen. Seit 1984 ist wieder ein allmählicher Anstieg zu verzeichnen.

Ebenso wie die Zahl der Beschäftigten war auch die Zahl der von den Arbeitskräften jährlich tatsächlich geleisteten Arbeitsstunden[7] rückläufig, nämlich von 1805 im Jahre 1977 auf 1632 im Jahre 1987. Legt man 52,2 Kalenderwochen zugrunde, so entspricht dies einem Rückgang der durchschnittlichen jährlichen Wochenarbeitszeit um rund 3,3 Stunden. Mit einer durchschnittlichen „Sollarbeitszeit", die sich aus der tariflichen Wochenarbeitszeit unter Berücksichtigung von Urlaub und Feiertagen errechnet, von 31,6 Stunden pro Woche (1988) hatten die deutschen Arbeitnehmer in der Druckindustrie nach den niederländischen im Durchschnitt die kürzeste Arbeitszeit aller westeuropäischen Druck-Arbeitnehmer (Tab. 33). Bei diesem Vergleich sind Ausfallzeiten und bezahlte Arbeitsverhinderungen allerdings nicht berücksichtigt. Die deutschen Arbeitnehmer haben den längsten Urlaub, Belgien den geringsten. Auch hinsichtlich der Zahl der Feiertage gibt es in der europäischen (Druck-)Industrie große Unterschiede: die Arbeiter hatten dadurch 1988 in Portugal mehr als doppelt soviel freie Stunden wie die Holländer.

Bei rückläufiger Zahl der Beschäftigten und Verkürzung der Jahres- bzw. Wochenarbeitszeit ist auch das Arbeitsvolumen, also die Zahl der von allen Beschäftigten in der Druckindustrie jährlich geleisteten Arbeitsstunden, rückläufig gewesen. Der Rückgang betrug von 1977 bis 1987 rund 14%. Der Produktionsfaktor Arbeit wurde damit — trotz einer realen Zunahme der Produktionstätigkeit[8] im gleichen Zeitraum von rund 18% in beträchtlichem Umfang eingespart. Dies war selbstverständlich nur deshalb möglich, weil

---

[6] W. Dostal, Beschäftigungswandel ..., a.a.O., insbesondere in Abb. 4 auf Seite 103.

[7] Die geleisteten Arbeiterstunden werden als repräsentativ für die Gesamtbeschäftigten-Stunden genommen.

[8] Annäherungsweise ermittelt anhand des Index der Nettoproduktion.

die Leistung je Beschäftigten durch entsprechende Maßnahmen gesteigert werden konnte. Bis in die frühen siebziger Jahre hinein waren produktivitätssteigernde Maßnahmen vor allem deshalb notwendig, um der Verknappung der Arbeitskräfte und daneben den steigenden Lohnkosten entgegenzuwirken. Seit die Arbeitslosigkeit stark zugenommen hat, stehen vor allem die Kosten für den Produktionsfaktor Arbeit im Vordergrund der Motive zu Rationalisierungsmaßnahmen, wobei in der Druckindustrie damit verbundene mögliche Beschäftigungsverluste durch tarifliche Absprachen, in denen Arbeitsbedingungen, Besetzungsregeln und Verkürzungen der Arbeitszeit festgelegt werden, abgemilder wurden. Es dürften vor allem die erheblichen Leistungssteigerungen durch die neuen Techniken gewesen sein, die sich in der ersten Hälfte der siebziger Jahre auf den Beschäftigtenstand in der Druckindustrie ausgewirkt haben. Daß auch heute noch — regional und berufsspezifisch unterschiedlich ausgeprägt — qualitativ und/oder quantitativ nicht ausreichend zur Verfügung stehende Arbeitskräfte noch ein wichtiges Rationalisierungsmotiv bilden, läßt sich daraus ableiten, daß die Arbeitslosenquoten für die Druckberufe unterdurchschnittlich sind, wobei die Drucker die niedrigste Arbeitslosenquote aufweisen. Rund drei Fünftel aller am 30.9.1987 arbeitslosen Drucker und Buchbinder (Berufsgruppen 17 und 163) waren ohne abgeschlossene Berufsausbildung. Von allen diesbezüglichen Arbeitslosen waren nur gut ein Fünftel vor ihrer Arbeitslosigkeit in einem abhängigen Arbeitsverhältnis als *Fach*arbeiter tätig. Andererseits war fast die Hälfte aller Arbeitslosen vorher als Hilfsarbeiter beschäftigt[9].

2.3 Qualitative Aspekte der Beschäftigung

Nachdem der Arbeitseinsatz im Beobachtungszeitraum rückläufig war und dies neben konjunkturellen Gründen auch wesentlich auf investitionsinduzierte technische Fortschritte zurückzuführen war, ist natürlich von Interesse, inwieweit die verbliebenen Arbeitsplätze in der Druckindustrie hinsichtlich ihrer Ansprüche an die Qualifikation der Beschäftigten Änderungen unterworfen war.

Als typische Berufe im Druckgewerbe gelten solche, die in ihrer Berufsbezeichnung schon auf eine Tätigkeit im Druckbereich verweisen oder die vorwiegend in der Druckindustrie vorkommen[10]

Es sind dies:

— Schriftsetzer

— Druckvorlagen-/Druckformhersteller

[9] D. Ullmann, Strukturanalyse der Arbeitslosen und offenen Stellen in der Druckindustrie — das Problem „Qualifikation“, in: Deutscher Drucker, 1988, Heft 27, S. g1-g10.

[10] W. Dostal, Beschäftigungswandel ..., a.a.O., S. 104.

— Buchdrucker
— Flach-, Tiefdrucker
— Spezialdrucker, Siebdrucker
— Vervielfältiger
— Druckerhelfer

Nach den Ergebnissen der Beschäftigtenstatistik sind rund zwei Drittel aller Erwerbstätigen in typischen Druckberufen auch in der Druckindustrie tätig, ein Drittel in anderen Wirtschaftsbereichen, unter denen die Papiererzeugung/-verarbeitung sowie der Wirtschaftszweig Verlags-, Literatur- und Pressewesen mit rund 8,5 % die wichtigsten Arbeitgeber für Druckberufe sind.

Aus der Beschäftigtenstatistik lassen sich nun hinsichtlich der Qualifikationsansprüche an die in der Druckindustrie tätigen Arbeitskräfte folgende Tendenzen ableiten:

— Der Anteil der typischen Druckberufe, im oben definierten Sinne, hat sich insgesamt kaum verändert; innerhalb der verschiedenen Berufsgruppen waren die Veränderungen jedoch erheblich:
— So hat die Beschäftigung von Schriftsetzern und von Buchbindern abgenommen. Dabei zeigt sich eine bemerkenswerte Tendenz: Der Beschäftigtenabbau bei den Schriftsetzern erfolgte ausschließlich bei den Männern. Die Zahl der Schriftsetzerinnen hat hingegen zugenommen. Dies wurde durch die neuen Satztechniken ermöglicht, denn im Bleisatz wurden aus gesundheitlichen Gründen Frauen nicht beschäftigt.
— Umgekehrt verhält es sich beim Beruf des Druckerhelfers: Bei leicht steigender Zahl der männlichen Beschäftigten war diejenige der Frauen rückläufig.
— Zugenommen haben die Druckvorlagen-/-formhersteller, bei denen der Facharbeiteranteil verglichen mit den übrigen typischen Druckberufen am höchsten ist. Auch hier ist der Frauenanteil stark gestiegen und dieser Bereich wird von der Druckindustrie auch für besonders zukunftsträchtig gehalten, da hier 10 % aller Beschäftigten Auszubildende sind; ein Anteil, der deutlich über dem Durchschnitt der Druckindustrie liegt.
— Insgesamt ist die Beschäftigung der Frauen absolut nahezu konstant geblieben; ihr Anteil an allen Beschäftigten hat sich aber (leicht) erhöht. Besonders deutlich ist hier der Trend zu höheren Qualifikationen zu erkennen.
— Die Beschäftigten ohne Berufsausbildung wurden in allen Berufsgruppen — Druckvorlagen-/-formhersteller ausgenommen — abgebaut.

Nachdem Mitte der siebziger Jahre in der Druckindustrie angesichts der neuen technischen Möglichkeiten erhebliche Unsicherheiten über die künftige Qualifikationsstruktur bestanden und in der Öffentlichkeit der Eindruck entstand, daß angesichts der Neuen Medien die Druckberufe überhaupt keine Zukunft mehr haben könnten, waren im Zeitraum 1973-1976/77 die Ausbildungsaktivitäten sehr stark reduziert worden. Hinzu kamen konjunkturelle Gründe. Die Zahl der Auszubildenden ging um 40-60% zurück. Allmählich setzte sich doch die Erkenntnis durch, daß auch bei den neuen Techniken Fachkräfte benötigt würden, und die Ausbildung wurde deutlich verstärkt, so daß es heute wesentlich mehr Ausbildungsplätze gibt als zu Beginn der siebziger Jahre.

Es ist auch festzuhalten, daß der starke Wandel in der Technik nicht zu überdurchschnittlichen Arbeitslosenzahlen geführt hat. Dies gilt auch für die Schriftsetzer. Betroffen waren vielmehr Hilfskräfte, also Berufe mit einem vergleichsweise niedrigeren Qualifikationsniveau. Generell sind die Ansprüche an das berufliche Leistungsvermögen der in der Druckindustrie Beschäftigten gestiegen. Wieweit diese Entwicklungen durch die umfassenden Tarifverträge mit ihrem Bestandsschutz und ihren Übergangsregeln beeinflußt wurden, läßt sich kaum herausrechnen. Für die Zukunft muß aber angesichts fortschreitender Produktivitätssteigerungen sowie einer zunehmenden Vernetzung der Medien, neuer Methoden der Informationsgewinnung, -übertragung und -speicherung mit weiteren Wandlungen in der Beschäftigtenstruktur gerechnet werden. Wie die Vergangenheit gelehrt hat, scheint es jedoch möglich, den technischen Wandel ohne dramatische Anstiege der Arbeitslosenzahlen zu bewältigen. Wie das englische Beispiel gezeigt hat, kann ein allzu starres Festhalten an überkommenen Arbeits- und Tarifstrukturen durchaus „Deprofessionalisierungstendenzen" — wie es Dostal ausdrückt[11] — zur Folge haben.

3. Produktionsfaktor Technik

3.1 Übersicht

Dem Produktionsfaktor Technik wird in der Druckindustrie eine hervorragende Bedeutung beigemessen. Nach einer Umfrage des Ifo-Instituts (BVD-Umfrage 1983) war die Erhaltung der Marktposition durch Verwendung von Produktionsanlagen auf dem neuesten Stand der Technik das wichtigste Investitionskriterium; Finanzierungsgesichtspunkte spielten hingegen nur eine untergeordnete Rolle.

Diese in der Druckindustrie so wichtige Produktionstechnik war in den letzten 10-15 Jahren massiven Wandlungen ausgesetzt. Diese Änderungen umfaßten dabei nicht nur die allgemein in dieser Zeit erzielten und in vielen

[11] W. Dostal, Beschäftigungswandel ..., a.a.O., S. 114.

Zweigen der Industrie zu beobachtenden maschinentechnischen Fortschritte, wie höhere Arbeitsgeschwindigkeiten, größere Arbeitsbreiten, bessere Prozeßdatenerfassung, Prozeßkontrolle und -steuerung, sondern auch ganz grundsätzliche Änderungen, wie die Ablösung des Bleisatzes durch den Foto- und Lichtsatz, der Trend vom Bogen- zum Rollendruck, der verstärkte Einsatz von Farbe sowie die Verdrängung des Hochdrucks durch den Offsetdruck. Wenn die Konsequenzen aus diesem technischen Wandel auf die Beschäftigten vielfach überbewertet wurden und in einer breiten Öffentlichkeit diskutiert worden sind, so hat dies vor allem drei zwei Ursachen[12]:

„— Durch die Nähe der Druckindustrie zu den Medien lag es den Betroffenen nahe, ihre Probleme in die öffentliche Diskussion zu tragen.

— Der hohe Organisationsgrad der Fachkräfte und die relative Stärke der Gewerkschaft Druck und Papier ermöglichte das Durchstehen auch massiver Auseinandersetzungen bis hin zum Streik. Diese Streiks wurden von der Öffentlichkeit allein schon deshalb zur Kenntnis genommen, weil die gewohnte Tageszeitung an einigen Tagen nicht erscheinen konnte".

Im folgenden soll nun auf die wichtigsten Veränderungen des Faktors Technik in der Druckindustrie eingegangen werden.

Der Produktionsprozeß in der Druckindustrie besteht unabhängig vom herzustellenden Produkt grundsätzlich aus drei Stufen:

— Stufe der Druckvorbereitung, der Text- und Bildverarbeitung (Pre-press-stage)
— Stufe des eigentlichen Druckvorgangs (Presswork-stage)
— Stufe der Weiterverarbeitung (Post-press-stage)

Es bietet sich an, die Betrachtung der technischen Änderungen anhand dieses Stufenschemas vorzunehmen.

3.2 Änderungen in der Druckvorbereitung

Die wohl signifikantesten technischen Änderungen in der Druckindustrie mit kräftigen Ausstrahlungen in den Verlagsbereiche wurden durch den Einsatz von Computern und Mikroprozessoren in der Druckvorbereitung erzielt. Dieser Einzug der Elektronik vollzog sich in verschiedenen Schritten. Es begann mit der Ablösung der Bleisetzmaschinen durch den Fotosatz als fotomechanisches und den Lichtsatz als fotoelektronisches Setzverfahren. Da bei den alten Setzmaschinen die Einzellettern oder Zeilen heiß gegossen wurden, hat man dieses Verfahren auch als „hot-type-system" bezeichnet, während diese fotomechanischen und -elektronischen Verfahren entspre-

[12] W. Dostal, Beschäftigungswandel ..., a.a.O., S. 98.

chend als „cold-type-systems“ bezeichnet wurden. Diese Umstellung erfolgte bereits in den späten sechziger Jahren. Beim Fotosatz gab es keinen Bleikörper mehr für die einzelnen Lettern, sondern Filmnegative der Schrift- und sonstigen Zeichen, die auf lichtempfindliches Material belichtet wurden; dieser entwickelte Film diente dann als Kopiervorlage. Bei der nächsten Stufe, dem Lichtsatz, entfielen dann auch noch die Negative; die einzelnen Zeichen wurden von einem Speicher abgerufen, in Punkte zerlegt und direkt auf das fotografische Material übertragen. Der Höhepunkt entsprechender Investitionen waren die siebziger Jahre. So stammten von den bei der Maschinenerhebung 1986[13] erfaßten Fotosetzgeräten ohne Speichermöglichkeit rund ein Viertel aus den Jahren 1970-1973, rund 30% aus den Jahren 1974-1977 und ein weiteres Viertel aus den Jahren 1978-1981. Danach wurden nur noch vergleichsweise wenige dieser Geräte angeschafft. Seit etwa 1977 wurden diese Maschinen auch mit Bildschirmen ausgestattet. Gleichzeitig begann man, die elektronischen Setzmaschinen mit Hilfe von Computern und entsprechenden Vernetzungen zu Satzsystemen zu kombinieren. Wenn in diesen Verbundsystemen gearbeitet wird, sind besonders die Zentraleinheiten mit modernster Technik ausgestattet. Sie dienen häufig, nämlich zu rund einem Drittel[14], sowohl als Prozeßrechner für die Setzsysteme als auch für die kommerzielle Datenverarbeitung; meist handelt es sich jedoch um reine Prozeßrechner.

Der Gesamtbestand der Computer ist bezogen auf die Zahl der Betriebe hoch, wobei zu berücksichtigen ist, daß vor allem Zeitungsverlage aus Sicherheitsgründen über eine Zweitanlage verfügen. Die Vernetzung führte zur Entwicklung eines Systems von Direkterfassungsgeräten, die die Journalisten oder Verlagsangestellten über Bildschirme direkt mit dem Satzrechner verbinden.

Besonders signifikant ist aber der Vormarsch der PC's und der Bildschirmgeräte, von denen 1986 rund zwei Drittel nicht älter als vier Jahre waren. Die rund 12000 erfaßten Geräte konzentrierten sich dabei auf „nur“ rund 1260 Betriebe; dies deutet bereits darauf hin, daß nicht alle Druckbetriebe auf etwa dem gleichen Stand der Technik waren, sondern daß sich diese spektakulären Veränderungen bisher auf die größeren oder spezialisierten Unternehmen bezogen haben. Desktop Publishing wird von den Herstellern von Satzsystemen nicht als „tödliche“ Konkurrenz angesehen, vielmehr als Ergänzung. Dabei ist erkennbar, daß sich DTP technisch sehr rasch in Richtung auf ein professionelles System weiterentwickelt, andererseits aber auch den Wunsch nach noch höherer Qualität bestärkt[15].

---

[13] Bundesverband Druck (Hrsg.), Maschinenerhebung 1986, a.a.O., S. 13.

[14] Ebenda, S. 14.

[15] E. Scheel, Die aktuellen Trends in der Satzherstellung 1989, in: Deutscher Drucker 1989, Heft 8, S. W2ff.

Es hat den Anschein, als ob sich das Zeitalter des Fotosatzes bereits seinem Ende zuneigt, denn mit dem sich gegenwärtig vollziehenden „Sprung ins Laserzeitalter" zeichnet sich ein ähnlich dramatischer Wandel der Pre-Press-Technik ab wie beim Übergang vom Blei- zum Fotosatz[16]. Letzterem wird als Nachteil angelastet, daß er noch zu sehr an Buchstaben, Zeilen und Kolumnen orientiert sei, während die Lasertechnik auf die ganze Seite mit integrierten Text-, Grafik- und Bildelementen zielt. Alle Gestaltungselemente einer Seite werden in Millionen von digitalen Einzelinformationen zerlegt und mit Hilfe der RIP-Technik (RIP = Raster Image Processor) zusammengeführt und auf Fotopapier, Film oder Druckträger belichtet.

Als gleichsam neueste technische Entwicklung gelten OCR-Systeme, die geschriebene Texte lesen und in den Rechner eingeben, also das arbeitsaufwendige Abschreiben ersetzen. Allerdings beschränkt sich der Bestand bisher nur auf ganz wenige Betriebe und zeigt eher eine stagnierende Tendenz.

Der Bereich der Reprotechnik hat durch die Zunahme von Quantität und Qualität bei der bildhaften Darstellung in Presseerzeugnissen, didaktisch orientierten Druckerzeugnissen und vor allem auch in der Werbung weiter an Bedeutung gewonnen. Hinzu kam eine verstärkte Betonung der Farbe. Die Ergebnisse der Maschinenerhebung lassen erkennen, daß im Bestand der Geräte und Maschinen strukturelle Änderungen dergestalt eingetreten sind, daß in den letzten Jahren vor allem hochelektronisierte Einheiten gekauft wurden, ohne daß die Anlagen für die konventionelle Reproduktion abgeschafft worden sind. Als Ursache hierfür wird der Zwang für die Betriebe gesehen, der Forderung der Kunden, vor allem aus der Werbung, nach mehr Farbe und noch höherer Qualität bei gleichzeitig sehr hoher Mengenleistungsfähigkeit begegnen zu können[17]. Insbesondere haben sich die elektronischen Farbauszugsgeräte (Scanner) sehr differenziert entwickelt; als relativ neue Entwicklung kann hier beispielhaft der Flachbettscanner für Schwarz-Weiß, der überwiegend in Zeitungsdruckereien zu finden ist, genannt werden. Die elektronische Bildverarbeitung (EBV) beginnt in den Reproabteilungen Einzug zu halten. Ende 1987 dürften davon in der Bundesrepublik rund 300 Systeme installiert gewesen sein[18].

3.3 Änderungen im Druckbereich

Auch im Druckbereich haben sich technische Fortentwicklungen ergeben, die jedoch längst nicht so gravierend waren wie diejenigen bei der Druckvor-

[16] W. Kummer, Stand und Entwicklungstendenzen im Satz- und Kommunikationsbereich, in: Der Polygraph 1987, Heft 11, S. 866.

[17] Bundesverband Druck e. V. (Hrsg.), Maschinenerhebung 1986, a.a.O., S. 17.

[18] M. W. Umbach, Ungebrochener EBV-Boom, in: Deutscher Drucker, 1988, Heft 26, SW. W 64.

bereitung. Besonders ausgeprägt war die Veränderung der Anteile der einzelnen Druckverfahren an der Druckproduktion (Tab. T 5). Der Anteil des Flachdrucks, zu welchem in der Statistik als wichtigstes Verfahren der Offsetdruck, daneben aber auch der Sieb- sowie der Lichtdruck gezählt werden, lag bis Mitte der sechziger Jahre unter einem Fünftel. Seither stieg er kontinuierlich an und überflügelte Anfang der achtziger Jahre das „klassische" Hochdruckverfahren. Insbesondere durch den Ersatz der Zeitungs-Hochdruckrotationen durch Offsetrotationen erhöhte sich der Offsetanteil sprunghaft. Außerdem stieg die Produktion typischer Offseterzeugnisse überdurchschnittlich (strukturelles Wachstum). Am Ende der Referenzperiode wurden bereits knapp drei Fünftel des Produktionswertes aller Druckerzeugnisse im Flachdruck produziert. Dabei hat es innerhalb des Offsetdrucks ebenfalls Verschiebungen gegeben: der Trend vom Bogen zur Rolle. Für die Bundesrepublik liegen zwar dafür keine amtlichen Zahlen vor; Schätzungen des Bundesverbandes Druck[19] gehen aber dahin, daß sich der wertmäßige Anteil des Rollenoffsets am gesamten Offsetdruck 1980-1987 von rund 20 % auf etwa ein Drittel erhöht hat.

Tabelle T 5

Anteile der Druckverfahren an der Gesamtproduktion von Druckerzeugnissen
(in %)

Jahr	Hochdruck	Flachdruck	Tiefdruck
1955	68,8	19,3	11,9
1960	65,7	19,5	14,8
1970	57,7	24,2	18,1
1977	44,4	36,2	19,4
1987	25,0	57,9	17,1
1988	22,8	59,6	17,6

Quelle: Jahresberichte des Bundesverbandes Druck e. V.

Während der Anteil des Flachdrucks also kräftig expandiert hat, sank der Anteil des Hochdrucks von einstmals annähernd sieben Zehnteln (1955) auf knapp ein Viertel (1988). Dabei ist die Umstellung bei den Bogenmaschinen bereits seit mehreren Jahren abgeschlossen. Bemerkenswert ist allerdings, daß bei einigen Bogen-Hochdruckmaschinentypen — insbesondere bei den kleineren Tiegeldruckautomaten — noch erhebliche Bestände vorhanden

[19] D. Ullmann, Die wirtschaftliche Entwicklung in der Druckindustrie, in: Der Polygraph 1987, Heft 11, S. 900.

sind; so meldeten für die Maschinenerhebung 1986 die rund 4700 Meldebetriebe noch rund 7000 dieser Maschinen, deren überwiegender Teil älter als 15 Jahre war. Der Bundesverband Druck geht davon aus[20], daß diese Maschinen überwiegend für Spezialarbeiten eingesetzt werden.

Für Spezialzwecke, beispielsweise im Etikettendruck, werden überwiegend wohl auch die noch vorhandenen schmaleren Hochdruck-Rollen-Rotationsmaschinen eingesetzt. Aber es sind auch noch rund zweihundert Hochdruckrotationen mit einer Arbeitsbreite über 130 cm vorhanden, die aber alle sehr alten Datum sind. Bei Ersatzinvestitionen werden wohl auch sie wie die meisten ihrer Vorgänger durch Offset-Rotationen ersetzt werden.

Zum Hochdruck wird in der Statistik auch der Flexodruck gezählt, dessen Rollen-Rotationsmaschinen in der Bundesrepublik Deutschland hauptsächlich im Verpackungsbereich eingesetzt werden. Daneben findet er im Etikettendruck auf Schmalrollenmaschinen sowie für das Bedrucken von Wellpappe Anwendung. Der eigentliche technische Durchbruch wurde zu Beginn der achtziger Jahre erzielt; damals konnten die verbesserten Maschinen auf dem Gebiet des Etiketten- und Kartondrucks einige Aufträge vom Offsetdruck zurückgewinnen. Der Hauptvorteil des Flexodrucks liegt wohl in seinen vielseitigen Einsatzmöglichkeiten. So können Folien ab 20 μm bis zu Pappen von 150 g/m^2 von Rolle auf Rolle, aber auch (bei Karton und Wellpappe) auf Bogen mit guter Qualität bedruckt werden. Hingegen hat sich der Flexo-Zeitungsdruck, der 1981 in den USA erstmals Anwendung fand[21], in der Bundesrepublik Deutschland nicht durchsetzen können. In Europa wurde Flexodruck für die Zeitungsproduktion bisher lediglich in Italien eingesetzt; Ende 1988 wurde die erste einer Reihe von Maschinen in Großbritannien installiert[22].

Der Tiefdruckanteil ist seit seinem Höchststand Ende der siebziger Jahre leicht rückläufig gewesen. Anders als bei den bereits besprochenen Substitutionen zwischen Hoch- und Flachdruck handelt es sich hier jedoch weniger um die Folgen von Substitutionsvorgängen, sondern vor allem auch um unterschiedliches wertmäßiges Wachstum der mit Hilfe der jeweiligen Drucktechnik hergestellten Produkte. Die Tiefdruckmaschinen — es handelt sich fast ausschließlich um Rollen-Rotationen; Bogen-Tiefdruckmaschinen haben keine große Bedeutung — können ganz grundsätzlich in zwei Gruppen eingeteilt werden, nämlich in Maschinen bis zu einer Arbeitsbreite bis 130 cm und solche mit einer Arbeitsbreite (dies gilt heute als Maximum) 308 cm. Die

---

[20] Bundesverband Druck e. V. (Hrsg.), Maschinenerhebung 1986, a.a.O., S. 24.

[21] Für Zeitungsdruck auf Flexomaschinen wurden in den USA 1988 rund 170000 t Papier verbraucht; für 1993 wird mit rund 2 Mill. t gerechnet. Der Gesamtverbrauch an Zeitungsdruckpapier belief sich in den USA 1988 auf 13 Mill. t.

[22] R. Bradley, Britische Zeitung steigt um auf Flexodruck, in: Der Polygraph 1989, Heft 4, S. 276 ff.

schmalen Maschinen werden vorzugsweise im Verpackungsdruck eingesetzt, während die großen Maschinen für Zeitschriften, Versandhauskataloge und Werbebroschüren mit hoher Auflage herangezogen werden. Der relative Rückgang des Tiefdrucks ist nahezu ausschließlich auf den Zeitschriftendruck zurückzuführen; die Produktion von Katalogen und Werbedrucken nahm dagegen weiter zu. Neben einem Trend zu steigenden Arbeitsbreiten (Jumbo-Maschinen) ist auch eine deutliche Steigerung der Maschinengeschwindigkeiten zu erkennen. Anfang der achtziger Jahre lagen diese noch bei rund 25 000 U/h; heute werden bereits annähernd 50 000 U/h erreicht.

Wesentlich zum Siegeszug des Offsetverfahrens haben die Weiterentwicklungen in der Druckformherstellung beigetragen. Durch Verbesserungen der Trägermaterialien und die Erhöhung der Lichtempfindlichkeit wurde die Geschwindigkeit der Herstellung und die Präzision beträchtlich gesteigert. Datenträgergesteuerte Kopiermaschinen haben begonnen, manuell gesteuerte Maschinen abzulösen. Geräte und Systeme zur filmlosen Druckplattenherstellung haben ihren Einzug in Zeitungsdruckereien gehalten. Lasergeräte sind in der Entwicklung, mit deren Hilfe die Offset-Druckplatten ohne Film zeilenweise bebildert werden können. Tiefdruckformen werden zunehmend nicht mehr geätzt, sondern graviert, wobei sich auch Graviertechniken mit Hilfe von Elektronenstrahlen abzeichnen.

Durch „Computer-to-plate" wird ein erneuter Technologieschub für die Druckindustrie erwartet. Die Ausgabe der Druckvorlagen erfolgt nämlich, selbst wenn moderne Laserbelichter zur Verfügung stehen, nach wie vor in der Regel seitenweise auf Film oder Fotopapier. Nach der Entwicklung und bei Formaten über DIN A 4 noch zusätzlich nach der Montage wird kopiert, nochmals entwickelt und dann eingerichtet und gedruckt. Die Abkürzung dieses Verfahrens ist Gegenstand aktueller Bemühungen, wobei dieser Ansatz im Tiefdruck bereits in gewissen Grenzen realisiert wurde, da die gespeicherten und entsprechend vorsortierten Daten die Graviersysteme steuern. Beim Offsetdruck gibt es lediglich für die Kleinformate (bis DIN A 3) diskutable Lösungen[23].

3.4 Änderungen bei der Weiterverarbeitung

Die enorm gestiegenen Druckgeschwindigkeiten erforderten eine leistungsmäßige Anpassung der nachgeschalteten produktionstechnischen Stufen. Die Weiterverarbeitung der Druckerzeugnisse hat sich dabei in verfahrenstechnischer Hinsicht zwar grundsätzlich nicht geändert, dennoch waren bemerkenswerte Weiterentwicklungen zu verzeichnen. Dafür war neben

[23] E. Friemel, Setzen. Belichten. Drucken. Der schnellste Weg vom Satz zum Druck, in: Deutscher Drucker 1988, Heft 9, S. w 49 ff.

konstruktiven Entwicklungen vor allem der Einsatz der Elektronik ursächlich. Die Mikroelektronik hat dabei häufig die Steuerung und den Produktionsablauf so stark beeinflußt, daß der gesamte Fertigungsprozeß neu gestaltet werden mußte. Die Druckweiterverarbeitung umfaßt vor allem das Schneiden, Falzen, Kleben, Heften und Binden.

Das *Schneiden* hat durch elektronische Abtastung, Mikrocomputersteuerung und umfangreiche Programmiermöglichkeiten an Präzision und Geschwindigkeit gewonnen. Auch im *Falzbereich* werden Computer eingesetzt, aus denen schicht-, auftrags- oder maschinenbezogene Informationen abgerufen werden können und für jede gängige Falzart der spezielle Einrichtplan erstellt werden kann. Bei der *Klebe*bindung mußte einerseits der Forderung nach hoher Haltbarkeit, andererseits nach störungsfreiem Recycling der Druckprodukte in Form von aufbereitetem Altpapier Rechnung getragen werden. Große Produktivitätsfortschritte sind in der Buchfertigung durch leistungsfähige Fertigungsstraßen erzielt worden. Die vielen Bearbeitungsschritte: Schneiden, Falzen, Zusammenheften oder -kleben, Beschneiden und Binden, die auch bei Broschüren, Katalogen, Zeitschriften oder anderen Werbedrucken in ähnlicher Form ausgeführt werden müssen, werden zunehmend automatisiert, häufig in-line mit dem Druckvorgang durchgeführt. Neuere Systeme fertigen in der Stunde annähernd 30000 komplette, 160-seitige Taschenbücher oder 6000 Exemplare 320seitiger Hardcover-Bände. Im Zeitungs- und Zeitschriftenbereich sind Einlegemaschinen für Werbebeilagen installiert worden. Verpackungs- und Codierungssysteme haben den Versand wesentlich rationalisiert.

4. Forschung und Entwicklung

Die Druckindustrie gehört zu denjenigen Branchen, die relativ am meisten Innovationsaufwendungen tätigen[24]. Sie geben dazu 8,1 % ihres Umsatzes aus (Durchschnitt des verarbeitenden Gewerbes: 4,8 %). Zu berücksichtigen ist, daß zu diesen Aufwendungen auch die innovativen Investitionsausgaben (Rationalisierungsinvestitionen) gezählt werden, denen in der Druckindustrie eine überdurchschnittliche Bedeutung beizumessen ist, denn auf sie entfielen 1986 mehr als 53 % (verarbeitendes Gewerbe 28 %) aller Innovationsaufwendungen. Für die eigentliche Forschung wird hingegen vergleichsweise wenig aufgegeben, nämlich nur 3 % (verarbeitendes Gewerbe: 8 %); auch die Aufwendungen für Patente, Gebrauchsmuster und Lizenzen sind mit 0,7 % (verarbeitendes Gewerbe: 2,3 %) vernachlässigbar gering. Der Schwerpunkt der Innovationsaufwendungen liegt in der Druckindustrie neben den Rationalisierungsinvestitionen in Ausgaben für die experimentelle

[24] Soweit nicht anders vermerkt, stützen sich die Angaben in diesem Abschnitt auf den Ifo-Innovationstest 1986/87, an dem sich rund 150 Druckereien beteiligt haben.

Entwicklung sowie für die Produktionsvorbereitung. Firmeneigene Forschung wird fast ausschließlich nur in Großbetrieben oder in Unternehmen mit besonders forschungsintensiven Spezialprodukten betrieben, wobei die Firmen dabei häufig mit privaten oder gemeinnützigen Forschungseinrichtungen kooperieren. Wie häufiger in der mittelständischen Industrie, so kommt auch in der Druckindustrie der Gemeinschaftsforschung eine besondere Bedeutung zu. Für diese stehen in der Bundesrepublik einige auch international sehr renommierte, druckspezifische Forschungseinrichtungen zur Verfügung. Besonders hinzuweisen ist aber auf die außerordentlich hohe internationale Reputation der deutschen Druckmaschinen-, Druckfarben- und Druckformenindustrie, die ohne beträchtliche Forschung und Entwicklung nicht zustande käme, und außerdem auf die zunehmende Bedeutung der forschungsintensiven Elektronikindustrie, die als Zulieferer für die Druckindustrie immer wichtiger geworden ist. Die Druckindustrie kauft also ihre Innovationen — wie viele andere Branchen auch — in großem Maße von den Zulieferern und konzentriert ihre eigenen Bemühungen in dieser Hinsicht auf die Anpassung dieser Technik an die Erfordernisse des Betriebs.

Die Natur der meisten Druckerzeugnisse, die — sieht man vom äußeren Erscheinungsbild ab — teilweise über Jahrhunderte unverändert geblieben ist (Verlagserzeugnisse), führt dazu, daß Produktinnovationen bei rund 55 % aller im Rahmen des Ifo-Innovationstests antwortenden Druckfirmen nicht vorgesehen sind. Dieser Anteil ist verglichen mit anderen Branchen und dem Durchschnitt des verarbeitenden Gewerbes insgesamt (21 %) außerordentlich hoch. Auch der Anteil der Druckereien, die 1987 eine Produktinnovation realisiert hatten, war mit knapp einem Viertel gegenüber rund zwei Dritteln im Durchschnitt des verarbeitenden Gewerbes vergleichsweise bescheiden. Es ist aber festzuhalten, daß in der Druckindustrie die Fertigung nach Auftrag mit genau vorgegebenen Spezifikationen des Auftraggebers die Regel ist, mithin für Produktinnovationen seitens der Druckindustrie kaum ein Spielraum besteht.

Nach der Selbsteinschätzung der Unternehmen im Rahmen des Ifo-Innovationstests entfielen 1987 mehr als sieben Zehntel des Umsatzes mit Druckerzeugnissen auf Produkte, die sich im Sinne der Produktlebenszyklustheorie schon in der Phase der Stagnation oder der Schrumpfung befinden. Ein Produktportefolio, das nur gut ein Viertel zukunftsträchtiger Erzeugnisse, d. h. solche, die sich in der Markteinführungsphase und in der Phase des Wachstums befinden, enthält, erscheint nach geltender Meinung auf Dauer ungünstig strukturiert. Allerdings sind Druckerzeugnisse, wie Bücher, Zeitungen und Geschäftspapiere schon Hunderte von Jahren auf dem Markt und die grundsätzlichen Produktänderungen, insbesondere hinsichtlich der Funktionalität sind seither vergleichsweise gering geblieben. Die Druckindustrie sieht sich selbst denn auch eher als Anbieter von Leistungen und weniger als solcher von Produkten. Damit wäre die Gültigkeit einer Produktzyklustheorie für diesen Wirtschaftszweig infrage zu stellen.

5. Energie

Die Druckindustrie gehört zu denjenigen Branchen, die am wenigsten mit Energiekosten belastet sind. Nach den Ergebnissen der Kostenstrukturstatistik entfielen auf Ausgaben für den Energieverbrauch 1986 rund 1,6 % des Bruttoproduktionswertes, während es im gleichen Jahr 2,9 % im Durchschnitt der Gesamtindustrie waren.

Der Schwerpunkt des Energieverbrauchs liegt in der Druckindustrie in zunehmendem Maße auf dem Strom (Tab. T 6), da in erster Linie motorische Energie und erst in zweiter Linie Prozeß- bzw. Heizwärme benötigt werden. Ein Teil dieser Wärme wird durch die thermische Beseitigung, d. h. die Verbrennung von lösungsmittelhaltiger Abluft gewonnen. Die zunehmend größer werdenden Produktionseinheiten und die Steigerung der Antriebsleistung hat den Stromverbrauch kräftig ansteigen lassen; dieses Wachstum addierte sich im Zeitraum 1977-1987 auf knapp 50 %, während die Zunahme in der gleichen Periode im Durchschnitt des verarbeitenden Gewerbes nur bei knapp 14 % lag.

Tabelle T 6

Energieverbrauch in der Druckindustrie
(in % des Gesamtverbrauchs)

Energieträger	1977	1980	1987
Kohle	1,3	1,5	0,1
Heizöl	46,2	37,8	22,1
Gas	18,4	23,5	35,5
Strom	34,1	37,2	42,3
Insgesamt	100	100	100

Quelle: Statistisches Bundesamt, Fachserie 4, Reihe 4.1.1; Berechnungen des Ifo-Instituts.

6. Rohstoffe

6.1 Übersicht über den Rohstoffverbrauch

Die Druckindustrie ist vergleichsweise wenig materialkostenintensiv; rund ein Drittel aller Kosten werden durch das eingesetzte Material verursacht. Im

Durchschnitt des verarbeitenden Gewerbes sind es rund fünf Prozentpunkte mehr.

Der wichtigste in der Druckindustrie eingesetzte Rohstoff ist das Papier (Tab. 34). Dieses hatte 1986 in Form von

— Zeitungsdruckpapier (12,4 % der Rohstoffkosten)
— Kunstdruck-, Chromopapier und -karton (18,6 %)
— anderem Druck- und Schreibpapier sowie -karton (30,6 %)
— sonstigem Sonderpapier (1,8 %)
— Papier- und Pappewaren (3,3 %)

einen Anteil von rund einem Drittel am gesamten Rohstoffeinsatz. Ein zweiter wichtiger Rohstoff für die Druckerei sind die Druckfarben, auf die 1986 rund 7 % entfielen. Bei den restlichen Rohstoffen handelt es sich um ein breites Spektrum von Materialien, die im wesentlichen die Druckvorbereitung betreffen, denn auf fotomechanische Erzeugnisse sowie bearbeitete Ätz-, Druckplatten, Klischees und Photolithos entfielen rund 11 % der bezogenen Rohstoffe, die fremdbezogene Vorprodukte einschließen.

Sowohl hinsichtlich des eingesetzten Papiers als auch der übrigen Rohstoffe können die Drucker in der Bundesrepublik auf ein vielseitiges Angebot inländischer Hersteller zurückgreifen, das durch ausländische Produkte komplettiert und überwiegend über den Fachgroßhandel angeboten wird. Im folgenden soll kurz auf einige wichtige Tendenzen beim eingesetzten Papier sowie bei den Druckfarben eingegangen werden.

6.2 Druckpapiere

In der Bundesrepublik Deutschland wurden 1988 rund 6 Mill. t grafischer Papiere (in der Abgrenzung des Marktforscherkreises Grafische Papiere) verbraucht. Ein beträchtlicher Teil dieser Papiere wurde allerdings nicht „bedruckt“, da in dieser Menge auch solche Sortimente wie Kopier- und Tabellierpapiere enthalten sind. Rund die Hälfte dieser grafischen Papiere stammen aus heimischer Produktion, der Rest wird importiert. Zu berücksichtigen ist, daß die deutschen Hersteller selbst auch rund zwei Fünftel ihrer Erzeugung dieses Sortiments exportieren, so daß der (saldierte) Nettoimport bezogen auf den Verbrauch nur 16 % beträgt. Der weitaus größte Teil der importierten grafischen Papiere stammt aus den „Rest-EFTA“-Ländern und hier in erster Linie aus Schweden und Österreich.

Der wichtigste Verwendungsbereich für grafische Papiere ist die Herstellung von *Zeitungen und Anzeigenblättern*; für sie wurden 1985[25] knapp 1,3 Mill. t Papier, und zwar fast ausschließlich Zeitungsdruckpapier, eingesetzt.

Zeitungssupplements, für die das höherwertige SC-Papier oder auch LWC-Papier eingesetzt werden, werden zum Verwendungsbereich Zeitschriften gerechnet.

Den zweitgrößten Einsatzbereich für grafische Papiere stellen die *Zeitschriften* dar, für deren Herstellung 1985 in der Bundesrepublik rund 1,1 Mill. t Papier benötigt wurden. Wegen der Dominanz von Massenzeitschriften wie Illustrierte, Programmzeitschriften und Frauenzeitschriften wird überwiegend SC-Papier eingesetzt. Höherwertige gestrichene Papiere werden dort eingesetzt, wo hinsichtlich Weißegrad und Bedruckbarkeit besonders hohe Ansprüche gestellt werden.

Für die Herstellung von *Büchern* wurden nur rund 150 000 t Papier eingesetzt, knapp die Hälfte davon für Taschenbücher. Unter den eingesetzten Papieren dominieren die ungestrichenen Papiere. Zum überwiegenden Teil handelt es sich dabei um volumige Werkdruckpapiere, die dem Buch optisch einen gewissen Umfang verleihen. Weitere rund 40 000 t sehr leichtgewichtiger holzhaltiger Sorten werden für die Produktion der Spezialsortimente Telefon- und Kursbücher eingesetzt.

Eine hohe Werbewirksamkeit wird von *Katalogen* erwartet, zu denen neben den voluminösen Versandhauskatalogen der Großversender auch die dünnleibrigen Exemplare der Spezialversender und die Reisekataloge gehören. Während für letztere überwiegend SC-Papiere verwendet werden, sind die Versandhauskataloge die Domäne des LWC-Papiers. Insgesamt dürften es 1985 230 000 t gewesen sein.

Ein expandierender Bereich trotz der Konkurrenz der elektronischen Medien ist der *übrige Akzidenzdruck*, zu dem neben der Fülle von Zeitungs- und Zeitschriftenbeilagen, Broschüren und Handzettel, auch die Geschäftsdrucksachen (z. B. Briefpapier, Visitenkarten u. ä.) gezählt werden. Knapp 900 000 t Papier der unterschiedlichsten Sorten finden für diesen heterogenen Bereich Verwendung, wobei doppelseitig gestrichene Bogendruckpapiere dominieren dürften.

Ein vergleichsweise neuer Produktionsbereich ist der Druck von Formularen in Form von Endlos- und Einzelformularen in Ein-, Mehrfach- und Schnelltrennsätzen. Unter den knapp 240 000 t Papier haben altpapierhaltige Sorten einen zwar noch geringen, aber rasch steigenden Anteil. Zu der genannten Papiermenge sind noch die Selbstdurchschreibepapiere zuzuschlagen, die sich 1985 auf knapp 100 000 t beliefen.

Eine Gruppe sehr hochwertiger Papiere wird für die *Sicherheits- und Spezialdruckerzeugnisse* wie Scheck- und Wechselvordrucke, Urkunden, Ak-

---

[25] Die folgenden Zahlenangaben sind entnommen aus: Feldmühle Aktiengesellschaft (Hrsg.), Druck- und Schreibpapiere: Marktversorgung und Verwendungsbereiche, in: Vom Papier, Beilage zum Firmenmagazin „Tambour“, Nr. 18/19.

tien, Banknoten, Briefmarken u. ä. eingesetzt. Hierfür kommen holzfreie, häufig lumpen-(hadern-)haltige oder mit sonstigen Faserstoffen hergestellte Spezialpapiere in einer Größenordnung von 80 000 t zum Einsatz.

Neben diesen Druckpapieren werden die grafischen Papiere noch für Kopier-, Vervielfältigungs- und Schreibmaschinenpapiere, für Schreibpapier sowie als Rohpapiere für gestrichene und beschichtete Spezialpapiere verwendet.

Obwohl bei fast allen Druckpapieren aus dem Bestreben nach Kostensenkung eine Tendenz sinkender Flächengewichte zu verzeichnen ist, ist der Verbrauch grafischer Papiere insgesamt sehr viel stärker gewachsen als die (statistisch registrierte) Druckproduktion gemessen am von Preissteigerungen bereinigten Umsatz. Dies wird dadurch deutlich, daß man die beiden Größen aufeinander bezieht (Tab. 35). Der Verbrauch von Druckpapieren je 1 Mrd. DM Umsatz (real) ist demnach von 185 000 t (1977) auf 250 000 t (1988) gestiegen. Dies kann zwei Gründe haben:

— die Produktion der Druckindustrie wird durch den statistisch erfaßten Realumsatz nur unzulänglich beschrieben,
— ein wachsender Teil der grafischen Papiere wird außerhalb der Druckindustrie verwendet, eventuell auch bedruckt.

Es spricht vieles dafür, daß beide Gründe von Bedeutung sind. Angesichts der zunehmenden Bedeutung von Kopierern, Computer-Drucken und Inhouse-printing dürfte der zweitgenannte Grund wohl der ausschlaggebende sein.

Unter den eingesetzten Papieren weisen die gestrichenen Papiere sowie die holzfreien Naturdruck- und -schreibpapiere die höchsten Zuwachsraten auf. Ihr Verbrauch hat sich in der Referenzperiode verdoppelt (Tab. 36).

6.3 Druckfarben

Der Verbrauch von Druckfarben in der Bundesrepublik Deutschland übertraf 1986 wertmäßig erstmalig die Milliardengrenze; dies entsprach mengenmäßig rund 150 000 t. Davon entfallen rund drei Viertel auf die „klassischen" Druckbereiche, nämlich Zeitungen, Zeitschriften, Werkdruck und übriger Akzidenzdruck. Den Rest bildet der Verpackungsdruck einschließlich der Spezialverfahren und -produkte, die zum größten Teil außerhalb der Druckindustrie Verwendung finden. Hinzuweisen ist in diesem Zusammenhang auf den Tapetendruck und das Bedrucken von Zigarettenpapier.

Der Verbrauch von Druckfarben kann insgesamt recht gut durch die Druckproduktion erklärt werden. Bezieht man ihn nämlich auf den (realen)

Umsatz der Druckindustrie, so zeigt dieser „spezifische“ Verbrauch eine recht bemerkenswerte Konstanz (Tab. 35). Der Druckfarbenverbrauch wird aber nur indirekt von der Produktionsentwicklung bei den einzelnen Druckerzeugnissen, viel mehr aber von der Anteilsentwicklung der Druckverfahren beeinflußt. Diese sind nämlich unterschiedlich farbintensiv. Beim Offsetverfahren wird beispielsweise eine Farbschicht von fünf Tausendstel Millimeter aufgetragen, während diese beim Tiefdruckverfahren 8-12 Tausendstel dick ist. Der Druckfarbenverbrauch je bedruckter Flächeneinheit ist zwar prinzipiell steigend, da von den Abnehmern der Druckerzeugnisse mehr Farbe verlangt wird. Verbrauchsdämpfend wirkt sich aber aus, daß das farbintensive Hochdruckverfahren schon seit vielen Jahren Anteile verliert, während anteilsmäßig der Tiefdruck tendenziell stagniert und das Offsetverfahren an Bedeutung gewinnt. Hinzu kommt, daß die Druckmaschinen mit mehr und verbesserten Steuer- und Regelelementen ausgestattet werden, was zu weniger Makulatur und Anfahrverlusten sowie zu einer sparsameren Farbgebung führt.

Für den Tiefdruck und den Flexodruck werden vorzugsweise flüsse Druckfarben eingesetzt, da beide Druckarten mit sehr kurzen Farbwerken arbeiten, d. h., daß die Farben über nur wenige Walzen laufen, bis sie an das zu bedruckende Material kommen. Für den Hochdruck und den Offsetdruck sind lange Wege nötig, auf denen viele Walzen die Farben gleichmäßig auswalzen. Hier werden also pastöse Druckfarben mit sehr langsam verdunstenden Mitteln (z. B. Mineralöle) verwendet.

In qualitativer Hinsicht werden die Druckfarben ständig weiter verbessert. Dies gilt einmal hinsichtlich einer steigenden Umweltverträglichkeit, d. h. Reduzierung schädlicher Lösungsmittel und chemischer Komponenten, sowie einer leichteren Deinkbarkeit. Zum anderen stellt die Schwerpunktverschiebung vom Bogen- zum Rollendruck mit noch vor kurzem kaum vorstellbaren Arbeitsbreiten und Druckgeschwindigkeiten große Anforderungen an eine hohe Konsistenz, gleichbleibende Qualität und problemlose Verarbeitbarkeit der Farben. Außerdem entsteht auf dem Druckfarbenmarkt eine starke Polarisierung: Zum einen verlangen die erwähnten Großmaschinen Gebinde, die die gewünschten Eigenschaften gleich tausendliterweise auf sich vereinen. Andererseits entwickelt sich ein immer stärker differenzierter Spezialitätenmarkt für die vielen farblichen Sonderwünsche. So sind schätzungsweise 30 % der am Markt abgesetzten Bogenoffset-Farben heute bereits sogenannte Hausfarben. Darin kommt das wachsende Streben vieler Unternehmen nach einer Corporate Identity zum Ausdruck.

Die Hersteller von Druckfarben aus der Bundesrepublik Deutschland stehen hinsichtlich der Qualität der Produkte in der Welt in der Spitzengruppe; hinsichtlich der mengenmäßigen Produktion werden sie nur noch von den USA und Japan übertroffen. Der größte deutsche Anbieter liegt hinter einem japanischen Unternehmen weltweit an zweiter Stelle.

7. Umwelt

In der Druckindustrie geht es darum, auf einen materiellen Träger (Papier) Informationen aufzubringen, was ohne Chemikalien nie denkbar war, denn auch die einfache Schreibtusche stellt eine solche dar. Eine Umweltbelastung hängt grundsätzlich vom jeweiligen Druckverfahren, den dort verwendeten Hilfsmitteln und Hilfsstoffen ab[26].

Die Druckindustrie gehört zu den Branchen mit einem vergleichsweise geringen Anteil von Umweltschutzinvestitionen an den Gesamtinvestitionen. Sie gab 1985 dafür rund 20 Mill. DM aus; dies entspricht bei einem vergleichbaren Gesamt-Investitionsvolumen von 1,3 Mrd. DM einem Anteil von 1,5 %. Die Druckindustrie lag damit unter dem Durchschnitt des verarbeitenden Gewerbes insgesamt (1985: 4,3 %) sowie des Verbrauchsgüter produzierenden Gewerbes (1985: 2 %). Von den 1 724 Unternehmen mit 20 und mehr Beschäftigten haben im Jahre 1985 insgesamt 72 — dies entspricht 4,2 % (verarbeitendes Gewerbe insgesamt: 11,1 %) — Umweltschutzinvestitionen getätigt. Pro Unternehmen sind dies rund 285 000 DM (verarbeitendes Gewerbes insgesamt: 710 000 DM). Gemessen an den Investitionen geht von der Druckindustrie also nur eine vergleichsweise geringe Belastung der Umwelt aus.

Die Investitionsaufwendungen für den Umweltschutz dienen in der Druckindustrie schwerpunktmäßig — nämlich zu annähernd zwei Dritteln — der Luftreinhaltung (Tab. T 7). Durch die Verarbeitung von Lacken, Anstrichstoffen und sonstigen organischen Lösemittelverbindungen werden in der Bundesrepublik Deutschland jährlich etwa 600 000 t Lösemittel emittiert. Die Druckereien bilden eine nennenswerte Emittentengruppe dieser Stoffe, die, weil sie sich in der Luft chemisch umsetzen und dabei sogenannte Photo-Oxydantien bilden können, als umweltschädlich gelten. Die in die Abluft geratenen Lösemittel müssen in zwei Teilströme aufgeteilt werden. Ein Teil der Lösungsmittel kann in die Umgebungsluft der Druckmaschinen gelangen. Für diesen Teil gelten die Vorschriften bezüglich der maximalen Arbeitsplatzkonzentration (MAK-Werte). Der wesentliche Teil des Lösungsmittels wird jedoch Bestandteil der kontrolliert geführten Abluft sein, für deren Reinigung die 4. BImschV bzw. die TA Luft maßgebend sind. Beim Bogenoffset- aber auch beim Hochdruckverfahren werden in Druckfarben grundsätzlich keine flüchtigen Lösemittel eingesetzt. Diese würden nämlich

[26] Vgl. hierzu auch: Hauptverband der Papier, Pappe und Kunststoffe verarbeitenden Industrie (Hrsg.), Umweltschutz (Abfall, Abwasser, Luft), Schriftenreihe, Frankfurt 1989.

Tabelle T 7

Anteil der Investitionsarten an den Umweltschutzinvestitionen der Druckindustrie[a], 1986 (in %)

Wirtschaftsgliederung	Abfall-beseitung	Gewässer-schutz	Lärm-bekämpfung	Luftrein-haltung
Druckindustrie	7,2	10.5	16,4	65,9
Verbrauchsgüter	11,7	21,5	7,9	58,9
Verarbeitendes Gewerbe	8,3	31,5	5,5	54,7

a) Bezogen auf die Unternehmen.

Quelle: Statistisches Bundesamt, Fachserie 19, Reihe 3.

in den langen Farbwerken, die zum gründlichen Auswalzen erforderlich sind, bereits verdunsten. Hier setzt man deshalb nur sehr langsam trocknende Mineralöle ein, die auf dem Bedruckstoff verharzen. Hingegen werden für den Tiefdruck, Siebdruck und den Flexodruck dünnflüssige Farben verwendet, und das Trocknen erfolgt durch das Verdunsten des zugesetzten Lösemittels.

Beim (Heatset-)Rollenoffsetdruck werden Farben auf Basis von Mineralölen mit einem niedrigen Siedepunkt eingesetzt. Wenn die bedruckte Papierbahn im Heißlufttrockner einer Druckmaschine einer kurzen Wärmebehandlung ausgesetzt wird, wird ein Teil der Mineralöle aus der aufgetragenen Druckfarbenschicht ausgetrieben; sie gelangen in die Abluft, die deshalb in der Regel einer thermischen Nachbehandlung unterzogen wird.

In den Regelwerken zum Immissionsschutz waren Druckanlagen zunächst nicht einbezogen. Bei der Novellierung der 4. BImschV wurden dann Druckanlagen in die Liste der genehmigungspflichtigen Anlagen aufgenommen. Bestimmte Druckmaschinen sind genehmigungspflichtig, wenn die Anlagen in Farben oder Lacken

— als organisches Lösungsmittel ausschließlich Äthanol enthalten und von diesen 50 kg/h bis weniger als 500 kg/h eingesetzt werden, oder
— sonstige organische Lösungsmittel enthalten und von diesen 25 kg/h bis weniger als 250 kg/h eingesetzt werden.

Bei Unterschreiten dieser Werte ist kein Genehmigungsverfahren erforderlich, bei Überschreiten kommt das förmliche Genehmigungsverfahren mit sehr strengen Pflichten zur Anwendung. Es können bei größeren Abgasströmen auch kontinuierliche Messungen veranlaßt werden.

Unter den Methoden zur Abluftreinigung hat sich die thermische Verbrennung gegenüber den physikalischen und katalytischen Verfahren durchgesetzt und gilt in der Bundesrepublik als aktueller Stand der Technik[27].

Neben Druckfarben enthalten auch Feuchtmittel und Waschmittel Lösemittel. Der Verhinderung der Abgabe dieser Verdunstungen an die Außenluft, aber auch des Entstehens von lösungsmittelhaltiger Luft gelten also entsprechende Gegenmaßnahmen. Zum einen hat sich die Farbindustrie verpflichtet, den Lösemitteleinsatz nennenswert zu reduzieren. Zum anderen sind von den betroffenen Unternehmen der Druckindustrie Investitionen getätigt worden[28].

Einen zweiten, wenn auch deutlich weniger ausgeprägten Schwerpunkt bei den Umweltschutzinvestitionen bilden Maßnahmen zur Lärmbekämpfung. Hier wendet die Druckindustrie im Vergleich zum Durchschnitt des verarbeitenden Gewerbes und des Verbrauchsgüter produzierenden Gewerbes sogar relativ viel auf. In Rotationsdruckereien mit ihren mit hoher Geschwindigkeit arbeitenden Druck- und Weiterverarbeitungsaggregaten können Lärmpegel von 100 dB(A) und mehr auftreten. Dem wirksamen Schallschutz kommt daher in der Druckindustrie eine wichtige Rolle zu.

Für die Abfallbeseitigung mußte die Druckindustrie 1986 rund 7% ihrer Umweltschutzinvestitionen aufwenden. Bei 1 891 Betrieben der Druckindustrie fielen 1984 etwas über 700 000 t Abfall an. Dabei handelt es sich zum überwiegenden Teil um Papier, das praktisch zu 100% einer Wiederverwertung zugeführt wird. Insbesondere Abfälle aus hochwertigen unbedruckten Papieren oder Kartons („Weiße Späne") sind hochbegehrte Qualitäten, für die Preise bezahlt werden, die denen reinen Zellstoffs nahekommen.

Für den Gewässerschutz gab die Druckindustrie 1986 rund 11% ihrer Umweltschutzaufwendungen aus. Im Jahre 1983 haben 1 924 erfaßte Druckbetriebe rund 64,5 Mill. m^3 Wasser genutzt, davon rund 80% als Kühlwasser. Etwas mehr als vier Fünftel wurden in Kreislaufsysteme geführt.

Nach einer Verordnung des Bundesumweltministeriums vom 3.7.1987 sind auch Druckereien und Reproanstalten als Herkunftsbereiche von Abwässern mit gefährlichen Stoffen aufgenommen worden. Möglicherweise ins Abwasser gelangende Stoffe sind Entwickler, Fixierer und Spülwässer aus dem Reprobereich; dies ist aber durch Sorgfalt und vergleichsweise geringe Investitionen zu vermeiden. Sehr vielfältig sind die in den Offsetdruckprozessen verwendeten Chemikalien, wobei dem Drucker meist die genaue Zusammensetzung der bezogenen Präparate nicht bekannt ist. Auch beim Siebdruck sind die eingesetzten Stoffe sehr variantenreich. Beim Tiefdruck hat das umweltfreundlichere mechanische Gravieren das „klassische" Ätzen vielfach verdrängt.

---

[27] O. V., Mit M.E.G.-Therm gerüstet für den europäischen Binnenmarkt, in: Deutscher Drucker 1988, Nr. 12, S. w15.

[28] G. Urlaub und M. Bredow, Technische Anlagen zur Luftreinhaltung, in: Der Polygraph, 1988, Heft 18, S. 1548 ff.

Insgesamt gesehen sind auch für die Druckindustrie zunehmend die zum Schutz der Umwelt erlassenen Gesetze und Verordnungen relevant. Hierzu hat auch das rasche Vordringen des (Rollen-)Offsetverfahrens beigetragen, dessen Großanlagen von der TA Luft besonders betroffen werden. Insbesondere für kleine, aber auch für mittlere Unternehmen bereitet dies zweifellos Mühe und Aufwand. Dieses Problem kann aber sicherlich durch „konzertierte Aktionen“ zwischen Zulieferern, Druckern und Umwelttechnikern gelöst werden.

V. Kosten- und Ertragsentwicklung

1. Überblick

Die Behauptung im Wettbewerb und die angemessene Verzinsung des eingesetzten Kapitals werden in einem marktwirtschaftlich orientierten Wirtschaftssystem als wesentliches Ziel der unternehmerischen Tätigkeit angesehen. Höhe und Entwicklung der Ertragskraft stellen damit auch einen verläßlichen Indikator für den Erfolg der unternehmerischen Tätigkeit dar.

Diese Ziele können auf unterschiedlichen Wegen erreicht werden. Theorie und Praxis des Managements haben hierzu eine Fülle von alternativen oder komplementären Methoden entwickelt. Generell wird aber darauf hingewiesen, daß eine der wesentlichsten Voraussetzungen für den Erfolg am Markt die ständige Weiter- bzw. Neuentwicklung der produzierten Waren- und Serviceleistungen sowie die Erschließung und Pflege relevanter Märkte darstellen. Diese generelle Forderung läßt sich auf die Unternehmen der Druckindustrie nur in Teilbereichen anwenden. Hier sei beispielhaft auf den Druckbereich „Zeitschriften" verwiesen. Weiterentwicklung bestehender Produkte, Kreierung neuer Produkte, Erschließung neuer Käuferschichten und Pflege des vorhandenen Kundenstamms wird hier vom Zeitschriftenverlag vorgenommen. Sofern dieser mit dem Druckereiunternehmen nicht identisch ist, stellt der Druck somit nur die „Produktionsabteilung" dar, die sich den Marketingstrategien des Verlages unterzuordnen hat und für diesen nur eine Zulieferfunktion erbringt. Dieses gilt in sehr ähnlicher Form auch für den Zeitungsbereich sowie auf vielen Gebieten der Herstellung von Werbedrucksachen. Denn hier sind es die Werbung treibende Wirtschaft bzw. die von ihr eingeschalteten Agenturen, die die „Produktgestaltung" und Marktsegmentierung teilweise bis ins Detail vorgeben. In diesen Marktbereichen spielt sich der Wettbewerb unter den Druckern in erster Linie über Faktoren wie Preis, Lieferzuverlässigkeit und Einhaltung der Qualitätsvorgaben ab. Dies schließt nicht aus, daß auch der Drucker „kreativ" in die Produktgestaltung einsteigen kann, zumal wenn die Auftraggeber über die Möglichkeiten und Grenzen der Umsetzung ihrer Vorstellungen in zweidimensionale Druckerzeugnisse nicht oder nur unvollständig orientiert sind.

Auch bei vielen sonstigen Akzidenzen sind Gestaltung und Ausführung vom Auftraggeber vorgeschrieben. Eine über eine Beratung der Kunden hinsichtlich Schrift oder allgemeiner optischer Wirkung hinausgehende Produktgestaltung oder gar -kreierung ist in der Druckindustrie also ausgesprochen schwierig und im Prinzip nur dann möglich, wenn der Drucker auch andere Funktionen übernimmt, also auch als Verleger, Werbeberater oder in ähnlicher Weise tätig ist.

Bei den Druckerzeugnissen handelt es sich also mehr um Serviceleistungen mit „angeschlossener Güterproduktion" als um austauschbare oder gar homogene Güter. Dementsprechend sind neben hoher Termintreue (Zeitungen, Zeitschriften) Qualität der Ausführung — bei periodisch erscheinenden Erzeugnissen oder wiederkehrenden Aufträgen (z. B. Kataloge) auch über längere Zeiträume — und Preiswürdigkeit entscheidende Wettbewerbsfaktoren. Dabei kommen im internationalen Wettbewerb vor allem die nichtpreislichen Faktoren (z. B. Sprachbarrieren) zum Tragen. Ein Vergleich der Kostenniveaus in der Bundesrepublik Deutschland mit demjenigen anderer Länder dient im Fall der Druckindustrie also im wesentlichen der Dokumentation eventuell vorhandener Unterschiede, die aber, ausgenommen den Tiefdruck, bisher noch nicht zu einer nennenswerten Verschärfung des internationalen Wettbewerbs geführt haben.

Wenn im folgenden die Entwicklung von Kosten und Erlösen sowie die aus dem Zusammenspiel dieser Komponenten resultierende Ertragsentwicklung beleuchtet werden, so ist zu berücksichtigen, daß es sich dabei immer nur um Durchschnittsbetrachtungen handeln kann, die viele firmenspezifische Besonderheiten verwischen. Im folgenden werden zunächst die verschiedenen Kostenarten behandelt. Sodann wird die Entwicklung der Verkaufserlöse dargestellt. Den Abschluß bildet eine Betrachtung der Ertragsentwicklung.

2. Kostenentwicklung

2.1 Materialkosten

Die Druckindustrie ist vergleichsweise wenig materialkostenintensiv. Rund ein Drittel aller Kosten wird durch das eingesetzte Material verursacht (Tab. T 8). Im Durchschnitt des verarbeitenden Gewerbes sind es rund fünf Prozentpunkte mehr. Im zeitlichen Verlauf zeigt der Materialaufwand eine annähernd konstante Entwicklung.

In Kapitel 6 des Abschnitts IV wurde bereits darauf hingewiesen, daß der Aufwand für Material in der Druckindustrie zum weitaus überwiegenden Teil von den Kosten für Papier bestimmt wird: Sie machten fast zwei Drittel der Ausgaben für alle bezogenen Materialien und Waren (ohne Betriebsstoffe, Brenn- und Treibstoffe sowie Energie) aus. Im Jahre 1988 wurden in der Bundesrepublik Deutschland rund 5 Mill. t Druck- und Pressepapiere (in der Abgrenzung des Verbandes Deutscher Papierfabriken) bedruckt. Davon

Tabelle T 8

Entwicklung der Materialkosten in der Druckindustrie und im verarbeitenden Gewerbe insgesamt, 1977-1987
(Anteil am Bruttoproduktionswert in %)

Wirtschaftszweig	1977	1978	1979	1980	1981	1982	1983	1984	1985	1986	1987
Druckindustrie insgesamt	31,1	31,2	31,8	30,8	33,0	33,3	33,2	32,7	33,7	32,7	32,2
Verarb. Gewerbe insgesamt	41,9	40,2	40,5	39,1	38,8	38,8	38,3	39,2	39,3	37,6	36,5

Quelle: Statistisches Bundesamt, Kostenstrukturerhebung, sowie Berechnungen des Ifo-Instituts.

stammte rund die Hälfte aus dem Ausland; dieser Anteil liegt über dem Durchschnitt für Papier und Pappe insgesamt. Das für die Druckindustrie wichtigste Material ist also ein international gehandeltes Massenerzeugnis. Die Bezüge der Bundesrepublik stammen überwiegend, nämlich zu fast zwei Dritteln, aus den EFTA-Ländern.

Allerdings ist darauf zu verweisen, daß viele der großen Druckereien nur teilweise in den Kauf der Druckpapiere eingeschaltet werden. Die großen Verlagskonzerne bündeln den Einkauf für ihre Druckereien, um große Lose und entsprechende Mengenrabatte zu erzielen. Üblich ist auch, daß Druckereien von ihren Auftraggebern das Papier „beigestellt" wird, sei es, weil diese eben zur Erzielung von Rabatten selbst einkaufen, sei es, weil sie sicherstellen wollen, daß ihre Aufträge auf einem besonderen Papier ausgeführt werden. Derartige Modalitäten sind bei typischen Akzidenzdruckern, die ihren Bedarf selbst — meist über den Großhandel — decken, nicht gebräuchlich.

Auf Druckfarben und -hilfsmittel entfallen deutlich weniger, nämlich rund 7%, des gesamten Material- und Wareneingangs (ohne Betriebsstoffe, Brenn- und Treibstoffe sowie Energie). Der Markt für Druckfarben ist in der Bundesrepublik Deutschland recht bedeutend; er übertraf 1986 erstmals den Wert von 1 Mrd. DM. Davon entfallen rund drei Viertel auf den klassischen Druckbereich, nämlich Zeitungen, Zeitschriften, Werk- und Akzidenzdruck, der Rest auf den Verpackungsdruck einschließlich der Spezialverfahren und -produkte, die zum großen Teil außerhalb der Druckindustrie angewendet werden (z. B. Tapetendruck, Bedrucken von Zigarettenpapier). Die Bundesrepublik nimmt auf dem Weltmarkt, insbesondere aber auf dem europäischen Markt, qualitativ und quantitativ eine führende Rolle ein.

Ein dritter wichtiger Kostenfaktor innerhalb der Materialkosten in der Druckindustrie sind die Ausgaben für Druckplatten, die mit rund 4% zu Buche schlagen. Das Marktvolumen beläuft sich auf rund 11-12 Mill. m^2, wobei die inländischen Hersteller klar dominieren und auch die Preisführerschaft besitzen.

Die Kosten für die einzelnen Materialien, die in der Druckindustrie benötigt werden, haben sich im Referenzzeitraum (1977-1988) sehr unterschiedlich entwickelt (Abb. 9). Am stärksten verteuert hat sich das Papier, dessen Preis (gemessen am Erzeugerpreis für den Inlandsabsatz von Druck- und Schreibpapier) um rund 30 % gestiegen ist. Hingegen haben sich die Kosten für Druckfarben nur sehr mäßig erhöht. Deren Erzeugerpreisindex, der nur für den Zeitraum ab 1980 vorliegt, weist für die Periode 1980-1988 einen Anstieg von rund 7 % aus. Über die Gesamtperiode betrachtet sind die Preise für die Druckplatten — als Indikator wurde hier der Erzeugerpreisindex für „Druckformen und Reproduktionen" gewählt — sogar (um rund 2 %) gefallen. Von der Materialseite her betrachtet kamen kostentreibende Tendenzen also praktisch ausschließlich vom Papier her. Dessen Preisentwicklung verlief nun keineswegs kontinuierlich. Den stärksten Anstieg hatte man im Zeitraum 1979/81 zu registrieren, als die Anbieter von Schreib- und Druckpapieren ihre Verkaufspreise um mehr als 17 % erhöhten, was mit der damaligen zweiten Ölpreiserhöhung zusammenhing, die die energieintensive Papierproduktion stark tangierte. Den Höchststand erreichten die Papierpreise 1985.

Abb.9

Entwicklung der Preise für Vormaterial in der Druckindustrie

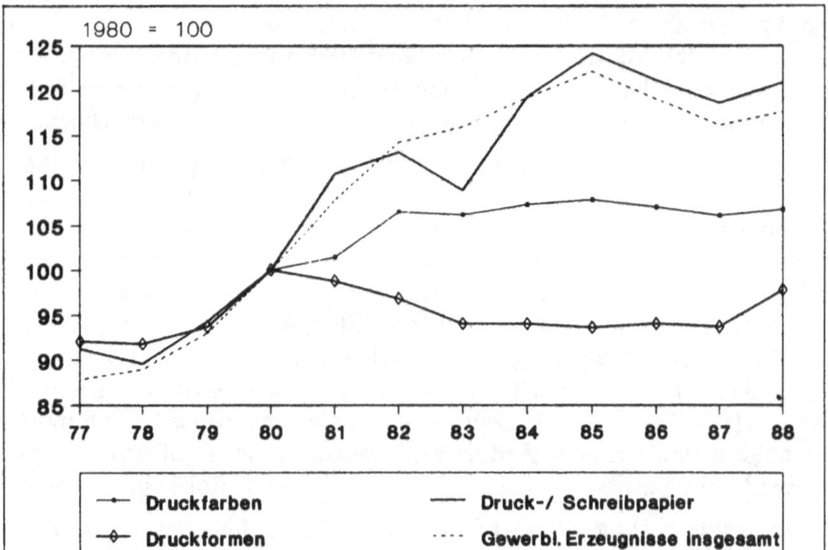

Quelle: Statistisches Bundesamt

ifo

2.2 *Arbeitskosten*

In der Druckindustrie ist der Anteil der Arbeitskosten am Bruttoproduktionswert hoch. Neben dem hohen Qualifikationsniveau der Beschäftigten ist hierfür auch der vergleichsweise bedeutende Anteil der Schicht-, Feiertags- und Nachtarbeit in den Betrieben, die Presse- und Verlagserzeugnisse herstellen, ursächlich. Neben dem Lohnniveau dürfte aber auch insbesondere der Einfluß der Arbeitsproduktivität unbestritten sein, die aber bei dem unterschiedlichen Gewicht, das arbeitsintensive und hochautomatisierte Produktionsprozesse je nach Produktionsprogramm in den einzelnen Unternehmen haben, außerordentlich heterogen ist.

Der Personalaufwand (gemessen an den Arbeitskosten, bezogen auf den Bruttoproduktionswert) hat sich trotz — wie nachgewiesen — steigender Qualifikation der Beschäftigten in der Druckindustrie deutlich vermindert. Dies dürfte vor allem die Erfolge beim Ersatz des Faktors Arbeit durch den Faktor Kapital widerspiegeln, aber auch Folge einer Verlagerung von arbeitsintensiven Tätigkeiten in den vorgelagerten Sektor (z. B. Presse- und Verlagswesen) sein. Der Anteil der Arbeitskosten am Bruttoproduktionswert der Druckindustrie verminderte sich im Zeitraum 1977-1987 von 39,3 auf 35,5 %. Eine derartige Entwicklung ist auch in den übrigen Bereichen der Papierwirtschaft zu beobachten, wo der Anteil ebenfalls rückläufig war. Hinsichtlich des Niveaus dieses Arbeitskostenanteils liegt die Druckindustrie sehr deutlich über dem Durchschnitt des verarbeitenden Gewerbes insgesamt (Tab. 37) und auch weit über dem Niveau in den beiden übrigen Bereichen der Papierwirtschaft.

Wenn auch offensichtlich unterschiedliche Arbeitskosten für die Position der Druckindustrie bisher keine ausschlaggebende Bedeutung hatten, da dieser Wettbewerb aus anderen Gründen im Vergleich zu anderen Branchen wenig ausgeprägt ist, so sollen hier doch einige Ausführungen zu den Arbeitskosten in der Druckindustrie in den einzelnen Ländern gemacht werden. Dabei mußten selbstverständlich auch Produktivitätsunterschiede berücksichtigt werden. Da (Arbeits-)Produktivitätsvergleiche auf Branchenebene auf internationaler Ebene methodisch außerordentlich problematisch sind und daher für den Bereich der Druckindustrie auch nicht angestellt und veröffentlicht zu sein scheinen, muß sich der folgende Vergleich auf die Bruttostundenverdienste der Arbeiter und die Arbeitskosten je Stunde beschränken. Es kann aber davon ausgegangen werden, daß die deutschen Drucker bezüglich der Produktivität mindestens innerhalb der EG an der Spitze rangieren.

Die Arbeiter in der Druckindustrie[1] werden in allen Ländern der Gemeinschaft, bezogen auf das verarbeitende Gewerbe insgesamt, überdurchschnittlich bezahlt, sie liegen rund 10-20 % über diesem Niveau (vgl. Tab. 38).

[1] NACE 473/74, also auch einschließlich Verlagswesen.

Die Bruttostundenverdienste waren 1987 am höchsten in Dänemark, gefolgt von der Bundesrepublik. Griechenland rangiert am unteren Ende der Lohnskala. Wenn auch die vorhandenen Statistiken wegen verschiedener Brüche den Vergleich erschweren[2], so lassen die Daten doch erkennen, daß in den letzten Jahren (1978-1987) die Lohnsteigerungen in der Druckindustrie der übrigen EG-Länder stärker waren als in derjenigen der Bundesrepublik, daß also offensichtlich eine Tendenz zur Nivellierung der Bruttostundenverdienste besteht.

Nun geben die Brutto-Stundenverdienste allein noch kein vollständiges Bild der Kosten des Faktors Arbeit, da sie ja die Lohnnebenkosten nicht enthalten. Diese umfassen alle von Arbeitgebern im Zusammenhang mit der Beschäftigung von Arbeitskräften getragenen Aufwendungen; d. h. sie enthalten neben der Bezahlung einer Arbeitsleistung alle Kosten und Belastungen, die direkt mit der Zahlung dieser Entlohnung verbunden oder besonderen Aufwandsposten sozialer Art zuzurechnen sind. Die Arbeitskosten je Stunde sind das Ergebnis der Division der Gesamtarbeitskosten durch die Summe der geleisteten Arbeitsstunden.

Bestandteile der Arbeitskosten sind:

— Direktlohn für geleistete normale Stunden und Überstunden und bei jeder Löhnung gezahlte Prämien und Gratifikationen;
— Entlohnung für nicht gearbeitete Zeit (bezahlte Urlaubstage und Feiertage, Urlaubsgeld, Entlassungsentschädigungen);
— Naturalentgelte und entsprechende Zuwendungen;
— Arbeitgeberbeiträge zur Sozialversicherung und Familienbeihilfen (gesetzliche, tarifliche, vertragliche und freiwillige Beiträge);
— sonstige soziale Aufwendungen;
— Kosten der Berufsausbildung;
— Abgaben und Beihilfen sozialer Art.

Leider werden von EUROSTAT die Arbeitskosten nur für die Papierwirtschaft insgesamt (Papiererzeugung und -verarbeitung, Druckindustrie, Verlagswesen) ausgewiesen (Tab. 39), was die Aussagefähigkeit des Vergleichs vermindert. Außerdem haben die Daten aus den einzelnen Ländern einen unterschiedlichen Grad von Aktualität. Trotzdem läßt sich aus diesen Zahlen ableiten:

— Die Tendenz zur Nivellierung der unterschiedlichen Arbeitskosten in den Druckindustrien der EG-Länder ist unverkennbar.
— Abgesehen von Griechenland, Portugal und Irland kann keines der ausgewiesenen Länder mehr als ausgesprochenes „Niedriglohnland" angesehen werden.

[2] Zum Zweck der besseren Vergleichbarkeit wurden die nationalen Währungen in ECU umgerechnet. Die Steigerungen berücksichtigen also auch Paritätsänderungen.

— Bei vielen der Länder werden auf den Direktlohn noch beträchtliche Anteile an Lohnnebenkosten aufgeschlagen; diese sind in Frankreich, Italien, Niederlande und Belgien relativ bedeutsamer als in der Bundesrepublik.

Leider stehen für die deutschsprachigen Länder Österreich und Schweiz keine vergleichbaren Angaben zur Verfügung. Dabei wären gerade diese als Bezugsgröße interessant, da hier die Sprachbarriere nicht zum Tragen kommt und somit eine höhere Wettbewerbsintensität herrschen müßte.

2.3 Sonstige Kosten

Die vorstehend behandelten Material- und Arbeitskosten vereinigten im Jahre 1987 rund 68 % der Gesamtkosten auf sich. Die Differenz zu 100 % wird durch eine ganze Reihe von Kostenkomponenten verursacht. Den größten Posten stellen die *„übrigen Vorleistungen"* dar. Sie setzen sich 1986 zusammen aus dem Energieverbrauch (1,6 %), dem Einsatz an Handelsware (1,8 %), einem bemerkenswert hohen Anteil von Kosten für die von anderen Unternehmen ausgeführten Lohnarbeiten und erbrachten Dienstleistungen (7,7 %) sowie aus sonstigen Vorleistungen wie Mieten, Pachten, Reparaturaufwendungen, aber auch Porto- und Transportkosten. Die gesamten „übrigen Vorleistungen" summierten sich im Jahre 1987 zu rund 21 %. Der hohe Anteil der Ausgaben für fremdbezogene Lohnarbeiten und ähnliche industrielle und handwerkliche Dienstleistungen erklärt sich aus den bereits vorher angesprochenen Tätigkeiten von Unternehmen der Druckvorbereitung, also dem Bezug von Druckvorlagen wie Fremdsatz und Reproleistungen. Über andere wichtige Einflußfaktoren auf die Kosten für „sonstige Vorleistungen", insbesondere auf den Einsatz von Handelsware und die Energiekosten, wurde bereits an anderer Stelle eingegangen.

Von den verbleibenden Kosten sind noch die *Kapitalkosten* zu erwähnen. Diese setzen sich wiederum zusammen aus den Abschreibungen und den Fremdkapitalzinsen. Die Abschreibungen bewegten sich in der Periode 1977-1987 im Durchschnitt bei 4,4 %, wobei eine deutlich steigende Tendenz von 3,7 % (1977) auf 5 % (1984-1987) zu erkennen ist. Mit dieser Abschreibungsquote lag die Druckindustrie deutlich über dem Durchschnitt des verarbeitenden Gewerbes insgesamt (1977-1986: 3,4 %). Bei den Fremdkapitalzinsen sind die Relationen umgekehrt: Während diese in der Referenzperiode 1977-1986 in der Druckindustrie einen Anteil an den Gesamtkosten von durchschnittlich 1,15 % halten, lagen sie im Durchschnitt des verarbeitenden Gewerbes bei 1,26 %. Offensichtlich ist es also der Druckindustrie trotz ihrer höheren Kapitalintensität gelungen, einen höheren Anteil ihrer Investitionen eigenzufinanzieren als dies im Durchschnitt des verarbeitenden Gewerbes der Fall gewesen ist.

3. Entwicklung der Verkaufspreise

Die Preise, die die Druckindustrie für ihre Produkte und Leistungen erzielt, sind mit den Preisindices der amtlichen Statistik nur unzureichend beschrieben. Schließlich handelt es sich bei den meisten Druckerzeugnissen nicht um Standarderzeugnisse, sondern um kundenspezifische Speziallösungen, die jeweils individuell kalkuliert werden (müssen). So gibt es z. B. nicht den definierbaren Prospekt, dessen Preisentwicklung sich in einer aussagefähigen Indexreihe beschreiben ließe. Deshalb geben die rund 200 Preisreihen des Statistischen Bundesamtes für Druckerzeugnisse die tatsächliche Entwicklung nur unvollkommen wieder. Dies hat zur Folge, daß auch die preisbereinigten Produktionswerte nur von begrenzter Aussagefähigkeit sind.

Läßt man diese methodisch-statistisch bedingten Probleme außer acht, so sind die Preise, die die Druckindustrie für ihre Erzeugnisse erzielen konnte, vergleichsweise überdurchschnittlich gestiegen. Während sich der Index der Erzeugerpreise für gewerbliche Produkte (Inlandsabsatz) von 1977 bis 1987 um rund ein Drittel erhöhte, konnte die Druckindustrie ihre Preise um rund 40 % anheben. Diese Divergenz kann zum größten Teil auf die Entwicklung in den letzten drei Jahren des Beobachtungszeitraums (1985-1987) zurückgeführt werden: während hier die Preise für gewerbliche Erzeugnisse insgesamt um 5 % zurückgingen, sind sie in der Druckindustrie um knapp 4 % gestiegen. Der Anstieg der Preise für Druckerzeugnisse ist zudem — mit jährlich unterschiedlichen Raten zwar — kontinuierlich erfolgt. Die stärksten Preissprünge erfolgten naheliegenderweise zeitgleich mit dem kräftigen Anstieg der Papierkosten um das Jahr 1980.

4. Ertragsentwicklung

Die Differenz zwischen den bisher beschriebenen Kosten und dem Bruttoproduktionswert stellt als Restgröße den Jahresüberschuß dar. Dieser umfaßt die Verzinsung für das Eigenkapital, gegebenenfalls den Unternehmerlohn für die Tätigkeit des Unternehmers im eigenen Unternehmen und den Gewinn im engeren Sinne. Der Jahresüberschuß ist dabei eine Bruttogröße, d. h. es sind von ihm noch nicht die Einkommen- und Körperschaftssteuer sowie die Vermögenssteuer abgezogen[3].

Der unbesteuerte Jahresüberschuß in der Druckindustrie liegt im Niveau sehr deutlich über dem Durchschnitt des verarbeitenden Gewerbes insgesamt (Tab. 40). Dieser errechnet sich für den Zeitraum 1977-1987 zu knapp 2,4 %,

[3] Zur Aussagefähigkeit der Kostenstrukturstatistik vgl. L. Uhlmann, Kosten und Leistung in der Industrie, in: Ifo-Schnelldienst, 39 (1986), 29, S. 14.

für die Druckindustrie hingegen belief er sich in der gleichen Periode auf fast das Doppelte, nämlich 4,6 %. Im zeitlichen Verlauf ist die Entwicklung in der Druckindustrie gekennzeichnet durch ertragskräftige Jahre zu Beginn der Beobachtungsperiode (1977-1980: Durchschnitt, 5,9 %), zwei ertragsschwache Jahre (1981/82: Durchschnitt 2,7 %) und eine Phase mit wieder deutlich verbesserten Erträgen (1983-1987: Durchschnitt 4,4 %), die aber nicht die (relative) Höhe der späten siebziger Jahre erreichten. Insgesamt entspricht dieses Bild des zeitlichen Verlaufs der Ertragsentwicklung dem Muster des verarbeitenden Gewerbes insgesamt, wobei — wie bereits festgestellt — das Niveau in der Druckindustrie deutlich höher liegt.

Bei der Analyse des Jahresüberschusses in den einzelnen Unternehmensgrößenklassen drängt sich der Eindruck auf, daß die Ertragssituation in den großen und den kleinen Unternehmen vergleichsweise am günstigsten ist. Dieser Befund leuchtet insofern ein, als es sich bei den kleinen Firmen vorwiegend entweder um Spezialbetriebe oder um typische Akzidenzdrucker mit vorwiegend regional eng begrenztem Einzugsgebiet, also um Bediener von sortimentsmäßigen oder regionalen Marktnischen handelt. Gerade in diesen Marktsegmenten geht es zwar häufig um komplizierte und stark wechselnde, allgemein aber sehr kleine Losgrößen; es sind aber andererseits auch günstige Abschlußbedingungen zu erzielen. Im übrigen könnte man einwenden, daß die Ertragssituation in kleinen Unternehmen deswegen zu günstig dargestellt wird, weil im Ertrag ja auch der Unternehmerlohn enthalten ist. Setzt man diesen, wie allgemein üblich[4], mit dem durchschnittlichen Personalaufwand je Arbeitnehmer kalkulatorisch an, so ändert sich das oben geschilderte Bild dennoch nicht. Während dann, beispielsweise für 1986, der durchschnittliche Ertrag in der Druckindustrie bei 3,7 % des Bruttoproduktionswertes lag, bezifferte er sich in der Größenklasse „20-49 Beschäftigte" auf 5,8 % und in der Größenklasse „50-99 Beschäftigte" immer noch auf 4,6 %. Die Großdruckereien sind hingegen meist mit einem Verlagsunternehmen verbunden, dessen Aktivitäten ihnen eine Auftragsdecke sichern, die häufig über eine reine Grundauslastung hinausgeht und ihnen erlaubt, Rationalisierungsmöglichkeiten voll auszunutzen und die „economies of scale" wahrzunehmen.

[4] So verfährt z. B. auch der Sachverständigenrat zur Begutachtung der gesamtwirtschaftlichen Entwicklung (Jahresgutachten 1987/88, S. 110).

VI. Entwicklung in wichtigen Produktbereichen

1. Vorbemerkung

Eine Analyse der Druckindustrie nur auf der Ebene der Wirtschaftsgruppe insgesamt würde angesichts der Heterogenität der Unternehmenstypen- und -größenstruktur wesentliche Besonderheiten und Probleme in den einzelnen Unternehmen zudecken. Dies gilt vor allem hinsichtlich der Marktgegebenheiten, aber auch hinsichtlich einiger technischer Entwicklungstrends. Zwar wurden schon an einzelne Stellen der vorangegangenen Abschnitte Hinweise auf produktgruppenspezifische Besonderheiten angebracht; im folgenden soll aber in einigen Kapiteln jeweils Situation und Entwicklungsperspektiven wichtiger Produktgruppen geschildert werden.

Die Wirtschaftsgruppe 57 ist in der SYPRO nicht mehr weiter unterteilt. Die folgenden Betrachungen sollen deshalb auf folgende Güterklassen abgestellt werden:

— Bücher und Broschüren

— Zeitungen

— Zeitschriften

— Kataloge und Werbedrucksachen

— Geschäftspapiere und ähnliche Drucksachen

— übrige Erzeugnisse der Gütergruppe 57.

Auf die fünf erstgenannten Güterklassen entfielen 1987 bereits knapp neun Zehntel des Produktionswertes der Druckerzeugnisse und reichlich vier Fünftel des Produktionswertes der Gütergruppe 57.

Die Analyse der einzelnen Güterklassen beginnt jeweils mit einer kurzen Erläuterung ihrer Abgrenzung und ihrer Besonderheiten. Dann wird auf die Darstellung des jeweiligen Marktes in der Bundesrepublik Deutschland eingegangen. Zuerst wird die Inlandsnachfrage abgehandelt. Diese kann hier meist nicht mehr an der rechnerischen Inlandsmarktversorgung (Produktion abzüglich Ausfuhren zuzüglich Einfuhren) demonstriert werden, die methodisch-statistischen Schwierigkeiten wären unüberwindlich. Vielmehr wird hier in aller Regel auf Spezialstatistiken zurückgegriffen. Die Auslandsnachfrage wird anhand der Exporte der Bundesrepublik Deutschland dargestellt.

Bei der Analyse der Angebotsseite wird zunächst auf Stellung und Bedeutung ausländischer Anbieter auf den Märkten der Bundesrepublik Deutschland eingegangen. Soweit entsprechende Daten vorhanden sind, werden dann Struktur und Entwicklung inländischer Anbieter sowie ihre Besonderheiten abgehandelt.

2. Bücher und Broschüren

2.1 Abgrenzung

In der amtlichen Statistik der Produktion wird unter „Büchern und Broschüren" (Güterart 57 130) insbesondere verstanden: wissenschaftliche und literarische Werke, Sachbücher, Loseblattsammlungen, Nachschlagewerke, Schulbücher, Bilder-, Zeichen- und Malbücher, Liturgische Bücher, Noten- und Liederbücher, Blindenschriftbücher, Kurs- und Adreßbücher Telefonbücher, Festschriften sowie Geschäftsberichte.

Bei dieser Zuordnung stand offensichtlich die Produktionstechnik als Entscheidungskriterium im Vordergrund. Nicht alle diese Produkte können ja zum Sachgebiet „Bücher" im Sinne der „Waren des Buchhandels" gezählt werden. So richtet sich die Nachfrage nach Telefonbüchern in erster Linie nach der Zahl der Telefonanschlüsse sowie der Aktualisierungspolitik der Bundespost. Adreßbücher, Festschriften sowie Geschäftsberichte sind zum Teil auch von der Werbung abhängig, die sich ihrer als Werbeträger bedient. Die Entwicklung des Marktes von Büchern und Broschüren, so wie er in der amtlichen Statistik definiert wird, kann also nur zum Teil aus dem Lese- und Kaufverhalten der Bevölkerung erklärt werden. Dies ist bei den folgenden Ausführungen zu beachten.

2.2 Buchmarkt in der Bundesrepublik Deutschland

In der Bundesrepublik Deutschland wurden im Referenzzeitraum 1977-1987 nach der „bibliographischen Statistik des Börsenvereins des Deutschen Buchhandels" jährlich rund 60 000 Titel veröffentlicht. Innerhalb dieses Zeitraums ergaben sich dabei starke jährliche Schwankungen (vgl. Tab. 41). Eine besonders hohe Zahl publizierter Titel ergab sich im Jahr 1980 (mehr als 67 000); besonders niedrig war die Zahl 1977 (rund 49 000). Zu berücksichtigen ist allerdings, daß diese Titelzahl nur solche Veröffentlichungen berücksichtigt, die im Buchhandel erhältlich sind. Die von der deutschen Bibliothek ausgewiesenen „Zugänge" sind beträchtlich höher, da sie außerdem noch die deutschsprachigen Publikationen außerhalb der Bundesrepublik Deutschland (z. B. aus der DDR, aus Österreich und der Schweiz) sowie alle der Deutschen Bibliothek eingereichten Veröffentlichungen „außerhalb des Buchhandels" (z. B. Dissertationen, Geschäftsberichte, Festschriften) enthalten. Diese Zugänge bei der deutschen Bibliothek sind zahlenmäßig fast doppelt so hoch wie die Zahl der veröffentlichten Titel.

Annähernd jeder sechste veröffentlichte Titel war 1987 ein Taschenbuch; im Durchschnitt des Referenzzeitraums waren es 14 % aller Titel. Allerdings ist es ein entscheidender Nachteil dieser Titelstatistik, daß sie nicht erfaßt, welche Auflagen hinter den einzelnen Titeln stecken. So würde der Anteil der Taschenbücher, vergliche man ihn auf Basis beispielsweise der bedruckten Seiten, sicherlich sehr viel höher sein, als es der Vergleich bei der Zahl der Titel signalisiert, denn bei Taschenbüchern kann von einer wesentlich höheren Durchschnittsauflage ausgegangen werden als bei anderen Büchern.

Mit ihrer Titelproduktion gehört die Bundesrepublik im internationalen Kontext zu den bedeutendsten Staaten. Unter den mehr als 30 von der UNESCO-Statistik ausgewiesenen Staaten (ohne USA) lag die Bundesrepublik Deutschland 1985 an zweiter Stelle hinter der Sowjetunion. Zu berücksichtigen ist aber bei diesem internationalen Vergleich, daß in einzelnen Ländern (z. B. in der Sowjetunion) sehr viele verschiedene Sprachen gesprochen werden, so daß das gleiche Buch — beispielsweise ein Standard-Schulbuch — in der Titelstatistik dann auch gleich mehrmals auftaucht.

Einen nicht zu vernachlässigenden Posten in der Buchproduktion stellen die Fernsprech- und Adreßbücher dar. Im Referenzzeitraum gab es in der Bundesrepublik Deutschland unverändert 852 verschiedene örtliche Telefonbücher. Lediglich in den Großstädten Berlin, Hamburg und München gibt es keine örtlichen Telefonbücher, weil der Umfang, den diese hier annehmen würden, eine Herausgabe aus wirtschaftlichen Gründen nicht gestatten würde. Ihre Beliebtheit beziehen diese örtlichen Bücher vor allem aus ihrem meist kleineren Format.

Die Zahl der Telefonhauptanschlüsse stieg von 15,9 Mill. (1977) auf rund 28 Mill. (1988); entsprechend stiegen Auflagen und Umfang der Amtlichen Telefonbücher. Derzeit gibt es 100 Amtliche Telefonbücher für den Bereich der Bundesrepublik Deutschland.

Die GELBEN SEITEN schließlich sind die Bezeichnung für das jährlich zusammen mit dem Amtlichen Telefonbuch erscheinende Branchen-Telefonbuch. Die 100 Ausgaben decken das Gebiet der Bundesrepublik Deutschland ab. Lag die Auflagenhöhe dieses Werbemediums 1977 noch bei rund 14 Mill. Exemplaren, so betrug die gedruckte Auflage der GELBEN SEITEN im 4. Quartal 1988 bereits über 23 Mill. Exemplare.

Schließlich sind an dieser Stelle noch die Wirtschaftsadreßbücher zu erwähnen. Die 14 der Informationsgemeinschaft zur Feststellung der Verbreitung von Werbeträgern (IVW) angeschlossenen Titel setzen sich zusammen aus:

7 branchenübergreifenden Wirtschaftsadreßbüchern
3 branchenbezogenen Wirtschaftsadreßbüchern (Elektroindustrie, Maschinenbau, Werbung)
2 Reiseadreßbüchern
1 Bundestelefonbuch
1 Internationales Telexverzeichnis.

Die Druckauflage für diese 14 Titel betrug im 4. Quartal 1980 rund 273 000. Hinzu kommt noch eine nicht bekannte Anzahl von Einwohneradreßbüchern, zu denen Stadt-, Gemeinde- und Kreisadreßbücher zu zählen sind. Wie bei allen Adressenwerken unterliegen diese Daten einer beachtliche Fluktuation und müssen deshalb immer wieder auf den neuesten Stand gebracht werden, wobei sich ein ein- bis zweijähriger Turnus durchgesetzt hat.

Einen Anhaltspunkt für die Bedeutung und die Dynamik des Adreßbuchmarktes erhält man, wenn man berücksichtigt, daß die Netto-Werbeumsätze in Adreßbüchern im Zeitraum 1977-1988 von rund 340 Mill. DM auf 1,2 Mrd. DM gestiegen sind.

2.3 Druckproduktion

Die Druckproduktion bei Büchern zeigte im Referenzzeitraum nur eine geringe Dynamik. Nominal ist der Produktionswert von 1977 bis 1988 zwar um rund 800 Mill. DM gestiegen; nach Abzug der Preissteigerungen verbleibt jedoch nur ein sehr bescheidenes Wachstum. Wenn man berücksichtigt, daß Adreß- und Telefonbücher im betrachteten Zeitraum eine expansive Entwicklung genommen haben, kann der Produktionswert für Bücher in dieser Zeit bestenfalls stagniert haben. Dies ist aus zwei Faktoren zu erklären: Zum einen hat der Buchmarkt selbst nur wenig Wachstumsdynamik aufzuweisen. „Seit Beginn der 80er Jahre sind die Umsatzzuwächse im Bucheinzelhandel kaum noch Folgen eines Mehrabsatzes von Büchern, sondern fast immer das Ergebnis von Preisanhebungen“[1]. Zum anderen hat aber der wachsende Anteil von Taschenbüchern und Billigausgaben dazu geführt, daß der Durchschnittswert der Bücher, bezogen auf die Produktionskosten, nicht wesentlich gestiegen ist. Zwar erhöhte sich der Durchschnittsladenpreis eines Buches von rund 22 DM (1977) auf rund 30 DM (1987), aber dabei handelt es sich um ungewichtete Werte, die höhere Auflage der billigeren Taschenbücher bleibt also unberücksichtigt. Außerdem sind nur Teile der Buchproduktion erfaßt; es fehlen beispielsweise die (niedrigpreisigeren) Ausgaben der Buchgemeinschaften. Die Verteuerung der Ware Buch dürfte also eher durch

---

[1] Ch. Schuckert, Der Bundesdeutsche Buchmarkt 1986/87, in: Media Perspektiven 1987, Heft 10, S. 642.

die Kostenbestandteile außerhalb des Druckes als durch die Druckproduktion selbst zustande gekommen und der durchschnittliche Produktionswert je Buch dürfte nur moderat gewachsen sein.

Trotz eines real praktisch stagnierenden Buchmarktes wächst die Zahl der Buchhandlungen nach wie vor. Nach Angaben des Börsenvereins des Deutschen Buchhandels betrug sein Mitgliederstand, der als repräsentativ für die Struktur des Buchhandels angesehen werden kann, (am 1.8.1988) 3 627 Firmen des „verbreitenden Buchhandels", also solcher Firmen, die sich ausschließlich oder überwiegend dem Handel mit Büchern sowie Zeitschriften widmen. Dabei ist der Buchhändler im herkömmlichen Sinn einer immer stärker werdenden Konkurrenz ausgesetzt. So versuchen einige Warenhausketten durch die Einrichtung von „Medien-Etagen" oder gar ganzen „Medien-Kaufhäusern", einen steigenden Anteil des Buchmarktes auf sich zu vereinigen. Diesem Trend versuchen die Buchhandlungen zu folgen, was aber nur den größeren und kapitalstärksten von ihnen möglich ist. Als Ausweg für die übrigen gilt eine Spezialisierung (z. B. esoterische, Frauen-, Reise-, Hobby- oder ähnliche Buchläden)[2].

Hinsichtlich des Ausmaßes der Strukturwandlungen am Buchmarkt geben Ergebnisse laufender Befragungen des Marktforschungsinstituts G & I Auskunft. Demnach haben insbesondere Verbrauchermärkte überdurchschnittlich Marktanteile gewonnen; sie haben — wenn auch von einer vergleichsweise niedrigen Basis — das relativ höchste Wachstum beim Verkauf von Büchern erzielt. Auffallend ist auch, daß der Unterschied zwischen Mengenwachstum und Wertwachstum bei den Verbrauchermärkten sowie bei den Kauf- und Warenhäusern groß ist. Das bedeutet, daß über diese Vertriebswege zunehmend auch höherpreisige Bücher angeboten und gekauft werden. Es wird erwartet, daß diese Tendenz im Zuge des Trading-up sich noch verstärkt[3].

Nach den Ergebnissen der Umsatzsteuer-Statistik gab es 1986 in der Bundesrepublik 1 736 Buchverlage, davon je rund 350 in Baden-Württemberg und Bayern. Bezieht man auch die Adreßbuchverlage mit ein, so beläuft sich die Zahl der Buchverleger auf 1 825. Dies sind überwiegend Klein- und Mittelbetriebe; zwei Drittel von ihnen erzielte 1986 einen Umsatz von weniger als 1 Mill. DM. Der Beitrag dieser kleineren Unternehmen zum Gesamtumsatz der Buchverlage (1986: 7,5 Mrd. DM) ist jedoch vergleichsweise bescheiden, er betrug nämlich 1986 nur 4 %. Hingegen entfiel auf die neun größten Unternehmen, die alle einen Umsatz von über 100 Mill. DM erzielten, schon mehr als ein Fünftel des Verlagsumsatzes.

---

2 Ch. Schuckert, Der Bundesdeutsche Buchmarkt 1986/87, a.a.O.

3 C. Muchna, Konkurrenz von außen: Verursacht sie den Wandel?, in: Börsenblatt für den Buchhandel, 1988, Heft 75, S. 2664-2669.

Die verlegten Bücher und Broschüren werden zum überwiegenden Teil im Offset-Verfahren gedruckt. Im 3. Quartal 1988 produzierten[4]

126 Betriebe im Hochdruck
529 Betriebe im Flachdruck
2 Betriebe im Tiefdruck

Wenn auch die in den einzelnen Kategorien produzierenden Betriebe nicht addiert werden dürfen, da ja ein und derselbe Betrieb in mehreren Verfahren drucken kann, ist doch davon auszugehen, daß rund 550-600 Druckereien in der Bundesrepublik mit jeweils 20 und mehr Beschäftigten Bücher drucken. Im statistischen Durchschnitt käme damit auf drei Buchverlage eine Bücherdruckerei.

Bei den angewandten Druckverfahren ist eine eindeutige Tendenz festzustellen, die auch für die gesamte Druckindustrie gilt: sinkende Hochdruckanteile, steigende Bedeutung des Offsetdrucks und Konstanz des Tiefdrucks. Allerdings hat der Tiefdruck so gut wie keine Bedeutung; auf ihn entfiel im Referenzzeitraum jeweils weniger als 1 % des gesamten Produktionswertes von Büchern und Broschüren; der Anteil des Hochdrucks, der ja lange mit dem Synonym „Buchdruck" bezeichnet wurde, liegt mittlerweile nur noch bei rund 10 % und fast 90 % entfallen auf den Offsetdruck.

2.4 Außenhandel

Die Bundesrepublik Deutschland ist in den weltumspannenden Austausch von Büchern auf mehrfache Art eingebunden. So werden ausländische Titel ins Deutsche übersetzt und hier verlegt oder, umgekehrt, Übersetzungsrechte werden ins Ausland vergeben. Daneben werden fremdsprachige Bücher importiert und in der Bundesrepublik erschienene Bücher exportiert. Schließlich lassen deutsche Verleger Bücher im Ausland drucken oder, umgekehrt, ausländische Buchverlage vergeben Druckaufträge in die Bundesrepublik Deutschland.

Von den 1987 in der Bundesrepublik erschienenen 65 680 Titeln wurde jede siebte Veröffentlichung (14,2 %), d. h. insgesamt 9 325 Titel, aus einer fremden Sprache übernommen. Das ist der höchste Anteil der jemals erreicht worden ist. Die bisher höchste Quote von Übersetzungen wurde mit jeweils 12,5 % in den Jahren 1966 und 1984 erreicht[5]. Im Jahre 1987 wurden Werke aus insgesamt 44 Sprachen übersetzt; über zwei Drittel dieser Werke stammte aus dem Englischen, rund 12 % kommen aus dem Französischen. Unter den

---

[4] Meldebetriebe zur amtlichen Produktionsstatistik.

[5] Börsenverein des Deutschen Buchhandels e. V. (Hrsg.), Buch und Buchhandel in Zahlen, Ausgabe 1988, Frankfurt 1988, S. 23.

Sachgebieten dominiert mit fast 50% die Belletristik. Bei Taschenbüchern gibt es traditionell einen besonders hohen Anteil von Übersetzungen; 1987 waren es annähernd zwei Fünftel aller Taschenbuchtitel, die aus anderen Sprachen übersetzt worden waren.

Erhebungen des Börsenvereins des deutschen Buchhandels ermöglichen es, die ins Ausland vergebenen Rechte und Lizenzen zu ermitteln. Dabei gilt das Datum des Vertragsabschlusses für die zeitliche Zuordnung unabhängig davon, wann die Lizenzausgaben erschienen sind oder noch erscheinen werden. An der Lizenzvergabe ins Ausland ist nur ein kleiner Teil der rund 1800 deutschen Buchverlage beteiligt. Grundsätzlich sind mit derartigen Geschäften über 250 Verlage befaßt, tatsächliche Abschlüsse tätigen aus dieser Gruppe jährlich etwa 150[6]. Im Jahre 1987 wurden die entsprechenden Veröffentlichungen in 41 Sprachen übernommen, von denen (in absteigender Rangfolge) Italienisch, Französisch, Niederländisch, Spanisch und Englisch die bedeutendsten waren und dies auch in jährlich wechselnder Rangfolge üblicherweise sind. Die Zahl der vergebenen Lizenzen hat — mit starken Schwankungen — eine steigende Tendenz. In den Jahren 1977/78, als die ersten Erhebungen durchgeführt wurden, registrierte der Börsenverein rund 1800 dieser Lizenzen[7]; zehn Jahre später wurden bereits rund 2400 derartiger Lizenzvergaben gemeldet.

Der Außenhandel mit Büchern (einschl. Bilderbücher und Noten) ist im Referenzzeitraum 1977-1988 kräftig gestiegen; zudem wurde ein deutlicher Ausfuhrüberschuß erzielt (Tab. 41), der sich sogar noch erhöht hat, da die Exporte stärker gestiegen sind als die Importe. Da es sich um Nominalwerte handelt, sind diese nicht sehr aussagefähig. Da es einen Preisindex des Außenhandels mit Büchern mit vertretbarer Qualität nicht gibt, wurde annäherungsweise eine Preisbereinigung mit dem Index der Außenhandelspreise für Druckerzeugnisse insgesamt vorgenommen. Da die Ausfuhrpreise kräftiger gestiegen sind als die Einfuhrpreise, verschwinden die Wachstumsunterschiede zwischen Exporten und Importen von Büchern; beide haben im Referenzzeitraum um rund 60 bzw. 50% zugenommen. Die Produktion ist im gleichen Zeitraum nur um 11% gestiegen. Daraus kann geschlossen werden:

— die Produktion von Büchern wird zunehmend durch Auslandsaufträge gestützt
— ausländische Anbieter von Büchern haben ihren Marktanteil in der Bundesrepublik Deutschland erhöhen können.

---

[6] Börsenverein des Deutschen Buchhandels e.V. (Hrsg.), Buch und Buchhandel in Zahlen, a.a.O. 1988, Frankfurt 1988, S. 29.

[7] Diese Zahlen dürften wegen der Neuheit der Erhebungen noch unvollständig und damit etwas zu niedrig gewesen sein.

Eine etwas andere Betrachtung wird dadurch ermöglicht, daß man nicht auf Ein- und Ausfuhr*werte*, sondern auf die *Mengen* abstellt. Die Einfuhr von Büchern ist demnach 1977-1987 um rund 20%, die Ausfuhr aber um 85% gestiegen. Die Hauptmenge dieses Außenhandels wird dabei von „Büchern, Broschüren und ähnlichen Drucken, auch in losen Bogen oder Blättern", gebildet. Hier ist nun wiederum zu unterscheiden zwischen dem Außenhandel mit Druckleistungen, also ohne Verlagsanteil, und solchen mit Büchern einschließlich Verlagsleistungen. Bei ersteren handelt es sich beispielsweise um den Import von Büchern, die in der Bundesrepublik verlegt, aber im Ausland gedruckt wurden, bei letzterem um die Einfuhr von im Ausland verlegten Büchern.

Sowohl bei den Einfuhren als auch bei den Ausfuhren haben die Bücher mit Verlagsanteil die wesentlich größere Bedeutung. Gemessen am Gewicht entfielen 1987 auf sie bei den Exporten rund drei Viertel (1977: 64%) und bei den Importen rund 70% (1977: 92%). Die Einfuhren von Druckleistungen sind im betrachteten Zeitraum also zurückgegangen, während die entsprechenden Ausfuhren gestiegen sind. Dies kann als Zeichen einer guten Wettbewerbsposition deutscher Drucker angesehen werden.

Die EG-Länder (1987: 45% gemessen am Gewicht) sowie das deutschsprachige Ausland (Österreich (1987: 20%) und Schweiz (1987: 20%)) sind die wichtigsten Abnehmer für deutsche Buchexporte. Im Zeitablauf (1977-1987) hat dabei die Bedeutung der EG als Handelspartner durch das Hinzukommen weiterer Länder an Bedeutung gewonnen, während Österreich und die Schweiz, die im übrigen etwa gleichgewichtige Kunden sind, Anteile verloren haben. Die Exporte sind gleichwohl mengenmäßig um jeweils rund 40% gestiegen.

3. Zeitungen

3.1 Abgrenzung

In der amtlichen Statistik der Produktion wird unter Zeitungen (Güterart 57 140) insbesondere verstanden: Tages- und Wochenzeitungen, Anzeigenblätter, Amtsblätter sowie Hauszeitungen. Diese Definition unterscheidet sich von der Abgrenzung, wie sie in der Pressestatistik vorgenommen wurde. Dort werden nämlich Anzeigenblätter und Amtsblätter zu den Zeitschriften gerechnet. Als Zeitungen werden dort solche periodischen Veröffentlichungen bezeichnet[8], die in ihrem redaktionellen Teil der kontinuierlichen, aktuellen und thematisch nicht auf bestimmte Stoff- oder Lebensgebiete begrenzten Nachrichtenübermittlung dienen, also in der Regel mindestens die Sparten

[8] Methodische Erläuterungen zur Pressestatistik.

Politik, Wirtschaft, Zeitgeschehen, Kultur, Unterhaltung sowie Sport umfassen und im allgemeinen mindestens zweimal wöchentlich erscheinen. Auch die Sonntagszeitungen werden einbezogen.

3.2 Zeitungsmarkt in der Bundesrepublik Deutschland

Mitte 1987 gaben 375 Zeitungsunternehmen rund 1260 redaktionelle Ausgaben mit einer Auflage von 20,7 Mill. Stück[9] heraus. Für diese Zeitungen arbeiteten 126 Vollredaktionen. Der deutsche Zeitungsmarkt stellt damit innerhalb der Europäischen Gemeinschaft einen bedeutenden Faktor dar, wenigstens was die Zahl der Ausgaben betrifft (Tab. 42). Rund zwei Drittel der in der EG erscheinenden Ausgaben werden in der Bundesrepublik Deutschland publiziert. Die Zeitungen haben allerdings eine im Durchschnitt sehr viel niedrigere Auflage; denn der deutsche Anteil bei der täglichen Druckauflage beläuft sich nur auf rund 28 %.

Die Einnahmen, die ein Zeitungsherausgeber erzielt, hängen von drei wesentlichen Faktoren ab: der verkauften Auflage, dem Preis je Zeitung und den Werbeeinnahmen. Nimmt man als Hilfsgröße für die gelesene oder die verkaufte Auflage die Druckauflage und bezieht sie auf die Bevölkerung, so zeigt sich eine relativ deutliche Zweiteilung unter den EG-Staaten. Die nördlichen Länder Dänemark, Niederlande, Luxemburg, Vereinigtes Königreich und die Bundesrepublik Deutschland haben eine „Nutzungsrate" von 300 bis 400 Exemplaren je 1000 Einwohner, wohingegen die südlichen Länder Spanien, Italien, Griechenland und Portugal eine Rate von 100 bis 150 Exemplaren aufweisen.

Offensichtlich haben die durchschnittlichen Zeitungsexemplare in den einzelnen Ländern einen sehr unterschiedlichen Umfang. Dies wird an der Kennziffer Zeitungsdruckpapierverbrauch / je 1 Mill. Druckauflage deutlich. Zwar sind die Zahlen über den Papierverbrauch nicht sehr präzise, und außerdem kann auch nicht die unterschiedliche Stärke des Papiers gebührend Berücksichtigung finden, als Anhaltspunkt kann diese Kennziffer jedoch dienen. Dabei zeigt sich, daß der Umfang der durchschnittlichen Zeitung in Dänemark und in den Niederlanden recht hoch ist, daß sich aber eine Vielzahl von Ländern, zu denen auch die Bundesrepublik Deutschland gehört, recht ähnlich sind und etwa dem EG-Durchschnitt entspricht. Zumindest für Dänemark läßt sich der hohe Umfang aus dem hohen Anteil an den Werbeausgaben erklären. Auf Tageszeitungen entfallen dort nämlich fast 90 % aller Werbeausgaben. In den übrigen Ländern liegt dieser Anteil bei rund einem Drittel.

---

[9] Diese Angaben sind entnommen aus: W. J. Schütz, Deutsche Tagespresse 1987, in: Media Perspektiven 1987, Heft 9, S. 574-584.

Die Druckauflage der Tageszeitungen — sie ist unter den hier interessierenden Aspekten wichtiger als die Verkaufsauflage — ist in der Bundesrepublik Deutschland nach den Erhebungen der „Informationsgemeinschaft zur Feststellung der Verbreitung von Werbeträgern (IVW)" im Referenzzeitraum leicht gestiegen. Allerdings wurde diese Steigerung schon Ende der siebziger Jahre realisiert. Seither stagniert die Auflage bei rund 28 Mill. Exemplaren. Stagnierend ist auch die Druckauflage der Wochenzeitungen (Tab. 43).

Diese Tendenzen werden auch von den Ergebnissen der Pressestatistik, die allerdings auf die verkaufte Auflage abstellt und andere Abgrenzungskriterien für die Zuordnung hat, bestätigt (Tab. 44). Betrachtet man hiernach die Zeitungen insgesamt, so ist die Verkaufsauflage bis Anfang der achtziger Jahre auf reichlich 25 Mill. Exemplare gestiegen und stagniert seither in dieser Größenordnung. Da die verkaufte Auflage der Wochenzeitungen nur wenig schwankt und zudem gegenüber den Tageszeitungen vergleichsweise unbedeutend ist, ist dieser Anstieg auf diese letztgenannte Gruppe (die erst seit 1979 gesondert ausgewiesen wird) zurückzuführen.

Die Druckleistung wird ja durch zwei Faktoren bestimmt: zum einen durch die Druckauflage, zum anderen durch den Umfang der Zeitungen. Da die Zahl der Zeitungen mit rund 1200, davon rund ein Viertel Haupt- und drei Viertel Nebenausgaben, im Referenzzeitraum vergleichsweise konstant geblieben ist, der Umfang des Jahresstücks aber leicht zugenommen hat, kann geschlossen werden, daß die Zeitungen im Durchschnitt etwas „dicker" geworden sind. Diese Zunahme ist aber nicht so groß, daß sie die Druckproduktion nennenswert stimuliert haben könnte.

Eine außerordentlich dynamische Entwicklung haben die Anzeigenblätter genommen, die etwa seit Anfang der siebziger Jahre auf dem deutschen Markt sind. Ursprünglich meist von selbständigen Verlegern herausgegeben, wurden sie bald für die Zeitungsverlage zu einer ernsthaften Konkurrenz. Die Zeitungsverleger begannen etwa ab Mitte der siebziger Jahre, die lästige Werbemarktkonkurrenz einfach aufzukaufen oder eigene Anzeigenblätter herauszugeben[10]. Die Anzeigenblätter orientieren sich an den Bevölkerungs- und Wirtschaftsstrukturen ihrer Verbreitungsgebiete; es sollen ja schließlich auch Kaufkraft und Kaufinteresse ihrer Leser angesprochen werden. Nach Schätzungen und Hochrechnungen von Verbrauchsumfragen gaben am 1.1.1988 in der Bundesrepublik Deutschland 448 Verlage 985 Anzeigenblatt-Titel mit einer Gesamtauflage von 50,6 Mill. Exemplaren heraus, die zu über 90% einmal wöchentlich, und zwar meist mittwochs oder donnerstags, erscheinen. Diese Daten stimmen recht gut mit der Tendenz überein, die sich aus den Erhebungen der Pressestatistik, die nur bis einschließlich 1986 veröf-

[10] C.-M. Ridder-Aab, Anzeigenblätter 1985 — gebremstes Wachstum, in: Media Perspektiven 1985, Heft 8, S. 634-643.

fentlicht worden sind, abzeichnet. Danach hat sich die Zahl der Titel im Referenzzeitraum mehr als verdoppelt und auch die Auflage ist um über 100 % gestiegen. Die Angaben über den Umfang des Jahresstücks lassen zudem erkennen, daß auch die einzelnen Anzeigenblätter im Durchschnitt etwas „dicker“ geworden sind.

Recht wenig transparent sind einige weitere Zeitungssegmente neueren Datums. Hier sind zunächst die sogenannten Inseraten- oder Offertenblätter zu nennen. Deren Verleger drucken private Kleinanzeigen kostenlos ab und verkaufen die Blätter an interessierte Leser über die Zeitungskioske. Hinzu kommen die sogenannten Handelsmedien oder Handelszeitungen. Einige Handelsunternehmen betätigen sich inzwischen als Verleger und bringen „Magazine“ in Schwarz-Weiß oder in Farbe mit einem redaktionellen Teil in hohen Auflagen heraus und bieten Fremdinserenten Möglichkeiten. Alle zusammen sollen 1985 auf eine Auflage von rund 12 Mill. Exemplaren gekommen sein[11].

3.3 Druckproduktion

Von den im Jahre 1986 in der Bundesrepublik Deutschland insgesamt verlegten 1260 Zeitungen erschienen nur 356 als Hauptausgaben. Diese wurden aber nur zum Teil in der eigenen Setzerei bzw. Druckerei hergestellt. Hier ist zunächst zwischen dem Zeitungsmantel einerseits und dem Lokalteil andererseits zu unterscheiden. Bei 235 der 356 Hauptausgaben wurde der Satz des Mantels nicht vom eigenen Zeitungsverlag, sondern ganz, bei weiteren 20 teilweise, in einer anderen rechtlich selbständigen Gesellschaft (Schwester- oder Tochtergesellschaft) hergestellt. Bei 179 Hauptausgben erfolgte auch der Druck „außer Haus“. Für den Lokalteil wurden für 87 der Satz und für 163 der Druck, jeweils bezogen auf 341 Hauptausgaben, in rechtlich selbständigen Setzereien bzw. Druckereien hergestellt. Es verfügen also bei weitem nicht alle Zeitungsverlage über eine eigene Druckerei. Von den 305 *Unternehmen* waren es 1986 immerhin 107. Nur 77 der 305 Zeitungsverlagsunternehmen waren 1986 *reine* Zeitungsverlage; davon hatten nur 22 eine eigene Druckerei.

Der Produktionswert von Zeitungen ist im Referenzzeitraum 1977-1987 um rund 2 Mrd. DM auf rund 4,8 Mrd. DM gestiegen. Nach Ausschaltung der Preiskomponente betrug der Anstieg noch rund ein Drittel. Dieses Wachstum war geringer als dasjenige der Marktversorgung mit Zeitungsdruckpapier im gleichen Zeitraum (rund 50 %). Dies könnte damit zusammenhängen, daß Zeitungspapier auch von anderen Druckbereichen (z. B. Comics) nachgefragt wird).

[11] C.-M. Ridder-Aab, Anzeigenblätter 1985 — gebremstes Wachstum, a.a.O., S. 649.

Der Druck von Zeitungen ist eine der letzten Domänen des Hochdruckverfahrens, auf das der überwiegende Teil der Produktion entfällt (Tab. 44). Allerdings ist auch hier ein sehr deutlich ausgeprägter Trend zum Flach-(Offset-)druck zu verzeichnen, dessen Anteil von rund 9 % (1977) auf über 48 % (1988) gestiegen ist. Daß dennoch ein vergleichsweise bedeutender Teil der Zeitungen im Hochdruck gedruckt wird, dürfte damit zusammenhängen, daß eine Umstellung bei den großen Rollenrotationen außerordentlich hohe Investitionen erfordert. Außerdem wurden im Zeitungshochdruck durch den Einsatz photopolymerer Druckplatten und die Weiterentwicklung von Materialien Fortschritte in der Drucktechnik erzielt, die es den Zeitungsdruckereien ermöglichten, den Verfahrenswechsel noch hinauszuzögern. Da aber das Offsetverfahren im Zeitungsdruck allgemein das höhere Qualitätsniveau ermöglicht und im Schwarz-, Spot- und Mehrfarbendruck gute Druckergebnisse bei relativ problemloser Druckvorlagenherstellung liefert, wird der Ablöseprozeß wohl anhalten.

Im 3. Quartal 1988 war die *Zahl* der bei den einzelnen Verfahren zur amtlichen Statistik meldenden Druckbetriebe für den Hochdruck (193) und den Flachdruck (201) noch fast identisch. Die je Meldebetrieb erreichte Druckproduktion war beim Hochdruckverfahren sogar noch höher als beim Offsetdruck. Daß sie Zeitungen und (vor allem) Zeitungsteile im Tiefdruck herstellten, haben im gesamten Stichquartal nur fünf Betriebe gemeldet.

3.4 Außenhandel

Der Außenhandel mit Zeitungen einerseits und Zeitschriften andererseits ist in der amtlichen Statistik nicht scharf getrennt. Da aber davon auszugehen ist, daß der Außenhandel mit Zeitungen gegenüber Ein- und Ausfuhr von Zeitschriften eine nur untergeordnete Rolle spielt, soll die zahlenmäßige Darstellung im Kapitel „Zeitschriften" erfolgen. Für diese Annahme spricht, daß aufgrund des besonderen Aktualitätsbedürfnisses zumindest der Tageszeitungen Druckleistungen auf diesem Sektor kaum grenzüberschreitend angeboten oder nachgefragt werden, wenn es sich nicht um Sonderfälle oder -situationen wie beispielsweise Streiks in einem Land, aus dem dann Druckaufträge ins Ausland verlagert werden, handelt. Anzumerken ist, daß fremdsprachige (z. B. türkische) Zeitungen in der Bundesrepublik gemacht und gedruckt werden.

Der Außenhandel mit Zeitungen beschränkt sich also praktisch ausschließlich auf die Ein- und Ausfuhr verlegter Zeitungen. Er erstreckt sich beispielsweise auf die Tages- und Wochenzeitungen, die in von deutschen Urlaubern bevorzugten Reisegebieten angeboten werden, und beinhaltet auch andererseits das reichliche Angebot solcher Zeitungen, die an Kiosken in der Bundesrepublik Deutschland für die hier tätigen ausländischen Arbeitnehmer ausliegen.

4. Zeitschriften

4.1 Abgrenzung

In der amtlichen Produktionsstatistik wird unter Zeitschriften (Güterart 57 150) insbesondere verstanden: Publikumszeitschriften, wissenschaftliche und fachliche Zeitschriften, Kundenzeitschriften, konfessionelle Zeitschriften, Supplements, Hauszeitschriften sowie Unterhaltungs- und sonstige periodische Druckschriften wie Roman-, Rätselhefte und Comics.

Diese Abgrenzung unterscheidet sich von der Definition des Begriffs Zeitschriften in der Pressestatistik des Statistischen Bundesamtes: „Als *Zeitschriften* im Sinne der Pressestatistik werden alle periodischen Druckwerke mit kontinuierlicher Stoffdarbietung angesehen, die mit der Absicht eines zeitlich unbegrenzten Erscheinens mindestens viermal jährlich herausgegeben werden, soweit sie keine Zeitungen sind. Hierzu zählen insbesondere Publikumszeitschriften, wissenschaftliche Zeitschriften, andere Fachzeitschriften, Zeitschriften der Vereine, Verbände, Körperschaften u. ä., überregionale, regionale oder lokale Wochenblätter, auch wenn sie die Bezeichnung ‚Zeitung' führen, sowie Anzeigenblätter, Kunden- und Kennziffernzeitschriften, unabhängig davon, ob sie unentgeltlich abgegeben werden oder nicht."[12]

Üblich ist bei einer Analyse des Zeitschriftenmarktes die Trennung in Publikumszeitschriften einerseits und in Fachzeitschriften andererseits, wobei diese Unterscheidung nicht sehr trennscharf ist. Diesen beiden Gruppen wäre dann noch eine dritte Kategorie „Sonstige Druckschriften der Güterart Zeitschriften" hinzuzurechnen.

4.2 Zeitschriftenmarkt in der Bundesrepublik Deutschland

Die Bundesrepublik Deutschland gilt als einer der bedeutendsten Zeitschriftenmärkte der Welt. Innerhalb der EG übertrifft sie beispielsweise Frankreich und das Vereinigte Königreich gemessen an der Gesamtauflage um jeweils mehr als 50 %. Bei Publikumszeitschriften liegt der Abstand sogar in einer Größenordnung von 100 %[13]. Zwar werden mit den mehr als 6 000 Titeln (ohne Anzeigenblätter) bei weitem nicht die amerikanischen Verhält-

[12] Methodische Erläuterungen zur Pressestatistik.

[13] J. Rennel, Future of Paper in the Telematic World, Helsinki 1984, S. 119.

nisse (mehr als 11 000 Titel) erreicht, aber die Bevölkerung in den USA ist auch mehr als dreimal so zahlreich wie in der Bundesrepublik.

Am 31.12.1986 wurden von rund 300 Verlagen 6 026 Zeitschriften (ohne Anzeigenblätter) herausgegeben. Die durchschnittliche Auflage je Erscheinungstag betrug rund 224 Millionen; dies bedeutet, daß je Haushalt in der Bundesrepublik Deutschland im statistischen Durchschnitt rund vier Zeitschriften gekauft werden.

Einen Anhaltspunkt für die mit der Herausgabe der Zeitschriften verbundene Druckleistung vermittelt die Seitenzahl der Jahresauflage, die erstmals 1978 in der Pressestatistik ausgewiesen wurde. Zwar ist dies nur ein verhältnismäßig grober Anhaltspunkt, denn unterschiedliches Format, Farbigkeit und angewandtes Druckverfahren sind wichtige Parameter, die außer acht gelassen werden müssen. Andererseits bietet die Seitenzahl der Jahresauflage, die auch als Druckvolumen verstanden werden kann, die Möglichkeit, Auflage und Umfang der Druckobjekte in die Analyse einbeziehen zu können.

Vom Druckvolumen her gesehen kommt den einzelnen Zeitschriftenarten ein recht unterschiedliches Gewicht zu (Tab. 45). Rund drei Viertel der Druckproduktion wird von den Publikumszeitschriften bestimmt, die bei den Titeln nur einen Anteil von einem Fünftel haben. Rund 8 % des Druckvolumens wird für die Fachzeitschriften erbracht, auf die aber die Hälfte aller verlegten Zeitschriften entfällt. Für die „Übrigen Zeitschriften“ verbleibt noch rund ein Achtel des Druckvolumens. Bei Struktur und Veränderungsraten ist zu beachten, daß in der Pressestatistik 1981 eine wichtige Änderung vorgenommen wurde. Bis dahin wurden Zeitschriften nur alternativ als Verbandsorgan oder nach dem Inhalt charakterisiert. „Soweit daher Zeitschriften von Verbänden und Körperschaften z. B. als Fach-, Sport- oder Jugendzeitschriften ausgewiesen wurden, war ihr Charakter als Organ eines Verbandes nicht mehr zu erkennen. Nunmehr wird für jede Zeitschrift sowohl der Inhalt als auch ihre Eigenschaft als Verbandsorgan nachgefragt. Auf diese Weise wurden im Berichtsjahr 1981 1 360 Verbandszeitschriften (gegenüber 453 im Vorjahr) festgestellt, die auch den einzelnen Inhaltskategorien zugeordnet worden sind[14].

So läßt sich zwar erkennen, daß das Druckvolumen der Verbandszeitschriften von 14,6 Mrd. Seiten (1978) auf 34,01 Mrd. Seiten (1986) gestiegen ist, nicht aber, bei welchen Zeitschriften*arten* diese Zuwächse realisiert werden. Es kann davon ausgegangen werden, daß sowohl ein Teil des Wachstums des Druckvolumens bei den Publikumszeitschriften, also auch bei den Fachzeitschriften, auf die inhaltliche Neuzuordnung der Verbandszeitschriften zurückzuführen ist. Vergleichbar sind in Tabelle 45 daher nur das Druck-

[14] Statistisches Bundesamt, Pressestatistik 1981, S. 5.

volumen insgesamt für alle drei ausgewiesenen Jahre sowie die Angaben für 1981 und 1986. Berücksichtigt man dies, so deutet einiges darauf hin, daß der Markt für die Publikumszeitschriften gewisse Sättigungserscheinungen zu zeigen beginnt. Von 1981 bis 1986 ist ihr Anteil an den gesamten Druckseiten sogar zurückgegangen. Hingegen konnten die Fachzeitschriften nochmals zulegen.

Verwendet man die Daten der Informationsgemeinschaft zur Feststellung der Verbreitung von Werbeträgern (IVW), so verbergen sich die oben angesprochenen Angaben hinter den Gesamtzahlen (Tab. 46). Danach ist nämlich die Druckauflage der Publikumszeitschriften im Referenzzeitraum 1977-1988 um rund 53 % gestiegen. Gleichzeitig hat sich die Zahl der Titel aber verdoppelt, so daß die Druckauflage je Titel rückläufig war. Dahinter steckt eine sehr differenzierte Entwicklung, die sich in groben Zügen etwa wie folgt zusammenfassen läßt: Bis Ende der siebziger Jahre verlief die Entwicklung auf dem Markt für Publikumszeitschriften in vergleichsweise ruhigen Bahnen. Große Verlagshäuser hatten sich jeweils auf bestimmte Marktsegmente spezialisiert. „Diese Konstellation sicherte den Großverlagen ein von Konkurrenz im wesentlichen ungetrübtes Wirtschaften und machte es zugleich auch möglich, daß kleinere und mittlere Verlage ... in deren Windschatten nicht minder ungetrübt gedeihen konnten.“[15] Im Jahre 1979 ergriff ein kleiner Verlag die Initiative und hatte mit zwei neuen Zeitschriften, darunter dem ersten „Billigblatt“, große Erfolge, die die großen Verlagshäuser zu entsprechenden Gegenstrategien, d. h. neue Titel im Segment der niedrigpreisigen Objekte, zwang. Während die Neugründungen der Gesamtauflage zwar erhebliche Absatzzuwächse bescherten, wurde dieser Zuwachs durch Verluste bei den großen klassischen Frauenzeitschriften und Programmzeitschriften teilweise wieder aufgehoben. Die Zunahme der Billigblätter und die dadurch ausgelösten Strukturverschiebungen haben aber bei den Großverlagen zu einem direkten Wettstreit um Marktanteile geführt. Die zahlreichen Neugründungen haben oft auch den etablierten eigenen Titeln Käufer weggenommen.

Folgt man den Zahlen der IVW, so hat der Titelboom bei den Publikumszeitschriften auch Ende des Referenzzeitraums noch angehalten. Hier zeigt sich, daß die Anpassung der Zeitschriften-Herausgeber an die Freizeitbetätigungen der Bürger im Vordergrund stehen. Dies schlägt sich in einem starken Anstieg der sog. Special-Interest-Titel nieder, die vor allem die Bereiche Motor, Reise, Freizeit, Hobby sowie Populärwissenschaft abdecken (vgl. Tab. 47). Wenn sich auch hier eine besondere Vielfalt zeigt, so sind doch als relativ neue Zeitschriftengruppen die Computerzeitschriften und die Stadtmagazine zu nennen[16]. Zeitschriften mit der Zielgruppe EDV bilden 15 Titel

[15] W. J. Koschnik, Ein kleiner Verlag brachte Ende der siebziger Jahre den geruhsamen Markt kräftig in Bewegung, in: Handelsblatt, 1987, Nr. 82, S. 25.

mit einer Jahresgesamtauflage von 23 Mill. Exemplaren. Die Stadtzeitungen bieten zwar 88 Titel, ihre Druckauflage umfaßt aber nur jeweils durchschnittlich knapp 30000 Exemplare. Vom Druckvolumen her dominieren aber immer noch die großen Illustrierten, die Programmzeitschriften sowie die wöchentlichen unterhaltenden Frauenzeitschriften. Fast alle Frauenzeitschriften haben eine Auflage von mehr als 100000 Exemplaren; ein Drittel erreicht sogar über 500000 Exemplare, 8 Titel sogar über eine Million. Diese „Millionärinnen" kommen auf eine Jahresgesamtauflage von 515 Mill. Von den 18 auflagestärksten Frauenzeitschriften kommt ein Drittel aus einem Verlag. Die auflagenstärkste Zeitschrift ist gleichzeitig eine der billigsten.

Auch die Programmzeitschriften sind sehr auflagenstark; die geringste Auflage liegt bei 1,1 Mill. Stück je Woche. Neun Zeitschriften mit einer Auflage von 19 Mill. Exemplaren versorgen die knapp 27 Mill. Haushalte.

Die Rückgänge bei zwei Zeitschriftengruppen haben unterschiedliche Ursachen. Bei den Jugendzeitschriften dürften wohl demografische Veränderungen als Ursache gelten. Bei den „Romanen, Rätseln, Comics" ist der Auflagenrückgang auf einen Trend zu neuen Publikationsformen zurückzuführen. Seit 1981 liegt der Anteil der Broschüren an allen neu publizierten Titeln über dem jedes anderen Mediums, einschließlich der Heftchen. Im Durchschnitt der Jahre 1981-1986 entfielen von den neu erschienenen Comics 50 % auf Broschüren, 15 % auf Taschenbücher, 8 % auf Bücher und nur noch 26 % auf die „klassischen" Heftchen (einschl. der sog. Piccolos)[17]. Damit wanderten steigende Mengen der Comics in der Statistik von den Publikumszeitschriften zu Büchern und Broschüren; ähnliche Erscheinungen sind auch bei Rätseln und „Romanen" zu verzeichnen.

Zahl der Titel und Auflage sind bei den Fachzeitschriften — bezieht man sich auf die Angaben der IVW — im Referenzzeitraum gestiegen; die Zuwächse blieben allerdings vergleichsweise moderat. Nach den Ergebnissen der Presse-Statistik und gemessen an der Seitenzahl der Jahresauflage war das Wachstum wesentlich ausgeprägter. Allerdings wird eine Analyse durch die unterschiedliche Abgrenzung erschwert. Mit der Zunahme der Special-Interest-Titel und deren qualitativem Up-grading verwischen sich die Grenzen zu den populärwissenschaftlichen Fachzeitschriften immer mehr. Das Problem der Verbandszeitschriften wurde bereits angesprochen. So dürfte ein erheblicher Teil des Zuwachses bei den Fachzeitschriften über Gesundheitswesen (Tab. 48) aus der Umgruppierung von Krankenkassen-Mitgliederzeitschriften resultieren.

Die Verteilung der Fachzeitschriften auf die einzelnen Fachgebiete ist wesentlich weniger schwerpunktorientiert als es bei den Publikumszeitschrif-

[16] Zentralausschuß der Werbewirtschaft (ZAW), Werbung '88, Bonn 1988, S. 128.

[17] R. Strobel, Comics in der Bundesrepublik Deutschland — Emanzipation einer Literaturform, in: Media Perspektiven 1988, Heft 1, S. 13-25.

ten der Fall ist. Knapp ein Drittel — gemessen am Druckvolumen — entfiel 1986 auf Fachzeitschriften mit überwiegend wissenschaftlichem Inhalt; zwei Drittel entfielen auf andere Fachzeitschriften. Die Titelzahl ist nicht so stark unterschiedlich, sie betrug 1 308 bzw. 16 %. Bei den wissenschaftlichen Fachzeitschriften sind also in der Regel spezialisierte Titel mit einer vergleichsweise niedrigen Auflage anzutreffen. Hier sind die medizinischen Fachzeitschriften die mit Abstand wichtigste Gruppe. Bei den anderen Fachzeitschriften dominiert das Geschehen in der gewerblichen Wirtschaft als Inhalt; auf die Bereiche Industrie, Handwerk, Handel und Dienstleistungen entfallen weit über die Hälfte des Druckvolumens. Aber auch hier haben Titel aus dem Bereich Gesundheitswesen eine starke Stellung.

Unter den „Übrigen Zeitschriften" finden sich noch drei vom Druckvolumen her gesehen bedeutende Gruppen (Tab. 49). Die politischen Wochenblätter stellen offensichtlich einen gesättigten Markt dar; ihr Druckvolumen hat von 1978 bis 1986 praktisch stagniert. Bei den konfessionellen Titeln ergab sich im gleichen Zeitraum ein Rückgang. Die Titelzahl hat sich dabei nur geringfügig vermindert, der Rückgang ergab sich vielmehr aus einer verminderten Auflage. Die Einbußen bei den Kundenzeitschriften dürften aus Verlagerungen der Werbeausgaben zugunsten der Anzeigenblätter, Fachzeitschriften und Beilagen resultieren.

4.3 Druckproduktion

Von den 1986 in der Bundesrepublik erschienenen 6 908 Zeitchriften (diese Zahl beinhaltet auch die Anzeigenblätter und die kostenlos verteilten Amtsblätter, da sich diese für diesen Tatbestand nicht eliminieren lassen) kamen mehr als zwei Drittel aus Verlagen ohne eigene Druckerei. Gliedert man die Titel nach dem wirtschaftlichen Schwerpunkt ihrer Herausgeber, so kamen

— 5,6 % aus Zeitungsverlagen
— 32,0 % aus reinen Zeitschriftenverlagen
— 31,4 % aus sonstigen Zeitschriftenverlagen
— 20,7 % aus sonstigen Verlagen
— 3,1 % aus Druckereien
— 7,1 % aus sonstigen Unternehmen außerhalb des Verlagsgewerbes.

Die Herausgeberpalette bei Zeitschriften — bezogen auf die Titel — ist also sehr breit.

Die Druckproduktion bei Zeitschriften weist im Referenzzeitraum — sieht man einmal vom letzten Jahr ab — nur eine geringe Dynamik auf (Tab. 50). Nominal ist der Produktionswert zwar von 1977 bis 1988 um mehr als 1,5 Mrd. DM gestiegen; dieses Wachstum verringert sich aber bei realer Betrachtung deutlich. Von 1979 bis 1986 hat die Produktion mit nur geringen Schwankungen stagniert. Lediglich in den Perioden 1977-1979 sowie 1986-1988 zeigen sich nennenswerte Wachstumsraten. Daß diese Tendenz die Wirklichkeit recht gut widerspiegelt, zeigt sich auch an der Zahl der bedruckten Seiten, die ebenfalls in einer Größenordnung von 370 Mrd. stagniert.

Die verlegten Zeitschriften mit hoher Auflage werden überwiegend im Tiefdruck hergestellt. Die hohen Auflagen bei hohen Qualitätsansprüchen lassen den Druck auf den großen Tiefdruckrotationen als besonders wirtschaftlich erscheinen; von denen es in der Bundesrepublik nur wenige gibt. So wird die große Produktion von Zeitschriften im Tiefdruck — auf sie entfiel 1988 immerhin knapp 10 % des Produktionswertes aller Druckerzeugnisse — von nur 22 (3. Quartal 1988) Betrieben erbracht. Rückläufige Anteile beim Hochdruck und steigende Anteile des Offsetdrucks charakterisieren den Bereich der übrigen Zeitschriften. Im dritten Quartal 1988 produzierten noch 111 Betriebe Zeitschriften im Hochdruck und 437 solche im Flachdruck.

4.4 Außenhandel

Ähnlich wie bei anderen Verlagserzeugnissen ist auch bei den Zeitschriften im Außenhandel dreierlei Form möglich. Zunächst können grenzüberschreitende Lizenzen vergeben werden. Dies ist häufiger der Fall: In der Bundesrepublik erfolgreiche Zeitschriften werden in anderen Ländern in der betreffenden Sprache herausgebracht oder, umgekehrt, werden erfolgreiche Zeitschriften des Auslands in entsprechend adaptierter Form in der Bundesrepublik Deutschland verlegt. Über den Umfang und die Bedeutung eines derartigen grenzüberschreitenden Lizenzverkehrs gibt es keine Angaben; es dürfte sich aber um recht beachtliche Größenordnungen handeln.

Beim Außenhandel im engeren Sinne sind zwei Möglichkeiten zu unterscheiden: zum einen der grenzüberschreitende Handel mit Zeitschriften, zum anderen die Erledigung von Druckaufträgen für ausländische Kunden (und umgekehrt). Eine Trennung des Außenhandels nach diesen beiden Alternativen in der Außenhandelsstatistik ist erst ab dem Berichtsjahr 1988 möglich. Die folgenden Ausführungen beziehen sich daher nur auf die bisher vorliegenden Statistiken (Januar-November 1988). Sie betreffen die Tarifpositionen 4902 90 002, 4902 90 004 (wissenschaftliche und fachliche Zeitschriften, ausgenommen Modezeitschriften) sowie 4902 90 006 und 4902 90 008 (andere Zeitschriften).

In den ersten elf Monaten des Jahres 1988 wurden Zeitschriften und -druckleistungen im Wert von 245,5 Mill. DM (entsprechend 41 690 t) importiert. Dem standen Exporte im Werte von 1016 Mill. DM (entsprechend 168 225 t) gegenüber; die deutsche Außenhandelsbilanz ist bei dieser Erzeugnisgruppe also deutlich positiv.

Importierte, nicht im Ausland verlegte Zeitschriften bedeuten Druckaufträge deutscher Zeitschriftenverleger, die ins Ausland vergeben worden sind. Sie können ein Ausdruck von fehlender Wettbewerbsfähigkeit deutscher Druckereien, aber auch von nicht ausreichenden Kapazitäten im Inland oder Folge von besonderen Einflüssen (z. B. Streik) sein. Derartige Importe summierten sich in den ersten elf Monaten zu knapp 40 % der Gesamtimporte (gemessen an den Tonnen, da ja ein Vergleich der Werte wegen der unterschiedlichen Berücksichtigung der Verlagsanteile nicht aussagefähig ist). Bei den wissenschaftlichen und Fachzeitschriften ist (tonnenmäßig) der Import von Druckleistungen ebenso hoch wie die Einfuhr von Zeitschriften. Bei den Fachzeitschriften sind die ausländischen Auftragnehmer deutscher Verleger (nach dem Einfuhrgewicht, in abnehmender Bedeutung) vor allem in den USA, den Niederlanden und in Italien zu finden; bei den übrigen Zeitschriften sind es mit weitem Abstand Österreich vor Italien und den Niederlanden. Italien, das vor allem im Tiefdruck zu den qualitativ und technisch führenden Druckerländern gehört, hat also als Lieferant für Zeitschriftenverleger in der Bundesrepublik eine vergleichsweise starke Position.

Beim Außenhandel mit Druckleistungen für Zeitschriften hat die Bundesrepublik Deutschland einen negativen Außenhandelssaldo. Für ausländische Verleger wurden nämlich in den ersten elf Monaten des Jahres 1988 nur für 67,1 Mill. DM (15 364 t) Druckaufträge ausgeführt. Dies ergibt einen (Gewichts-)Anteil an den gesamten Zeitschriftenexporten von knapp 10 %. Ausländische Verlagskunden deutscher Drucker finden sich bei Fachzeitschriften vor allem (nach dem Ausfuhrgewicht, in abnehmender Bedeutung) in Österreich und Belgien/Luxemburg und bei den übrigen Zeitschriften in Österreich und Großbritannien.

Betrachtet man den Außenhandel mit Zeitschriften (in den Positionen 4902 002, -009 sowie 4997 002 sind im Referenzzeitraum auch geringe Mengen Zeitungen enthalten) im Zeitablauf, so zeigen sowohl Importe als auch Exporte kräftige Zunahmen. Sie belaufen sich für die Periode 1977-1987 (preisbereinigt) bei den Einfuhren auf 128 %; hingegen bei den Ausfuhren nur auf 70 %. Absolut gesehen ist der positive Außenhandelssaldo ständig gestiegen; er betrug 1987 rund 1 Mrd. DM.

Wichtigste ausländische Lieferländer sind die EG-Staaten, von denen die Bundesrepublik 1987 knapp die Hälfte aller Zeitschriften bezog. Auf Österreich entfielen 21,4 % (1977 nur 4,1 %) und die Schweiz 14,7 % (1977: 18 %).

Die EG-Staaten sind auch die wichtigsten Kunden für deutsche Zeitschriftenexporte; sie nahmen 1987 44 % (1977 nur 29,2 %) ab. Die Schweiz und Österreich, als Abnehmer annähernd gleichgewichtig, vereinigten 1977 und 1987 rund 45 % auf sich.

5. Kataloge und Werbedrucksachen

5.1 Abgrenzung

In der amtlichen Produktionsstatistik werden unter der Güterklasse Kataloge und Werbedrucksachen (Meldenummer 5712) verstanden:

— Versandhauskataloge (Melde-Nr. 57 124)

— Reisekataloge und sonst. Kataloge (Melde-Nr. 57 124)

— Werbedrucksachen (Melde-Nr. 57 127), wie Plakate, mehrteilige Affichen, plakatähnliche Aufsteller, Prospekte, werbliche Informationsdienste und Werbeschriften, Musterkarten, Werbeaufkleber sowie Preislisten.

Damit wird eine außerordentlich breite und differenzierte Produktpalette angesprochen, die vom einfachen Prospekt in Form eines Handzettels bis hin zu den aufwendig gestalteten, schwergewichtigen Versandhauskatalogen reicht. Auf die Werbedrucksachen in ihrer vielfältigen Ausprägung entfielen 1988 knapp vier Fünftel des Produktionswertes der Güterklasse, rund ein Sechstel machten die Versandhauskataloge aus und für die Reise- und sonstigen Kataloge verblieb dann noch knapp ein Fünfzehntel.

5.2 Markt für Kataloge und Werbedrucksachen in der Bundesrepublik Deutschland

5.2.1 Kataloge

In der Bundesrepublik Deutschland spielt der Versandhandel eine beachtliche Rolle. Zwar hat er am gesamten Einzelhandelsumsatz nur einen seit Jahren annähernd konstanten Anteil von 5,5 %. Im internationalen Vergleich liegt der deutsche Versandhandelsumsatz aber hinter den USA an zweiter Stelle; er erreichte 1987 einen Wert von 26,4 Mrd. DM. Bezieht man ihn auf den Kopf der Bevölkerung, so liegt die Bundesrepublik Deutschland mit 432 DM (1987) sogar an der Spitze.

Als Typicum des Versandhandels gilt der Katalog. Er ist das „strategische, profilierende Promotionsinstrument der Versandhandelsbetriebe“[18]. Die Kataloge der zehn größten Versandhausunternehmen in der Bundesrepublik Deutschland lassen ihre *Haupt*kataloge in einer Druckauflage von rund 30 Mill., und zwar jeweils zweimal jährlich, erscheinen. Dafür werden allein rund 100 000 t Papier benötigt. So ist der Hauptkatalog des größten Versen-

[18] E.-B. Blümle, Einzelhandelspionier Boucicaut bot in seinem ersten Katalog auf 50 Seiten 1 500 Textilartikel an, in: Handelsblatt, 1989, Nr. 47, S. 16.

ders rund 1100 Seiten stark; er erscheint zweimal jährlich in einer Auflage von knapp 8 Mill. Exemplaren. Natürlich können derartige „Nachschlagewerke" den in der Zeit zwischen den beiden Erscheinungsterminen eintretenden aktuellen Marktänderungen (z. B. Modewechsel, Preisabschläge) nicht Rechnung tragen. Außerdem wird der Umfang des Hauptkataloges durch die Versandgewichtsbestimmungen der Post beschränkt. So müssen diese Hauptkataloge durch verschiedene andere Informations- und Werbematerialien ergänzt werden. Hierzu dienen zum einen Spezialkataloge, in denen spezielle Teile des Sortiments (z. B. Photoartikel, Gartenbedarf, Möbel) zielgruppenspezifisch zusammengefaßt werden. Die Bedeutung derartiger Zwischen- und Spezialkataloge ist beachtlich. Die für ihre Produktion erforderliche Papiermenge ist mit rund 100000 t zu veranschlagen, ist also etwa ebenso hoch wie der Bedarf für die Hauptkataloge. Zum anderen werden Mailings jeder Art eingesetzt.

Zu den Haupt- und Spezialkatalogen der großen Versandunternehmen kommt noch eine Fülle von kleineren, spezialisierten Versendern, die ebenfalls Kataloge herausbringen und deren Warenspektrum von Haushaltsartikeln bis zu Kunstgegenständen (Antiquariatskataloge) reicht. Die Zahl derartiger Versender wird auf rund 700 geschätzt und der Papierverbrauch für ihre Kataloge ist größenordnungsmäßig mit 50000 t zu veranschlagen, ist also etwa halb so hoch wie der Bedarf für die Hauptkataloge. Schließlich hat auch eine ganze Reihe von „Residenzhändlern" (im Gegensatz zum Versandhandel oder Distanzhandel) für seine Kunden die Möglichkeit eine Bestellung nach Katalog vorzunehmen, eröffnet.

Neben den Versandhaus- und sonstigen Handelskatalogen spielen die Kataloge der Reiseveranstalter eine bedeutende Rolle. Nach einer Erhebung im Auftrag der Deutschen Bundesbank[19] wurden von Bürgern der Bundesrepublik Deutschland von Oktober 1985 bis zum September 1986 mehr als 54 Mill. private Reisen ins Ausland unternommen, von denen ein beträchtlicher Teil aus Reisekatalogen zusammengestellt und gebucht wurden; auch für Inlandsreisen wird auf Kataloge von Reiseveranstaltern oder Reisegebieten zurückgegriffen. Über die Relevanz dieser Reisekataloge im Rahmen der Druckproduktion, über ihre Zahl und Auflage, gibt es keine verläßlichen Angaben. Die zu ihrer Herstellung erforderliche Papiermenge wird auf etwa 40000 bis 50000 t geschätzt.

5.2.2 Werbedrucksachen

Werbedrucksachen sind die wichtigste Güterart innerhalb der Güterklasse Kataloge und Werbedrucksachen. Sie setzen sich aus einer Vielzahl von

[19] Reisen und Reiseausgaben im Ausland 1985/86, in: Monatsberichte der Deutschen Bundesbank 40 (1988), Nr. 1, S. 23ff.

Produkten zusammen. Man kann sie in einige Hauptgruppen unterteilen. Große und steigende Bedeutung haben Beilagen in Zeitungen und Zeitschriften. Auch der Umfang der Direktwerbung, also die Streuung von Prospekten über den Postweg oder über die Hausverteilung ist zunehmend. Viele Unternehmen bemühen sich um eine Verdeutlichung ihrer „Corporate Identity". Aus den Messeaktivitäten der Firmen erwächst der Bedarf nach „flankierenden Kommunikationsmaßnahmen". Schließlich sind noch die Plakate zu erwähnen. Insgesamt gesehen ist dieser Markt wenig transparent, lediglich über Teilbereiche liegen nähere Informationen vor (Tab. 51). Für Werbedruckschriften — dieser Bezeichnung ist wegen der postalischen Belegung des Begriffs „Drucksache" der Vorzug zu geben — dürften rund 900 000 t Papier verbraucht werden.

Der „klassische" Prospekt hat den Nachteil geringer „Zielgruppen-Treffsicherheit" und ungenügender Aufmerksamkeit, wenn er nicht in Aufmachung, Gestaltung und Adressierung hohen Ansprüchen genügt und weit aus dem Standard konkurrierender Prospekte herausragt. Deshalb hat das Direktmarketing in den letzten Jahren einen deutlichen Aufschwung erlebt. Die „Werbung im Postkasten" ist die wichtigste Form. Aus der Werbung mit adressierten Drucksachen per Post hatte die Deutsche Bundespost beispielsweise 1988 rund 2,2 Mrd. DM an Einnahmen. Die Zahl der Massendrucksachen stieg 1988 auf mehr als 2,6 Mrd. Stück (1977: 1,75 Mrd.). Die Wurfsendungen nahmen 1988 auf 780 Mill. zu (1977: 130 Mill.). Etwa ein Drittel der Massendrucksachen ging 1987 nicht an Privatverbraucher, sondern an gewerbliche Empfänger. Nicht einbezogen sind in diesen Zahlen die Aktivitäten privater Prospektverteilagenturen, die 1987 schätzungsweise über 3,6 Mrd. Prospekte, Handzettel und Warenproben verteilt haben[20], wobei derartige Aktionen aber wiederum den Nachteil haben, daß ihnen die „persönliche Note", also die gezielte Ansprache des Kunden, in der Regel mit seinem Namen, fehlt. Nach einer Untersuchung der Deutschen Bundespost, die im Jahre 1986 durchgeführt worden ist[21], sehen 87 % der Bundesbürger Nutzvorteile in der werbenden Postsendung, die vor allem darin liegen, daß „man auf Sonderangebote aufmerksam gemacht wird" und „das Angebot in Ruhe studieren kann". Fast die Hälfte der privaten Empfänger habe aufgrund einer derartigen Werbung bereits etwas angefordert, bestellt oder gekauft. Die Direktwerbung ist wegen der zunehmenden Segmentierung der Märkte wachsend. „Private Empfänger reagieren auf dieses Mengenwachstum mit leicht zunehmender, kritischer Sensibilisierung bei weiterhin positiver Grundhaltung. Das bedeutet, daß an die Qualität von Direktwerbung erhöhte Anforderungen gestellt werden."[22] In der Bundesrepublik Deutschland

[20] Zahlen nach ZAW, Verschiedene Jahrbücher.

[21] ZAW, Werbung '87, S. 256 f.

[22] ZAW, Werbung '87, S. 256-257.

gibt es rund 26 Millionen Briefkästen, davon rund 24,8 Mill. Privat-Briefkästen. Nur gut 100 000 ihrer Besitzer haben sich bisher durch Aufkleber oder Eintrag in die Robinson-Liste gegen die Mailings gewehrt; ihre Zahl hat aber steigende Tendenz.

Die Zahl der Plakatanschlagestellen, die von der Informationsgemeinschaft zur Feststellung der Verbreitung von Werbeträgern (IVW) kontrolliert werden, hat im Referenzzeitraum 1977-1988 um rund 25 % zugenommen (Tab. 51). Wenn damit auch unmittelbar über die Nachfrage nach Plakaten noch nichts ausgesagt ist, läßt sich durchaus — gleichbleibende Anschlagefrequenz vorausgesetzt — auf eine Bedeutungszunahme des Werbemediums Plakat schließen. Dies wird insbesondere auch noch dadurch unterstrichen, daß das Wachstum nahezu ausschließlich von den Großflächen getragen wurde.

5.3 Druckproduktion

Der Produktionswert von Katalogen und Werbedrucksachen hat sich im Referenzzeitraum 1977-1988 mehr als verdoppelt; er betrug 1988 fast 6,7 Mrd. DM. Auch nach Ausschaltung der Preisveränderungen hat sich die Druckproduktion noch um die Hälfte erhöht (Tab. 51). Nach den ab 1982 für die drei Güterarten

— Versandhauskataloge

— Reise- und sonstige Kataloge

— Werbedrucksachen

getrennt ausgewiesenen Produktionswerten zu urteilen, wurde dieses Wachstum in erster Linie von den Werbedruckschriften, zum Teil auch von den Reise- und sonstigen Katalogen getragen, während die Versandhauskataloge eine rückläufige Entwicklung aufwiesen. Letztere wird von der Entwicklung des Papierverbrauchs für die Hauptkataloge der Großversender nicht bestätigt. Zwar zeigt sich auch hier eine abnehmende Tendenz, die ihre Talsohle 1986 erreichte. Ausmaß und Entwicklungsschwankungen decken sich jedoch nicht mit den Veränderungen des Produktionswertes. Zudem ist zu berücksichtigen: Das durchschnittliche Flächengewicht des zur Herstellung der Hauptkataloge verwendeten Papiers — es handelt sich nahezu ausschließlich um LWC-Papier — ist im Referenzzeitraum von 65 g/m^2 auf 55 g/m^2 zurückgegangen. Es sind mithin je Tonne Papier rund 2 800 m^2 oder rund 18 % mehr Papierfläche hergestellt und damit rund 36 % (doppelseitig gerechnet) bedruckt worden. Eine Erklärung dieser Diskrepanz zwischen wertmäßiger Druckproduktion und verbrauchter Papiermenge für den Hauptkatalog könnte darin liegen, daß die Zwischenkataloge sowie die Kataloge der Spezialversender überproportional an Bedeutung gewonnen haben und in der Druckqualität niedriger anzusiedeln sind als die Hauptkataloge.

Der Druck der Versandhauskataloge, zumindest der Großversender, erfordert angesichts der hohen Auflagen bei gleichzeitig geforderter Spitzenqualität eine sehr kapitalintensive Maschinenausstattung und viel Knowhow. Die überwiegenden Teile dieser Hauptkataloge werden im Tiefdruck produziert. Im dritten Quartal 1988 meldeten in dieser Kategorie fünfzehn Betriebe zur amtlichen Produktionsstatistik. Versandhauskataloge wurden aber auch in 26 Hochdruck-Betrieben und in 112 Offsetdruckereien erzeugt. Diese dürften im wesentlichen für die Spezial- und Zwischenkataloge sowie für die kleineren Versender tätig sein. Reise- und ähnliche Kataloge werden in einer annähernd gleichen Zahl von Druckereien hergestellt: Im dritten Quartal 1988 druckten 8 Meldebetriebe im Tiefdruck — hier handelt es sich wohl um Aufträge der Großveranstalter —, 13 im Hochdruck und 138 im Flachdruck.

Die größte Zahl von Meldebetrieben neben den „Einzelformularen und ähnlichen Drucksachen" weisen die Werbedruckschriften auf. Hier meldeten 219 Betriebe beim Hochdruck, 874 beim Offsetdruck und 17 im Tiefdruck. Die Zahl der insgesamt auf diesem Sektor tätigen Betriebe dürfte außerordentlich viel höher liegen, denn viele Auftraggeber mit niedrigen Qualitätsansprüchen (z. B. für Handzettel oder Werbedruckschriften für eine besondere Verkaufsaktion) lassen ihre Aufträge bei kleinen Druckereien oder Copy-Shops ausführen, die von der amtlichen Statistik nicht erfaßt werden.

Hinsichtlich der angewendeten Druckverfahren und ihrer Anteilsentwicklung unterscheidet sich die Güterklasse „Kataloge und Werbedrucksachen" tendenziell nicht vom Durchschnitt der Druckindustrie. Der Hochdruckanteil ist niedrig und nimmt tendenziell weiter ab. Allerdings hat es den Anschein, als ob seit 1982 eine Art „unterer Widerstandslinie" erreicht worden ist. Der ohnehin schon hohe Flachdruck-(Offset-)Anteil hat deutlich steigende Tendenz und liegt bei rund drei Vierteln (1988). Der Tiefdruckanteil ist innerhalb des Referenzzeitraums bis Anfang der achtziger Jahre konstant geblieben und weist seither eine rückläufige Tendenz auf. Dies dürfte in erster Linie auf die abnehmenden Produktionswerte bei den Versandhauskatalogen zurückzuführen sein. Diese haben nämlich an Bedeutung im Rahmen der Güterklasse eingebüßt; ihr Anteil ist in fünf Jahren (1982-1987) von einem Viertel auf knapp 16 % zurückgegangen, wobei die relative Bedeutung des Tiefdrucks weiter zugenommen hat (Tab. 52). Bei den übrigen Erzeugnissen haben die Anteile von Flachdruck zugenommen und von Hoch-, aber auch von Tiefdruck abgenommen. Es ist also offensichtlich so, daß der Offsetdruck dem Tiefdruck bei der stark expandierenden Gruppe der Werbedruckschriften Marktanteile abgenommen hat bzw. der Sektor Tiefdruck-Werbeschriften nicht mehr expandiert hat.

5.4 Außenhandel

Der Außenhandel mit Katalogen und Werbedruckschriften hat zwei verschiedene Arten von Geschäftsvorgängen als Hintergrund. Die erste betrifft Druckaufträge, die ins jeweilige Ausland vergeben werden, wobei günstigere Preise, bessere Qualitäten, ausgelastete Kapazitäten im eigenen Land oder sonstige Gründe die entsprechende Entscheidung beeinflussen. Wie hoch der Anteil des auf diese Art zustande gekommenen grenzüberschreitenden Warenverkehrs ist, läßt sich aus der amtlichen Statistik nicht erkennen. Immerhin geben im Durchschnitt rund 50% der im Rahmen des Ifo-Konjunkturtests meldenden Druckereien des Bereichs „Werbedruck" an, daß sie im Exportgeschäft tätig sind. Aus Pressemitteilungen und Einzelinformationen ist auch bekannt, daß Versandhauskataloge in größeren Teilen in Italien gedruckt wurden und auch Prospektaufträge ins Ausland vergeben wurden.

Die zweite Ursache für einen grenzüberschreitenden Warenaustausch mit Werbedruckschriften sind grenzüberschreitende Marketing-, Werbe- und auch Messeaktivitäten. Viele Unternehmen bevorzugen es, ihr Prospektmaterial, Kataloge und Firmendarstellungen bei der einheimischen Druckerei, mit der sie langjährig Kunden-Lieferanten-Beziehungen haben, herstellen zu lassen. Das Problem der Fremdsprachigkeit kann durch entsprechende Fachleute im eigenen Unternehmen oder von außen gelöst werden. Es ist dann aber auf jeden Fall sichergestellt, daß die „Corporate Identity" des Unternehmens zumindest in Form des „Corporate Designs" gewährleistet ist, da Signets und Logos richtig, die Hausfarben getroffen und die gesamte Aufmachung stimmig sind. Daß derartige grenzüberschreitende Lieferungen und Bezüge eine große Bedeutung haben, wird immer dann publik und deutlich, wenn die betreffenden Unternehmen Schwierigkeiten mit dem Verzollen der Werbedruckschriften in bürokratisch reagierenden Ländern haben. In der Bundesrepublik Deutschland fanden 1987 insgesamt 91 internationale Messen und Ausstellungen statt, bei denen 37 500 ausländische Aussteller registrieret wurden. Im gleichen Jahr wurde die Beteiligung von deutschen Unternehmen an 113 Auslandsmessen von Bundesministerien und -ländern gefördert. Aus diesen Zahlen wird deutlich, daß allein in den grenzüberschreitenden Messeaktivitäten ein erheblicher Impuls für den Außenhandel mit Werbedruckschriften besteht, der durch die hohe Exportorientierung der deutschen Wirtschaft noch verstärkt wird.

Die Ausfuhren und Einfuhren von Werbedruckschriften sind im Referenzzeitraum kräftig gestiegen. Gemessen am Gewicht haben sich die Exporte von 1977 bis 1988 weit mehr als verdreifacht, während die Einfuhren um 180% gestiegen sind. Dabei besteht ein deutlicher Überschuß der Ausfuhren über die Einfuhren. Wichtigster Abnehmer der deutschen Lieferungen waren 1987 (gemessen am Wert und in abnehmender Rangfolge) Frankreich,

Großbritannien, die Niederlande und die Schweiz sowie Schweden. An den Lieferungen in die Bundesrepublik waren vor allem Frankreich, die Schweiz, Österreich, die Niederlande sowie Italien beteiligt. An neunter Stelle sind Japan, an zehnter die USA zu registrieren.

6. Geschäftspapiere und ähnliche Drucksachen

6.1 Abgrenzung

In der amtlichen Produktionsstatistik werden unter der Güterklasse „Geschäftspapiere und ähnliche Drucksachen" (Melde-Nr. 5711) verstanden:

— Einzelformulare (auch Sätze), Drucksachen für geschäftliche und private Zwecke, Wertpapiere und ähnliche Erzeugnisse (Melde-Nr. 57 11 3). Dazu gehören Briefbogen, bedruckte Briefumschläge, Geschäftskarten, Geschäftspostkarten, Postkarten, Merkblätter, Rechnungen, Versandpapiere, Kartei- und Lochkarten, Urkunden, Schecks, Wertmarken, Briefmarken, Billets, Lose, Banknoten, Aktien.

— Endlosformulare (Melde-Nr. 57 11 3). Dazu gehören Endlos-Sätze, Schnelltrenn-Sätze, maschinenlesbare Belege, Papiere für Computerausdrucke, bedruckt, wie Tabellierpapier.

Ganz grob gesagt, könnte man die beiden Güterarten dergestalt charakterisieren, daß die erstgenannte das weit gespannte Feld der „klassischen" Büromaterialien umfaßt, während die zweitgenannte die „modernen", EDV-bezogenen Produkte betrifft.

Die unter dieser Melde-Nr. subsumierten „klassischen" Produkte umfassen längst nicht alle Geschäftspapiere und ähnliche Drucksachen. So gehören hierher beispielsweise nur die bedruckten Briefumschläge, während unbedruckte in die Gütergruppe 56 (Papierverarbeitung) gehören. Dort werden auch „Sonstige Papier- und Pappewaren für den Büro- und Geschäftsbedarf" erfaßt, aber nur soweit sie nicht bedruckt sind, denn sonst sind sie in der Gütergruppe 57 zu melden. Die Entscheidung, ob ein Produkt in Gütergruppe 56 oder in 57 gehört, ist theoretisch eindeutig dadurch bestimmt, welche Produktionsschritte wertmäßig überwiegen: Druck oder Papierverarbeitung. Dennoch kann im Einzelfall die Zuordnung schwierig sein und die Übergänge sind fließend.

6.2 Markt für Geschäftspapiere in der Bundesrepublik Deutschland

Die bedeutendste Position innerhalb der Güterklasse stellt die Position „Einzelformulare und ähnliche Erzeugnisse" dar, auf sie entfielen rund zwei

Drittel des Produktionswertes der Geschäftspapiere. Die Einzelformulare selbst bilden aber nur einen Teil der Geschäftspapiere. Zu ihnen sind beispielsweise Rechnungsformulare, Versandpapiere und ähnliche zu rechnen, die aber zu einem großen Teil heute auch bereits als Endlosformulare hergestellt wurden und dann nicht mehr zu den „Einzelformularen" zu zählen sind.

Briefbögen, Briefumschläge, Geschäftspostkarten und Postkarten, aber auch Briefmarken dienen der Kommunikation. Die Gesamtzahl der beförderten Briefe, Postkarten und Briefdrucksachen weist bei konjunkturellen Schwankungen bis 1984 eine eher steigende Tenden auf (Tab. T. 9), was auf einen wenn auch langsam wachsenden Markt hindeutete. Seither ist die Zahl der Briefe, aber auch der Postkarten rückläufig. Dies wird auf die steigenden Kosten für diese Kommunikationsmethode zurückgeführt, die die Benutzer eher zum Telefon und — neuerdings — vor allem, soweit es sich um gewerbliche Kunden handelt, zum Telefax greifen läßt. Die Zahl der Telefax-Geräte stieg nach Angaben der Deutschen Bundespost 1980-1989 von 4000 auf 400000 (geschätzt.)

Tabelle T 9

Beförderte Briefsendungen, 1977-1987
(Mill. Stück)

Sendungsart	1977	1980	1984	1987
Briefe	6457,1	6976,7	7107,7	6594,8
Postkarten	932,0	828,8	804,4	577,7
Briefdrucksachen	507,8	545,2	538,4	571,3

Quelle: Bundesministerium für das Post- und Fernmeldewesen.

Nach einer Untersuchung aus dem Jahre 1973[23] kamen rund 70 % aller beförderten Briefe von Unternehmen und Behörden und wurden mithin mit hoher Wahrscheinlichkeit auf bedruckten Briefbogen geschrieben und in bedruckten Umschlägen, Hüllen und Taschen versandt. Die Versandzahlen können also als Indikator für die Entwicklung der Inlandsnachfrage nach diesen Druckerzeugnissen angesehen werden.

Urkunden, Schecks, Wertmarken, Banknoten und Aktien bilden den hochsensiblen Bereich des Wertpapierdrucks, den in der Bundesrepublik nur ganz wenige Unternehmen ausüben (dürfen). Neben den Maßnahmen zur Erhöhung der Fälschungssicherheit spielen auch andere Gesichtspunkte eine Rolle: Aktien gelten beispielsweise noch immer als „Visitenkarte des Hau-

[23] Bundesministerium für das Post- und Fernmeldewesen (Hrsg.), Anlagenband 4 zum Telekommunikationsbericht, Bonn 1976, S. 196.

ses". Neben den Guillochen, den feinen Mustern miteinander verwobener Linien, sind Embleme und Wappen anzubringen. Wertpapieremissionen, der rasch steigende Banknotenumlauf, Ausgabe von Schecks, Scheck- und Kreditkarten sind hier wichtige Einflußfaktoren, die das Marktvolumen kontinuierlich ausweiten. Die hohe in der Bundesrepublik Deutschland erreichte Druckqualität hat auch auf diesem Sektor zu einer hohen Auslandsnachfrage geführt.

Formulare sind definiert als „Papier mit Aufdruck, bestimmt für ergänzende Beschriftung". In der Druckerei werden die unveränderlichen Bestandteile vorgedruckt; variable Daten werden später per Hand, Schreibmaschine oder EDV-Druck nachträglich eingesetzt. Entsprechend dem speziellen Einsatzgebiet lassen sich die Formulare hinsichtlich Schriftgröße und -art, Format, Druckpapier und -farbe ausgestalten und werbewirksam mit Firmenlogos und Hausfarben zum Werbeträger machen. Durch das Vordruckschema werdem wiederkehrende Denk- und Schreibarbeiten vermieden, Tätigkeitsvergleiche erleichtert und Arbeitsabläufe schematisiert.

Formularsätze bestehen aus mehreren Formularblättern, deren Zahl von der Anzahl der benötigten Ausfertigungen abhängt. Sie werden vor allem dort angewandt, wo die Arbeiten mehrerer an einem Geschäftsvorgang beteiligter Partner zu koordinieren sind. So können verschiedene Formulare wie z. B. Lieferschein, Rechnung und Mahnung gebündelt werden. Die mit Hilfe von Selbstdurchschreibepapieren (SD-Papiere) gestalteten Sätze haben solche mit Kohlepapier-Zwischenlagen weitestgehend abgelöst. Neben der besseren Handhabbarkeit hat dafür auch eine Rolle gespielt, daß die Kohlepapier-Zwischenblätter zwangsläufig auch Informationsträger werden und zur Sicherung der Datenvertraulichkeit sorgfältig vernichtet werden müssen.

Endlosformulare werden von der Rolle hergestellt. Auf der endlosen Papierbahn folgen die Formulare „Kopf" an „Fuß", wobei Querperforationen ermöglichen, daß die Ablage im Zick-Zack-Falz erfolgt und die Formulare einzeln abgerissen werden können. An beiden Längsseiten des Formulars ist ein Führungslochrand, der in der Druckerei zum paßgenauen Zusammenführen der einzelnen Papierbahnen dient und bei der Beschriftung im EDV-Drucker dafür sorgt, daß die Angaben genau an die vorgesehene Stelle gelangen[24].

Es kann davon ausgegangen werden, daß die Nachfrage nach Einzelformularen tendenziell rückläufig ist, während auf dem Sektor des Endlos-Formulardrucks die Nachfrage (noch) zunimmt. Zu dieser divergierenden Entwicklung hat das Vordringen der EDV beigetragen. Einerseits verfolgten die neuen Techniken der EDV (z. B. COM, Bildschirm, Xerografie) das Ziel,

[24] Feldmühle AG (Hrsg.), Selbstdurchschreibepapiere im Formularsatz, in: „Vom Papier", Beilage zum Magazin „Tambour", Nr. 15, o. J.

Papier zu substituieren, andererseits eröffnen aber auch EDV-Weiterentwicklungen neue Anwendungsmöglichkeiten für Formulare. Hinzu kommt, daß die Direct-Mail-Packages einen ganz neuen (Endlos-)Formulartyp darstellen, er tritt als Werbeträger auf[25]. Endlos werden hier beispielsweise Werbeprospekte gedruckt („Formular"), in die dann EDV-gesteuert und/ oder mittels eines Laserdruckers persönliche Angaben wie Anrede mit Namen, Adresse, Autotyp und -Zulassungsnummer des Empfängers eingetragen werden. Aufwendigere Gestaltung und vor allem mehr Farbe treten dabei zunehmend in den Vordergrund.

Bei den „klassischen" Endlosformularen sind mittlerweile auch kleinere elektronische Drucksysteme im Vormarsch, die technisch in der Lage sind, den Vordruck in einem Arbeitsgang mit der Datenausgabe zu erzeugen. „Der Groß-Laserdrucker fügt dem Formulargeschäft im konventionellen Bereich klaffende Auftragslücken zu. Banken, Versicherungen, große Handelshäuser und Industriefirmen stellen nacheinander auf die Druckertechnik um, die mit der Datenausgabe den Vordruck miterzeugen kann. Sie ersetzen die ihren Kunden im Erscheinungsbild vertrauten, meist mit Hausfarben gestalteten Formulare durch weniger ansprechende „Schwarz-Weiß-Computervordrucke". Selbst als Lieferant für vorkonfektioniertes Endlospapier kommt der Formulardrucker nicht mehr zum Zuge. Viele der großen Laserdruckeranwender kaufen direkt beim Papierhandel ihre Rollenware ein und konfektionieren das Papier mit Randlochung und Querperforation für die Laserverarbeitung selbst."[26]

6.3 Druckproduktion

Die Produktion von Geschäftspapieren ist im Referenzzeitraum 1977-1988 um mehr als 50 % gestiegen; der Produktionswert betrug 1988 rund 4,5 Mrd. DM (Tab. 53). Nach Ausschaltung der Preisveränderungen zeigt sich jedoch ein völlig anderes Bild: Bis 1980 ist die Produktion gestiegen, ging dann wieder leicht zurück und stagniert seither. Diese stagnierende Tendenz zeigt sich besonders deutlich bei den „Einzelformularen und ähnlichen Erzeugnissen", die seit 1982 getrennt ausgewiesen werden und auf die knapp 70 % des Produktionswertes der Geschäftspapiere insgesamt entfallen. Dieser Anteil hat sich im Zeitablauf 1982-1988 von 71 % auf 67 % vermindert, da die Produktion von Endlosformularen u. ä. Erzeugnissen zunächst noch bis 1986 gewachsen ist. Es deutet sich also an, daß beide Produktgruppen von Erzeugnissen substituiert wurden, die von den einstigen Abnehmern der Formulare nun selbst erzeugt werden oder die durch andere Techniken überflüssig

[25] In der amtlichen Statistik dann unter Werbedrucksachen erfaßt.

[26] Bundesverband Druck (Hrsg.), Jahresbericht 1987, S. 43.

geworden sind[27]. Auch die Verlagerung der Kommunikation „vom Postsack auf den Draht“ zeigt entsprechende Auswirkungen. Schließlich dürften auch eine ganze Reihe von Geschäftspapieren, wie z. B. Briefbogen, in vielen, vor allem kleineren, Unternehmen „mit dem Kopierer hergestellt werden“.

Die Herstellung von Geschäftspapieren war lange eine Domäne des Hochdrucks. Dies hat sich jedoch rasch und grundlegend geändert; er hat von seinem Anteil innerhalb der Referenzperiode 30 Prozentpunkte eingebüßt; 1988 entfielen weniger als zwei Fünftel des Produktionswertes auf dieses Druckverfahren. Entsprechend zugenommen hat der Anteil des Offsetdrucks, während auf den Tiefdruck nur ein unbedeutender Rest entfällt. Dabei dürfte es sich um Wertpapiere handeln, denn im traditionellen und im Endlos-Formulardruck wird dieses Druckverfahren nicht angewendet.

Besonders viele Druckereien sind mit der Herstellung von „Einzelformularen, Drucksachen, Wertpapieren u. ä.“ beschäftigt. Im dritten Quartal 1988 waren dies beim Hochdruck 596 Betriebe, im Offsetdruck 851 und im Tiefdruck nur 7 Betriebe. auf den Hochdruck entfielen 1988 rund zwei Fünftel dieser Untergruppe. Nach den Zeitungen ist sie der zweitgrößte Anwendungsbereich dieses Druckverfahrens.

Die Herstellung von Endlosformularen, die hinsichtlich Produktgestaltung, Produktionsprozeß und Kundenberatung ein besonders hohes Maß an Know-how erfordert, erfolgt aus diesen Gründen in einem nur relativ kleinen Kreis von Betrieben. Im dritten Quartal 1988 meldeten zur amtlichen Produktionsstatistik 107 Offsetdruckbetriebe und 65 Betriebe, die Endlosformulare im Hochdruck herstellen. Letztere produzieren offensichtlich nur kleinere, niedrigpreisige Auftragslose, denn auf den Hochdruck entfällt nur rund ein Drittel des Produktionswertes von Endlosformularen.

6.4 Außenhandel

Gegenüber einem Produktionswert von 4,5 Mrd. DM (1988) nehmen sich Einfuhren in Höhe von 55 Mill. und Ausfuhren von 205 Mill. DM äußerst bescheiden aus[28]. Dies entspräche einer Importquote von 1,3% und einer Exportquote von 4,5%. Die Exporte stagnierten mengenmäßig betrachtet in der Referenzperiode; allerdings haben sich die Importe im gleichen Zeitraum etwa verdoppelt.

---

[27] Hier spielt in besonderem Maße eine Rolle, daß der Preisindex und damit der preisbereinigte Produktionswert das Marktgeschehen nur unvollkommen beschreiben.

[28] Die den Produktionswerten entsprechenden Außenhandelsdaten wurden zusammengestellt nach: Statistisches Bundesamt, Gegenüberstellung des Güterverzeichnisses für die Produktionsstatistik (GP) mit dem Warenverzeichnis für die Außenhandelsstatistik (WA), diverse Angaben.

Dominiert wird der Außenhandel von einer Sammelposition, die ohne genauere Präzisierung „andere Drucke“ (WA-Nr. 4911909) benannt ist. Sieht man einmal davon ab, daß sich diese heterogene Warengruppe einer genaueren Analyse entzieht, so werden von der Bundesrepublik vor allem Wertpapiere exportiert. Auf Briefmarken, Banknoten und Aktien entfielen beispielsweise 1987 rund 36% aller diesbezüglichen Ausfuhren; 1980 waren es sogar 46%; damals hatte allein Zaire 550 t Banknoten mit einem Produktionswert von 62 Mill. DM aus der Bundesrepublik Deutschland bezogen. Auch die Staaten Mittel- und Südamerikas lassen sehr häufig ihre Banknoten von den Wertpapierdruckern in der Bundesrepublik Deutschland drucken. Für die Warengruppe Geschäftspapiere sind insgesamt aber die EG-Staaten sowie die Schweiz und Österreich die wichtigsten Handelspartner.

7. Übrige Erzeugnisse der Druckindustrie

Neben den bisher bereits behandelten Erzeugnissen der Gütergruppe 57 gibt es noch zwei weitere Produktgruppen. Sie umfassen zum einen weitere Druckerzeugnisse, die 1988 immerhin noch einen Produktionswert von rund 2,8 Mrd. DM repräsentierten. Zum anderen umfassen sie Zulieferungen, die aus anderen Betrieben der Druckindustrie stammen, also bereichsinterne Lieferungen darstellen. Dazu gehören sowohl Leistungen der Druckvorstufe (Druckformen, Satz, Repro) als auch Lohnveredelungsarbeiten. Einen Sonderfall stellen die belichteten Mikrofilme dar. Auf diese bisher nicht behandelten Produkte soll im folgenden noch kurz eingegangen werden (vgl. Tab. 54).

7.1 Übrige Druckerzeugnisse

Die wichtigsten Positionen dieser Erzeugnisgruppe bilden die *Verpackungs- und Ausstattungsdrucksachen* (Melde-Nr. 57160). Dazu gehören z. B. Einwickler, Schokoladeneinschläge, sonstige bedruckte Verpackungszuschnitte aus Papier, Weichpackungen aller Art, bedruckte Etiketten, Schallplattenhüllen, Beipackzettel sowie bedruckte Anhänger.

Die amtliche Statistik ordnet der Druckindustrie lediglich einen kleinen Ausschnitt der gesamten Packmittelproduktion zu. Nach der Statistik der RG-Verpackung[29] wurden in der Bundesrepublik Deutschland 1987 Packmittel im Wert von 30,19 Mrd. DM hergestellt. Die der Druckindustrie zugeordnete Packmittelproduktion hatte daran einen Anteil von 5,4%. Da

---

[29] RG Verpackung, im RKW (Hrsg.), Produktionsmenge und Produktionswert der Verpackungsindustrie in der Bundesrepublik Deutschland und Berlin (West) 1986-1987, Eschborn 1988.

1977 dieser Anteil noch bei 4,7 % gelegen hatte, haben die Druckerzeugnisse für Verpackungszwecke also ein — bezogen auf den gesamten Verpackungsmarkt — überproportionales Wachstum aufzuweisen gehabt.

Wichtigste Produktgruppe sind die Etiketten (allerdings sind hier nicht die unbedruckten Etiketten erfaßt), deren Erzeugung sich auf vergleichsweise wenig Herstellerfirmen konzentriert. Beschränkte sich früher die Nachfrage praktisch ausschließlich auf den „Food-Sektor", so sind hier weitere Anwendungsbereiche (z. B. Typenschilder und Aufkleber mit Hinweisen in PKW oder anderen technischen Gütern) hinzugekommen. Zunehmend werden auch Etiketten in Form von „Formularen" eingesetzt, bei denen mit Firmenlogo und ähnlichen Angaben vorgedruckte Etiketten mit EDV-gesteuerten Fabrikations-, Gewichts-, Preis- und anderen Versanddaten komplettiert werden. Im „Food-Bereich" wird das Etikett am häufigsten in der Getränkeindustrie angewendet, und zwar insbesondere für Einweg- und Mehrweg-Glasflaschen.

Einwickler werden mit Hilfe von speziellen Einwicklermaschinen für das Verpacken von Schokolade, sonstigen Süßigkeiten, Gebäck u. ä. verwendet. Weichpackungen — typisch hierfür sind ein Großteil der Zigarettenpackungen — dienen vornehmlich in der Nahrungs- und Genußmittelindustrie, aber auch in der Kosmetikindustrie (Seifen), der Verpackung.

Die Produktion von Schallplatten zeigt unter beträchtlichen Schwankungen eine insgesamt aufwärts gerichtete Tendenz. Im Jahre 1977 wurden in der Bundesrepublik Deutschland 175,1 Mill. Schallplatten hergestellt; 1988 waren es 234,3 Mill. Stück. Entsprechend stieg die Nachfrage nach Schallplattenhüllen.

Nominal hat sich der Produktionswert von Verpackungsdrucksachen im Referenzzeitraum 1977-1988 annähernd verdoppelt (Tab. 54). Ein beträchtlicher Teil dieses Wachstums erklärt sich jedoch aus Preisveränderungen. Schaltet man diese aus, so betrug die Produktionszunahme noch rund ein Fünftel.

Hinsichtlich der angewandten Druckverfahren haben sich bei weitem nicht so gravierende Änderungen vollzogen wie in anderen Produktbereichen der Druckindustrie (Tab. T 10). Hier hat der Hochdruck, in diesem Fall in Form des Flexodrucks, seine Bedeutung behalten. Zugenommen hat der Verpackungstiefdruck, der in der Bundesrepublik Deutschland nur von wenigen Betrieben (im dritten Quartal 1988 meldeten 20 Betriebe) angewendet wird. Die Mehrzahl arbeitet im Flachdruck (257 Betriebe) und/oder im Hochdruck (113 Betriebe).

Mit dem Begriff „*Kunstdruck*" lassen sich zwei Erzeugnisgruppen zusammenfassen, in denen sich die qualitativ hochwertigsten Produkte der Druckindustrie finden. Sie umfassen.

Tabelle T 10

Druckverfahren bei Verpackungsdrucksachen

(Anteile am Produktionswert in %)

Druckverfahren	1977	1988
Hochdruck	23,0	25,1
Flachdruck	57,7	50,2
Tiefdruck	19,3	24,7

Quelle: Bundesverband Druck e. V., Jahresberichte.

— Wandkalender / z. B. Bild-, Kunst-, Monats- und Adventskalender
— Bilddrucke und Karten (z. B. Kunstbilder und -blätter, Ansichts-, Glückwunsch- und Weihnachtskarten, Trauerkarten, Spielkarten, Bilddrucke für Wände).

Hinsichtlich des Produktionswertes waren beide Erzeugnisgruppen 1987 annähernd gleichgewichtig (Tab. 54). Bei Realbetrachtung hatten (ab 1982; erst seit diesem Jahr sind beide Erzeugnisgruppen getrennt) lediglich die Wandkalender noch ein Wachstum aufzuweisen. Die Herausgabe derartiger Kalender erfolgt durch eine ganze Reihe verschiedener Institutionen (z. B. Handelsketten, Industrieunternehmen), aber auch durch spezielle Verlage, die sich aber nur in wenigen Fällen auf das stark saisonal gebundene Kalendergeschäft spezialisiert haben. Ein großer Teil der Nachfrage nach Wandkalendern resultiert aus ihrer Verwendung als Werbegeschenk. Als hinderlich wird dabei angesehen, daß die Vergabe von Werbegeschenken pro Empfänger und Jahr bisher nur bis zu einer Höhe von 50 Mark steuerlich absetzbar war. Im dritten Quartal 1988 meldeten zur Erzeugnisgruppe Wandkalender nur vergleichsweise wenige Betriebe: Im Hochdruck waren es 8, beim Offset-Druck 65 und im Tiefdruck stellten nur 2 Betriebe Wandkalender her.

Der Markt für Bilddrucke und Karten kann als weitgehend gesättigt gelten, auch wenn die Ansichts- und Glückwunschkartenindustrie durch ständig neue „Gags" die Nachfrage zu beleben sucht. Der Gesamtbereich des „Kunstdrucks" wird bei den Druckverfahren vom Offsetdruck dominiert, auf den mittlerweile fast 90 % des Produktionswertes entfallen. Der Tiefdruck ist mit einem Anteil unter 2 % praktisch bedeutungslos.

Die Produktion von *kartografischen Erzeugnissen* (z. B. Landkarten, Atlanten, Globen, wissenschaftliche Wandkarten) unterliegt beträchtlichen Schwankungen, die vom Ausgaberhythmus der großen Autokartenwerke und Autoatlanten wesentlich mitbestimmt werden. Derartige Erzeugnisse gehören zur Standardausrüstung der Autofahrer und sind außerdem beliebte Werbegeschenke.

Die *sonstigen Druckerzeugnisse*, die Statistik nennt hier beispielhaft Abziehbilder, Modellier- und Bilderbogen sowie Schießscheiben bilden auch einen Bereich, der selbst bei Realbetrachtung noch ein beachtliches Wachstum zeigt.

7.2 Sonstige Leistungen der Druckindustrie

Unter dem Begriff „sonstige Leistungen" sollen hier zum einen die bereichsinternen Lieferungen, zum anderen Zulieferungen aus anderen Bereichen verstanden werden, die die amtliche Statistik der Gütergruppe 57 zuordnet.

Vom Produktionswert her am bedeutsamsten ist die Position „Reproduktionen und Druckformen", die in der amtlichen Statistik nach dem Druckverfahren weiter unterteilt werden, für das sie bestimmt sind. Demnach gliederten sich die *„Druckformen und Reproduktionen für Drucktechniken* (zum Absatz bestimmt), Meldenummer 5755", in:

— Hochdruck-Druckformen
  z. B. Klischees aus Zink, Magnesium und Kunststoff (auch Fotopolymerplatten), Stereos (auch Matern) und Galvanos

— Flachdruckreproduktionen und Druckplatten
  z. B. Offsetlithos, Offset-Druckplatten (Mono-/Mehrmetallplatten), Siebdruckfilme

— Tiefdruckreproduktionen und Tiefdruckzylinder
  z. B. Halbton-Sätze, Opalfilme (Abtastfilme für Zylindergravur).

Die Reproduktion stellt gleichsam das Bindeglied zwischen dem grafischen Entwurf oder einem wiederzugebenden Bild einerseits und der für den reinen Druckvorgang notwendigen Druckform dar. Die Aufgabe dieser Produktionsstufe endet praktisch mit einem Probedruck.

Viele Druckereien verfügen über eine eigene „Repro"-Abteilung. Dennoch werden von den Druckerei-unabhängigen Reprobetrieben erhebliche wirtschaftliche Leistungen erbracht. Auch Druckereien mit einer eigenen Repro-Abteilung übernehmen zur besseren Auslastung ihrer diesbezüglichen Kapazitäten Repro-Aufträge für andere. Entsprechend den Druckverfahren dominieren mit über vier Fünfteln die Offsetreproduktionen (Tab. T 11). Deren Anteil ist höher als es ihr nach der Druckproduktion eigentlich zukommen würde. Der Offsetdruck ist jedoch wegen seiner Ganzformplatten wesentlich höher reproorientiert als der Hochdruck.

Tabelle T 11

Anteile der Druckverfahren bei Reproleistungen
(in %)

Verfahren	1982	1988
Hochdruck	13,8	10,2
Flachdruck	82,2	81,8
Tiefdruck	4,0	8,0
Reproduktionen und Druckformen insgesamt	100	100

Quelle: Statistisches Bundesamt.

Im Jahre 1986 kamen in der Bundesrepublik Deutschland nur rund ein Fünftel der Aufträge (gemessen am Auftragswert) für die Repro-Betriebe von Druckereien, vier Fünftel jedoch von „Endverbrauchern" wie Verlagen (17 %), Agenturen (29 %), Industrie, Handel und sonstigen Auftraggebern (33 %)[30]. Dies hat vor allem zwei Gründe: Zum einen verfügen — wie bereits gesagt — die Druckereien meist über eine eigene Repro-Abteilung. Zum anderen benötigen die Abnehmer häufig entsprechende Spezialbetriebe, denn „für die Druckereien bedeutet die Reproduktion eine Art Hilfsarbeit, und der Auflagendruck bleibt das Wesentliche. Die Reproanstalten identifizieren sich aber mit dem Problemkreis der Arbeiten vor dem Druck"[31].

Die Produktion der zum Absatz bestimmten Reproleistungen ist von 1977 bis 1988 unter starken Schwankungen real um mehr als ein Fünftel gestiegen. Es ist allerdings anzunehmen, daß in den Produktionszahlen des Statistischen Bundesamtes wegen der unteren „Abschneidegrenze" von 20 Beschäftigten ein überdurchschnittlich hoher Anteil der Reproleistungen nicht erfaßt wird, da der Typ der sogenannten „Repro-Studios", also von Klein- und Kleinstbetrieben, sehr häufig ist.

Den Reproleistungen verwandt ist der *„Fremdsatz"*. Darunter sind Satzleistungen zu verstehen, die entweder von einstufigen Setzereien (z. B. für fremdsprachigen Satz oder für den Satz von chemischen oder mathematischen Formeln) oder den Setzereien von Druckbetrieben für Dritte erbracht werden. Nominal hat sich der Fremdsatz in der Referenzperiode etwa vervierfacht.

Unter *„reprographischen Produkten"* waren früher vor allem die Leistungen der Lichtpausbetriebe (Vervielfältigung von Bauplänen) zu verstehen.

---

[30] H. Willkomm, Wirtschafts-Panorama der Reproduktionstechnik im westlichen Europa, in: Deutscher Drucker, 1987, Nr. 37, S. w 22ff.

[31] Ebenda, S. w 25.

Außerdem gehören seit 1982 ausdrücklich noch Fotokopien und Overheadfolien dazu. Da diese Produkte auch auf normalen Photokopierern bzw. Computer-Druckern hergestellt werden können, dürfte unter dieser Rubrik der amtlichen Statistik nur ein Bruchteil der Gesamtproduktion erfaßt sei.

Während Unternehmen mit extrem hohem Beleganfall, wie z. B. Geldinstitute und Versicherungen, meist über eigene Systeme zur Mikroverfilmung verfügen, gibt es einige Service-Betriebe, die dies für andere Unternehmen durchführen. Im dritten Quartal 1988 meldeten zehn Betriebe, daß sie „*belichtete und entwickelte Mikrofilme*" herstellen. Der „Produktionswert" dieser Leistungen ist zwar mit rund 22 Mill. DM (1988) vergleichsweise sehr gering, zeigt jedoch eine sehr rasch steigende Tendenz.

Lohnveredelungsarbeiten an Druckerzeugnissen, wie Lackieren, Kaschieren und Kalandrieren haben, — vom Produktionsvolumen her gesehen — nur eine vergleichsweise geringe Bedeutung. Außerdem stagniert der Markt. Nicht erfaßt sind hier die bedeutsameren Buchbindearbeiten; sie gehören zur Papierverarbeitung (Gütergruppe 56).

VII. Zusammenfassung und Ausblick

1. Das wirtschaftliche Umfeld der Druckindustrie im Wandel

Die Inlandsnachfrage nach Druckerzeugnissen wird über eine Reihe von intermediären Faktoren (Werbeausgaben und Medienpräferenzen der Wirtschaft, Änderungen in der Informationsübertragungs- und -speicherungstechnik, Medienverhalten der Bevölkerung) letztlich wesentlich von der gesamtwirtschaftlichen Produktion bestimmt, weil sich die Abnehmer von Druckleistungen nicht von gesamtwirtschaftlichen Veränderungen abkoppeln können.

Die deutsche Wirtschaft steht bereits seit Anfang der siebziger Jahre unter starkem Einfluß welt- und gesamtwirtschaftlicher Wandlungen. Genauere Analysen[1] ergaben, daß wichtige Erklärungsfaktoren für die aufgetretenen Wachstums- und Beschäftigungsprobleme in den Ölpreisschocks 1973/74 und 1979/80 sowie in den daraus resultierenden Nachfrage-, Preis- und Leistungsbilanzwirkungen zu suchen waren. Kein Wirtschaftszweig konnte sich der deutlichen Verlangsamung im Wachstum des realen Bruttosozialprodukts nach 1973 entziehen. Am stärksten wurden die ölabhängigen Wirtschaftszweige getroffen; die Verteuerung dieses Schlüsselrohstoffs der modernen Wirtschaft hat in vielen Branchen zu einer Reihe von Anpassungsvorgängen geführt. Gleichzeitig und teilweise in engem Zusammenhang mit diesen beträchtlichen Änderungen im gesamtwirtschaftlichen Datenkranz ergab sich eine weltweite Diskussion über die Grenzen des Wachstums und die Endlichkeit der natürlichen Ressourcen. Im Zusammenhang mit den teilweise explosionsartigen Preisschüben sahen sich viele Unternehmer veranlaßt, Produktgestaltung und Produktionsprozesse auf Einsparungsmöglichkeiten zu überprüfen. Angesichts erwarteter Stagnation oder gar Rückläufigkeit der Nachfrage wurden viele Investitionsvorhaben storniert oder reduziert. Andererseits kam eine derartige Reaktion öfter verspätet oder die Vorhaben waren nicht mehr aufzuhalten, so daß es zu (temporären) Überkapazitäten kam.

Aus der Veränderung der Wechselkurse ergab sich in den siebziger Jahren eine „reale" Aufwertung der D-Mark und damit eine Verschlechterung der

---

[1] Z. B. W. Gerstenberger, Analyse der strukturellen Entwicklung der deutschen Wirtschaft, München 1983, sowie ders., Wettbewerbsfähige Strukturen gestalten Expansionspolitik, a.a.O.

Wettbewerbsposition der deutschen Industrie. Trotz großer Leistungen auf den Sektoren der nicht preislichen Wettbewerbsfaktoren war die deutsche Position nicht stark genug, um in wichtigen Exportbranchen in der zweiten Hälfte der siebziger Jahre Anteilsverluste am Weltmarkt zu vermeiden. Zu Beginn der achtziger Jahre brachte die Dollaraufwertung der deutschen Exportindustrie dann wieder eine kräftige Erholung. Die Wirtschaft der Bundesrepublik Deutschland profitierte mit am meisten vom Anstieg der amerikanischen Importe und vom Rückgang der Wettbewerbsfähigkeit der US-Industrie am Weltmarkt. Zusammen mit stabilen Preisen in der Bundesrepublik und weiteren positiven Anstößen durch Steuersenkungen befindet sich die Wirtschaft in einer bereits sieben Jahre dauernden Phase eines zwar nicht stürmischen aber stetigen Wachstums, das bei zuletzt (1989) blendender Exportsituation in zunehmendem Maße auch von den Investitionen der gewerblichen Wirtschaft genährt wird. Inwieweit auch die Ausrichtung der Kapazitäten auf den vor der Realisierung stehenden EG-Binnenmarkt bereits eine Rolle spielt, ist derzeit noch nicht abzuschätzen.

Die hier skizzierten Wandlungen im wirtschaftlichen Umfeld blieben natürlich nicht ohne Auswirkungen auf die Druckindustrie in der Bundesrepublik Deutschland. Wenn sie auch wegen der sehr geringen Einbindung in die außenwirtschaftlichen Beziehungen von vielen Vorgängen nicht direkt betroffen war, so unterlag sie doch in vieler Hinsicht indirekten Wirkungen. Beispielhaft sei auf die starken Verteuerungen und Verbilligungen beim wichtigsten Rohstoff, dem mit energieintensiven Produktionsprozessen erzeugten Papier, hingewiesen. Da Werbeausgaben und (gesamtwirtschaftliche) Produktion in der Vergangenheit in einem sehr engen und dazu linearen Zusammenhang gestanden haben, und erstere auch zu rund zwei Dritteln die Märkte für Druckerzeugnisse direkt beeinflussen, mußten Konjunkturschwankungen der Gesamtwirtschaft sich auch als Nachfrageänderungen bei Druckerzeugnissen auswirken. Die gewerbliche Nachfrage bestimmt fast ausschließlich den Absatz von Druckerzeugnissen, wobei diese Nachfrage im Dienstleistungsbereich vor allem durch die Dienstleistungen der Wissenschaft, Kultur und Verlage, „gebündelt" wird.

2. Änderungen im technologischen Umfeld der Druckindustrie

Auch das technologische Umfeld der Druckindustrie war in der Vergangenheit Ziel vieler Neuerungen und Änderungen. Hier sei nicht so sehr an die Änderungen in der Produktionstechnik der Druckindustrie selbst gedacht. Diese waren zwar teilweise spektakulär (Ablösung des Bleisatzes, Verdrängung des Hochdrucks durch den Offsetdruck), aber derartige Änderungen gehören gleichsam zum technologischen Alltag der Unternehmen einer Branche und sind — ausreichende Ertragskraft und unternehmerische Entscheidungsfreude vorausgesetzt — mit mehr oder weniger großen Anpassungsfriktionen zu lösen.

Viel entscheidender, weil letztendlich potentiell existenzbedrohend für die Druckindustrie, sind jedoch die Neuentwicklungen auf dem Sektor der Gewinnung, des Transports, der Speicherung und der Verarbeitung von Informationen, die durch die Schlagworte elektronische Revolution, Neue Medien, Neue Technische Kommunikation und Informationsvernetzung umrissen werden können. Diese technischen Neuentwicklungen werden mit einem großen finanziellen Aufwand an Forschung und Entwicklung vorangetrieben; an diesem Prozeß ist auch der Staat an hervorragender Stelle durch seine Medien- und Förderpolitik eingeschaltet. Dabei konnte teilweise der Eindruck entstehen, als ob, beispielsweise durch die Forcierung von Privatrundfunk und -fernsehen, die Printmedien systematisch verdrängt werden sollten. Pessimismus bezüglich der Zukunft der Druckindustrie war weit verbreitet[2]; dies hat sicherlich auch zu Investitionszurückhaltung bei dieser geführt. Ratzke sah 1975 den Einzug der Neuen Medien als große Gefahr für die Druckindustrie: „Die Realisierung der neuen elektronischen Massenkommunikationsmedien fällt in aller Welt zeitlich zusammen mit dem Existenzkampf der Druck- und Verlagsbranche gegen eine ganze Serie bedrohlicher Probleme: Es sind dies vor allem die kritische Kostensituation bei der Herstellung der konventionellen Druckmedien, immer größere Schwierigkeiten beim Vertrieb der Druckerzeugnisse sowie der wachsende politische Druck auf die Verlage und ihre Konzentration. Hinzu kommt nun als neue, zusätzliche Gefährdung der „alten Medien“ das neue Medium Kabelkommunikation, insbesondere zunächst das Kabelfernsehen.“[3]

Dieser Mitte/Ende der siebziger Jahre weitverbreitete Pessimismus hinsichtlich der Zukunftschancen der gedruckten Information und damit der Zukunft der Druckindustrie ist weitestgehend geschwunden. Es hat sich gezeigt, daß gerade durch die neuen Kommunikationstechnologien sich auch große, neuartige Marktsegmente für Druckerzeugnisse gebildet haben; beispielhaft sei hier auf die mit der Verbreitung von PC's verbundenen Betriebsanleitungen, Handbücher, Fachzeitschriften und -bücher oder auf die mit der Einführung zusätzlicher Radio- und Fernsehprogramme verbundene Auflagen- und Umfangssteigerung von Programmzeitschriften, von „Büchern zum Film“ oder von durch Fernsehsendungen angeregte Nachfrage nach „Special-Interest-Literature“ verwiesen. Die werbetreibende Wirtschaft hat erkannt, daß auch intensivierte Hörfunk- und TV-Werbung durch entsprechende Printwerbung „flankiert“ werden muß, und daß für die gezielte werb-

---

[2] So stellte Nussbaum fest: „Zeitungen, wie wir sie kennen, wird es 1990 sicher nicht mehr geben“. Vgl. B. Nussbaum, Das Ende unserer Zukunft (Engl. Titel: The World after Oil), München 1984, S. 68.

[3] D. Ratzke, Netzwerk der Macht, Frankfurt 1975, S. 176.

liche Ansprache spezieller Bevölkerungsgruppen Printmedien gegenüber den elektronischen Medien deutliche Vorteile besitzen. So zeigt sich Ende der achtziger Jahre ein deutlicher Optimismus hinsichtlich der Zukunft der gedruckten Information. Dies dokumentiert sich nicht zuletzt in einem bisher nie dagewesenen weltweiten Investitionsschub in Anlagen zur Erzeugung grafischer Papiere, aber auch in Druckmaschinen.

3. Künftige Chancen der Druckindustrie

3.1 Ausgangslage

Im Mittelpunkt der vorliegenden Untersuchung stand die Analyse der Anpassungsreaktionen der Druckindustrie an die veränderten wirtschaftlichen und technischen Rahmenbedingungen; die dabei verfolgten Strategien sind auch wichtige Determinanten für die künftige Entwicklung. Im folgenden werden nochmals thesenhaft die wichtigsten Ergebnisse dieser Analyse, die sich auf die Referenzperiode 1977-1987 bezog, vorgestellt und jeweils darauf hingewiesen, welches Gewicht den jeweiligen Problemen bzw. Anpassungsvorgängen in den nächsten Jahren zukommen dürfte.

— Die Bundesrepublik Deutschland gehört beim *„Verbrauch" von Druckerzeugnissen* bezogen auf die Einwohner zu den führenden Ländern in der Welt; sie kann durchaus als Land der Printmedien bezeichnet werden.

— Die Entwicklung der *Inlandsnachfrage* nach Druckerzeugnissen hängt in starkem Maße von der gesamtwirtschaftlichen Produktionstätigkeit ab. Vergleicht man das Wachstum dieser beiden Aggregate, so zeigt sich, daß die Nachfrage im Zeitraum 1977-1987 knapp unterdurchschnittlich gewachsen ist (1,6% gegenüber 1,9% pro Jahr). Diese „Wachstumsschwäche manifestiert sich vor allem in der ersten Hälfte der Periode, während in der zweiten Hälfte ein Unterschied praktisch nicht festzustellen war.

— Bezieht man die Nachfrage nach Druckerzeugnissen auf die Industrieproduktion, so zeigt sich ein fast identisches Wachstumstempo, wobei in der ersten Hälfte des Referenzzeitraums die Druckerzeugnisse sogar besser abgeschnitten haben.

— Auch die Entwicklung der *Produktion* war in der Druckindustrie sowie im verarbeitenden Gewerbe insgesamt ähnlich. Im Zeitraum 1970-1987 war der Branchenkoeffizient der Druckindustrie in sieben Jahren höher, in drei Jahren gleich und in acht Jahren kleiner als eins. Damit ist die Druckindustrie als ein durchschnittlich wachsender Bereich anzusehen.

— Die *Produktionsstruktur* der Druckindustrie hat sich im Zeitraum 1977-1987 nur sehr wenig verändert.

— Die Druckindustrie hat die *Sachkapitalintensität* sehr viel stärker gesteigert als der Durchschnitt des verarbeitenden Gewerbes insgesamt. Dies ist das Ergebnis einer ständig überdurchschnittlichen Investitionstätigkeit, wobei auch dem Leasing besondere Bedeutung zukam. Unter den Motiven für Investitionen dominierte lange die Rationalisierung, seit etwa 1983 ist aber die Ersatzbeschaffung in den Vordergrund getreten. Sie hatte erhebliche Kapazitätseffekte. Durch die mit dieser Investitionstätigkeit verbundene Erneuerung des Kapitalstocks kann der Bestand an Produktionsanlagen der Druckindustrie in der Bundesrepublik Deutschland heute nach internationalen Maßstäben als hochmodern bezeichnet werden.

— Die *Investitionen* der deutschen Druckindustrie konzentrierten sich bisher praktisch ausnahmslos auf das Inland; im Ausland wurden nur in bescheidenem Umfang Direktinvestitionen getätigt. Offensichtlich ist es in der Vergangenheit für die deutschen Druckunternehmen kein strategisches Ziel gewesen, durch Direktinvestitionen ausländische Stützpunkte zu errichten und die Märkte auf diese Weise zu erschließen. Auch Kooperationsvereinbarungen mit ausländischen Druckern sind selten. Grenzüberschreitend agieren hingegen die großen Verlags- und Medienhäuser, über die dann auch, allerdings wenige aber bedeutende, Druckereien international verknüpft sind.

— Im Druckbereich der Bundesrepublik Deutschland dürften 1987 rund 233 000 Personen tätig gewesen sein, davon rund 165 000 in Betrieben von Unternehmen mit 20 und mehr Beschäftigten. Gegenüber dem Höchststand in den früheren siebziger Jahren sind rund 40 000 *Arbeitsplätze* verloren gegangen, besonders deutlich war der Abbau in den Jahren 1973-1976 und 1981-1983. Seit 1984 ist wieder ein allmählicher Anstieg zu verzeichnen. Die Druckindustrie hat also auf konjunkturell und technologisch bedingte Änderungen des Umfeldes zu einem nicht geringen Teil mit Anpassungsmaßnahmen bei den Personalkapazitäten reagiert. Es ist aber festzuhalten, daß diese Wandlungen nicht zu überdurchschnittlichen Arbeitslosenzahlen geführt haben. Inwieweit dies auf die umfassenden Tarifverträge mit ihrem Bestandsschutz und ihren Übergangsregeln zurückzuführen war, läßt sich kaum herausrechnen. Vom Personalabbau waren vor allem Beschäftigte ohne Berufsausbildung und ohne längere Berufspraxis in der Druckindustrie betroffen.

Für die Zukunft muß aber angesichts fortschreitender Produktivitätssteigerungen sowie einer zunehmenden Vernetzung der Medien, neuer Methoden der Informationsgewinnung, -übertragung und -speicherung nicht nur mit weiteren Wandlungen in der Beschäftigtenstruktur, sondern auch mit einem (relativen) Rückgang der Beschäftigten gerechnet werden.

— Die *Produktionstechnik* in der Druckindustrie war in den letzten 10-15 Jahren massiven Wandlungen unterworfen. Diese Änderungen umfaßten dabei nicht nur die allgemein in dieser Zeit erzielten und in vielen Zweigen der Industrie zu beobachtenden maschinentechnischen Fortschritte, wie höhere Arbeitsgeschwindigkeiten, größere Arbeitsbreiten, bessere Prozeßdatenerfassung, Prozeßkontrolle und -steuerung, sondern auch ganz grundsätzliche Änderungen. Hierzu zählen die Ablösung des Bleisatzes durch den Foto- und Lichtsatz, die Verdrängung des Hochdrucks durch den Offsetdruck, der Trend vom Bogen- zum Rollendruck sowie der verstärkte Einsatz von Farbe. Die technischen Wandlungen gehen weiter; sie dürften sich in den nächsten Jahren vor allem auf den Sektor der Druckvorbereitung konzentrieren. Desk Top Publishing und verwandte Systeme werden es auch kleineren und mittleren Druckbetrieben ermöglichen, an den Fortschritten durch die Elektronik zu partizipieren. Bei den Druckmaschinen ist der technische Fortschritt häufig mit größeren und leistungsfähigeren Aggregaten verbunden, die notwendigerweise zur Spezialisierung führen. Durch diese Spezialisierung geht aber auch ein großer Teil der Flexibilität verloren; die Unternehmen werden konjunkturanfälliger, da die Möglichkeit zum Ausweichen auf andere Märkte erschwert wird. Zudem beginnen die großen Maschinen, die Finanzkraft der kleinen, teilweise auch der mittleren, Unternehmen zu übersteigen.

— Firmeneigene *Forschung und Entwicklung* wird fast ausschließlich in Großbetrieben oder in Unternehmen mit besonders forschungsintensiven Spezialprodukten betrieben, wobei die Firmen dabei häufig mit privaten oder gemeinnützigen Forschungseinrichtungen kooperieren. Außerdem kommt der Gemeinschaftsforschung eine besondere Bedeutung zu. Schließlich bezieht die Druckindustrie ihre Innovationen in großem Maße von ihren Zulieferern (Druckfarben-, -platten-, -maschinen- und -papierindustrie). Da die Bundesrepublik Deutschland auf all diesen Zuliefergebieten weltweit technologisch (mit) führend ist, bestimmt dieser „Zusammenklang" wesentlich den hohen Leistungsstandard und damit die Wettbewerbsfähigkeit der deutschen Druckindustrie.

— Die Druckindustrie gehört zu denjenigen Branchen, die am wenigsten mit *Energiekosten* belastet sind; der Schwerpunkt liegt in zunehmendem Maße auf dem elektrischen Strom und weniger auf Prozeß- bzw. Heizwärme.

— Die Druckindustrie ist vergleichsweise wenig materialkostenintensiv. Wichtigste eingesetzte *Rohstoffe* sind Druckpapiere und Druckfarben. Sowohl hinsichtlich des eingesetzten Papiers als auch der übrigen Rohstoffe können die Drucker in der Bundesrepublik Deutschland auf ein vielseitiges Angebot inländischer Hersteller zurückgreifen, das durch konkurrierende ausländische Produkte komplettiert wird. Der Verbrauch grafischer Papiere insgesamt ist sehr viel stärker gewachsen als die (statistisch registrierte) Druckproduktion, obwohl die Druckpapiere aus Kostengründen tendenziell leichter werden. Hieraus wird deutlich, daß ein zunehmender Teil der „Druck"-Produktion außerhalb der Druckindustrie in Regie- und Hausdruckereien, aber auch auf EDV-Druckern und Kopierern erbracht wird. Der Verbrauch von Druckfarben kann dagegen recht gut durch die Druckproduktion erklärt werden, obwohl er vor allem auch von der Anteilsentwicklung der unterschiedlich farbintensiven Druckfarben bestimmt wird.

— Die Druckindustrie gehört zu den Branchen mit einem bisher vergleichsweise geringen Anteil von *Umweltschutz*investitionen an den Gesamtinvestitionen. Diese galten schwerpunktmäßig der Luftreinhaltung, und zwar der Beseitigung von Lösungsmittelrückständen in der Abluft, die aus einem Teil der Druckfarben stammen. Aber auch Lärmbekämpfung und Gewässerschutz sind wichtige Ziele. Grundsätzlich ist dabei festzustellen, daß auch für die Druckindustrie die zum Schutz der Umwelt erlassenen Gesetze und Verordnungen zunehmend relevant werden.

— Die *Kosten für* die einzelnen *Materialien*, die in der Druckindustrie benötigt werden, haben sich sehr unterschiedlich entwickelt. Am stärksten verteuert hat sich das Papier, dessen Preis (1977-1987) um rund 30% gestiegen ist. Hingegen haben sich die Kosten für die Druckfarben nur mäßig erhöht.

— Der *Personalaufwand* hat sich trotz steigender Qualifikation der Beschäftigten in der Druckindustrie relativ vermindert. Dies dürfte vor allem die Erfolge beim Ersatz des Faktors Arbeit durch den Faktor Kapital widerspiegeln, aber auch Folge einer Verlagerung von arbeitsintensiven Tätigkeiten in den tertiären Sektor (Presse- und Verlagswesen) sein. Im internationalen Vergleich sind die Brutto-Lohnkosten je Stunde in der Druckindustrie der Bundesrepublik Deutschland zwar vergleichsweise hoch, in den Druckindustrien der EG-Länder ist eine Tendenz zur Novellierung jedoch unverkennbar.

— Die *Preise*, die die Druckindustrie für ihre Erzeugnisse erzielt hat, sind in der Vergangenheit (1977-1988) etwas stärker gestiegen als diejenigen für den Durchschnitt der gewerblichen Produkte insgesamt. Hierfür waren vor allem die Entwicklungen in den letzten Jahren (1985-1988) maßgeblich. Die stärksten Preisanhebungen für Druckerzeugnisse erfolgten naheliegenderweise zeitgleich mit dem kräftigen Anstieg der Papierkosten Anfang der achtziger Jahre.

— Die *Ertragsentwicklung* in der Druckindustrie entsprach in ihrem zeitlichen Verlauf dem Muster des verarbeitenden Gewerbes insgesamt, wobei das Niveau der Druckindustrie durchschnittlich deutlich höher lag. Außerdem entstand der Eindruck, daß die Ertragssituation in den großen und den kleinen Unternehmen vergleichsweise am günstigsten ist. Dieser Befund leuchtet insofern ein, als es sich bei den kleinen Firmen vorwiegend entweder um Spezialbetriebe oder um typische Akzidenzdrucker mit meist regional eng begrenztem Einzugsgebiet, also um Bediener von sortimentsmäßigen oder regionalen Marktnischen handelt. Gerade in diesen Marktsegmenten geht es zwar häufig um komplizierte und stark wechselnde, allgemein aber sehr kleine Losgrößen; es sind aber andererseits auch günstige Abschlußbedingungen zu erzielen. Die Großdruckereien sind hingegen meist mit einem Verlagsunternehmen verbunden, dessen Aktivitäten ihnen eine Auftragsdecke sichern, die häufig über eine reine Grundauslastung hinausgeht, und ihnen erlaubt, Rationalisierungsmöglichkeiten voll auszunutzen und die „economies of scale" wahrzunehmen.

3.2 Entwicklungsperspektiven

Die Produktionsentwicklung in der Druckindustrie der Bundesrepublik Deutschland stand in der Vergangenheit in einem engen Zusammenhang, um nicht zu sagen Gleichklang, mit der gesamtwirtschaftlichen Produktion, besser noch mit der Produktion im verarbeitenden Gewerbe insgesamt. Es liegt also für einen ersten Ansatz zur Abschätzung der zukünftigen Entwicklung nahe, einen derartigen Zusammenhang auch fürderhin zu unterstellen. Nach internen Überlegungen des Ifo-Instituts wird von einem langfristigen Trendwachstum der Produktion im verarbeitenden Gewerbe der Bundesrepublik Deutschland in einer Größenordnung von knapp 2,5 % pro Jahr ausgegangen[4]. Daraus ergäbe sich für die Druckproduktion ein Wachstum in eben dieser Größenordnung. Zu einem ähnlichen Ergebnis gelangt man, wenn man eine frühere Prognose des Ifo-Instituts heranzieht, die sich des Zusammenhangs zwischen Sozialproduktswachstum einerseits und Druckproduktion andererseits bedient[5]. Verwendet man die damals als tragfähig ermittelten Schätzansätze und geht von einem künftigen Sozialproduktionswachstum von rund 2,5 % pro Jahr aus, so errechnete sich daraus ein Wachstum der Druckproduktion von 2,3 bis 2,4 %.

Ein derartiges direktes „Ankoppeln" der Druck*produktion* an die Leitvariablen „Produktion des verarbeitenden Gewerbes insgesamt" bzw. „Sozialprodukt" bedeutet, daß der außenwirtschaftlichen Verflechtung der Druckindustrie kein entscheidend anderer Einfluß auf deren Entwicklungschancen beigemessen wird als bisher. Nun hat zwar in den letzten zehn Jahren

[4] Die methodischen Grundlagen, die Annahmen sowie die Scenarios für diese Schätzung sind in einer Studie des Ifo-Instituts beschrieben. Vgl. W. Gerstenberger u. a., Entwicklungsperspektiven der Gießereiindustrie in der Bundesrepublik Deutschland bis zum Jahr 2000, München 1988.

[5] K. Grefermann, Druckerei- und Vervielfältigungsindustrie ..., a.a.O., S. 106ff.

(1977-1987) sowohl die Import- als auch die Exportquote zugenommen; das Niveau liegt aber immer noch vergleichsweise niedrig. Die ausländische Konkurrenz für Druckerzeugnisse hat insgesamt betrachtet auf dem deutschen Markt nur eine geringe Bedeutung und zudem haben sich die Drucker aus der Bundesrepublik Deutschland zunehmend mehr im Ausland durchgesetzt; der (positive) Außenhandelssaldo ist nominal und real kräftig weiter gestiegen. Nach der „klassischen" Außenhandelstheorie läßt sich daraus ableiten, daß sich die Bundesrepublik Deutschland als guter Standort für die Druckindustrie erwiesen hat. Auf die Gründe dafür wurde im Verlauf dieser Studie mehrfach eingegangen. Es ist gegenwärtig auch nicht zu erkennen, daß sich dies in naher Zukunft entscheidend ändern wird.

Dieses so ermittelte Wachstumspotential kann jedoch noch von einer Reihe von Faktoren beeinträchtigt werden. Deren mögliche Einflußintensität soll im folgenden kurz umrissen werden.

Ein Teil der Nachfrage nach Druckerzeugnissen ist unmittelbar mit der demographischen Struktur in der Bundesrepublik Deutschland verknüpft. So wird die Auflage von Zeitungen und Massenzeitschriften (z. B. Programmzeitschriften) von der Zahl der Haushalte, diejenige von Schulbüchern vom Anteil der Schüler bestimmt. Bevölkerungsvorausschätzungen für die Bundesrepublik Deutschland gehen für den Zeitraum 1985-2000 von einer Abnahme um rund 1 Mill. Einwohner aus[6]. Der Anteil der unter 20-jährigen an der Gesamtbevölkerung, der 1986 bei 22 % gelegen hatte, wird bis zum Jahre 2000 auf weniger als 20 % abgesunken sein. Hingegen wird erwartet, daß die Zahl der privaten Haushalte bis zur Jahrtausendwende noch um eine knappe halbe Million zunehmen wird, wobei die durchschnittliche Haushaltsgröße zurückgeht. Die Einflüsse dieser demographischen Entwicklungen auf die Nachfrage nach Druckerzeugnissen laufen einander zuwider. Die immer noch leicht steigende Zahl von Haushalten wird dazu führen, daß tendenziell auch die Nachfrage nach „pro Haushalt gehaltenen" Zeitungen und Zeitschriften noch leicht steigt. Hingegen nimmt der Anteil von Jugendlichen an der Bevölkerung ab. Dies dürfte sich aber auf die Nachfrage nach Druckerzeugnissen nur marginal auswirken, denn Jugendliche haben als Konsumenten von Printmedien nur eine unterdurchschnittliche Bedeutung.

Insgesamt kann davon ausgegangen werden, daß retardierende Einflüsse aus den demographischen Veränderungen auf die Nachfrage nach Druckerzeugnissen in den nächsten zehn Jahren nicht spürbar sein werden. Die demographische Komponente wird also voraussichtlich bedeutungslos sein. Dies bedeutet aber nicht, daß sich die Struktur der Nachfrage (z. B. Verlage-

---

[6] BIPE, IFO-INSTITUT, PROMETEIA (Hrsg.), Europe in 1993, Paris/München/Bologna 1989, S. 12, sowie Ifo-Institut (Hrsg.), Bauvorausschätzung 1988-1998, Allgemeiner Teil, S. 77 ff. Nach dem Einsetzen eines starken Zustroms von Aus- und Übersiedlern müssen diese Bevölkerungsprognosen wohl nennenswert nach oben korrigiert werden.

rung der Nachfrage von „homogenen Massenzeitschriften" auf Special-Interest-Zeitschriften) nicht stark ändern kann.

Eine weitere Quelle negativer Einflußfaktoren auf die Nachfrage nach Druckerzeugnissen könnte darin liegen, daß bisherige Abnehmer dieser Produkte diese verstärkt selbst herstellen werden, daß nämlich Prospekte, Bedienungsanleitungen, Preislisten, Briefbögen und Formulare künftig mit Hilfe von Personalcomputern, Layoutsoftware, Scannern und Matrix- oder Laserdruckern verstärkt vom Schreibtisch aus angefertigt werden. Professionelle Marktforscher erwarten auf den relevanten Märkten Rückgänge der Nachfrage nach Druckerzeugnissen in einer Größenordnung von 30 bis 40 %. Nach den bisher vorliegenden Erkenntnissen beginnt sich diese neue Technik allerdings vor allem dort durchzusetzen, wo bisher schon Hausdruckereien, EDV-gesteuerte Drucker oder konventionell arbeitende Grafiker plus Schnellkopierer und ähnliche Konstellationen selbständigen Druckern kaum Raum für Geschäfte gelassen haben, daß also neuartige Hausdruckereien „klassische" Hausdruckereien substituieren. Wenn auch das papierlose Büro in absehbarer Zukunft nur ein Schlagwort bleiben wird, ist jedoch unverkennbar, daß sich der Markt für derartige traditionelle Druckerzeugnisse im Umbruch befindet.

Davon sind vor allem die Hersteller der einfachen Geschäftspapiere betroffen; auf diesen Teilmarkt entfallen reichlich 10 % der gesamten Produktion von Druckerzeugnissen. Ein Produktionsrückgang dieses Teilsektors der Druckindustrie um rund 30 % bis zum Jahre 2000 würde das Wachstum der gesamten Druckindustrie um rund 0,3 % jährlich vermindern.

Der entscheidende Faktor für die Zukunft der Druckindustrie wird die künftige Entwicklung der Printwerbung sein. Wenn sich die in den vergangenen zehn Jahren (1977-1987) zu beobachtenden Tendenzen auch künftig fortsetzten, würde die Werbung insgesamt im Ausmaß der Printwerbung konstant bleiben. Mithin ergäben sich durchaus positive Perspektiven für die Druckindustrie.

Lange[7] hat darauf hingewiesen, daß die Prognose von Werbemärkten mit erheblichen methodischen Problemen verbunden ist, und zwar wegen

— der Abhängigkeit von der technischen Infrastruktur der Medien (z.B. Verkabelung, Satelliten),
— der Interdependenzen von *drei* Werbemarktpartnern, nämlich Programmanbietern, Werbungtreibenden und Publikum,
— der Verflechungen zwischen lokalen, regionalen, bundesweiten und internationalen Werbemärkten.

[7] B.-P. Lange, Die Werbemärkte der Zukunft, in: Media Perspektiven 1989, Heft 3, S. 117-126.

Zudem träten zusätzliche Probleme bei der Prognose in diesem Bereich auf. Da es sich ja darum handele, das Werbemarktpotential für *neue* Werbeträger in Konkurrenz oder Komplementarität zu etablieren, abzuschätzen und neue Werbeformen ins Blickfeld zu bekommen, könnten vorhandene Entwicklungstrends eben nicht einfach in die Zukunft fortgeschrieben werden. Vielmehr müsse auch die Möglichkeit von Trendbrüchen bzw. von -verschiebungen Berücksichtigung finden.

Lange präsentiert dann drei neuere Untersuchungen, die Werbemarktpotentiale für den Bereich der Bundesrepublik abschätzen[8]. Zwei dieser Studien beschränken sich auf eine kurz- bis mittelfristige Betrachtung, gehen aber davon aus, daß der Werbemarkt bezogen auf das Sozialproduktwachstum mindestens proportional, eher jedoch überproportional wachsen wird.

Die sich am Jahr 2000 orientierende Studie des DIW arbeitet mit drei alternativen Szenarien. Als Grundannahme wird aber unterstellt, daß der Anteil des Werbemarktvolumens am Sozialprodukt ganz leicht ansteigen wird, daß also die Werbeausgaben leicht überproportional wachsen werden. Eine derartige Annahme ist plausibel; sie entspricht auch Überlegungen des Ifo-Instituts[9]. Für ein überproportionales Wachstum spricht nicht zuletzt, daß aus der Schaffung eines gemeinsamen EG-Binnenmarktes eine Verschärfung des Wettbewerbs erwartet wird, die auch in einer Intensivierung der werblichen Aktivitäten ihren Ausdruck finden muß.

Entscheidend ist aber dann, ob die Printmedien ihren Anteil am „Werbekuchen" werden behalten können. In allen drei vorgeführten Szenarien der DIW-Untersuchung wird dem Markt für Printwerbung (hier werden allerdings nur überregionale Zeitungs- und Zeitschriftenwerbung einbezogen) positive Veränderungsraten beigemessen. Selbst in der für die Printwerbung ungünstigsten Variante, die die Existenz dreier überregionaler kommerzieller Fernsehunternehmen auf dem deutschen Markt und eine besonders schnelle Entwicklung der technischen Reichweiten unterstellt (und die von Lange als unwahrscheinlich angesehen wird), erreicht die überregionale Zeitungswerbung noch einen Zuwachs von jährlich 1,5 bis 1,8 % (Zeitraum 1985-2000) und die überregionale Zeitschriftenwerbung noch eine solche von 0,9 bis 1,2 %. Es ist aber davon auszugehen, daß die hier nicht berücksichtigte Printwerbung außerhalb von überregionaler Zeitungs- und Zeitschriften-

[8] Dabei handelt es sich um folgende Studien: Interdisziplinäre Berater- und Forschungsgruppe Basel AG (IBFG), Studie zur wirtschaftlichen Tragfähigkeit von Lokalradios in Bayern, Basel 1988; J. Heinrich, Das Potential der Werbeeinnahmen für lokale Hörfunkstationen in NRW, Dortmund 1988; Deutsches Institut für Wirtschaftsforschung (DIW), Struktur und Entwicklung des Werbemarktes für neue Rundfunkprogramme in der Bundesrepublik Deutschland, Berlin 1988.

[9] K. Grefermann, Die Druckindustrie kann zuversichtlich in die Zukunft blicken, in: Der Polygraph, 1987, Heft 11, S. 976-980.

werbung als „flankierende Unterstützung" zur elektronischen Werbung bezogen auf das Sozialprodukt eher überdurchschnittlich wachsen wird.

Damit ergäbe sich hinsichtlich der künftigen Produktionsentwicklung der Druckindustrie in der Bundesrepublik Deutschland ein Wachstumspfad, dessen Obergrenze bei knapp 2,5 % pro Jahr und dessen Untergrenze bei etwa 2 % pro Jahr anzusiedeln wären. Diese würde sich auch mit den Schätzungen einiger Experten über den künftigen (1984-2000) Verbrauch von Druckpapieren in der Bundesrepublik Deutschland decken[10]: Sie liegen Mitte der achtziger Jahre in einer Größenordnung von 1,2 bis 3,8 %. Inzwischen (Jahresmitte 1989) zeigt sich die Papierindustrie allerdings gegenüber damals wesentlich optimistischer hinsichtlich der langfristigen Nachfrage nach Druckerzeugnissen. Weltweit ist ein Investitionsboom für neue Papiermaschinen oder für den Ausbau alter Maschinen zu verzeichnen. Diese neuen Kapazitäten sind auf die neunziger Jahre orientiert. Anlagen zur Erzeugung grafischer Papiere, insbesondere auch von Zeitungsdruckpapier, stehen dabei im Vordergrund. Auch in der Bundesrepublik Deutschland zeigt sich dieser Optimismus hinsichtlich der Zukunft der grafischen Papiere. Dabei ist aber zu berücksichtigen, daß Trendbrüche angesichts der raschen technologischen Entwicklung der elektronischen Kommunikations- und Speichermedien nicht auszuschließen sind. Sie dürften sich aber nach heutigem Erkenntnisstand frühestens in der zweiten Hälfte der neunziger Jahre signifikant bemerkbar machen.

[10] K. Grefermann, Die Druckindustrie kann zuversichtlich in die Zukunft blicken, a.a.O., S. 977.

Literaturverzeichnis

Berg, K. und *Kiefer*, M.-L. (Hrsg.): Massenkommunikation III, Schriftenreihe MEDIA PERSPEKTIVEN, Band 9, Frankfurt 1987.

BIPE, IFO-INSTITUT, PROMETEIA (Hrsg.): Europe in 1993, Paris/München/Bologna 1989.

Blümle, E.-B.: Einzelhandelspionier Boucicaut bot in seinem ersten Katalog auf 50 Seiten 1500 Textilartikel an, in: Handelsblatt 1989, Nr. 47, S. 16.

Börsenverein des Deutschen Buchhandels e. V. (Hrsg.): Buch und Buchhandel in Zahlen, Frankfurt 1988.

Bradley, R.: Britische Zeitung steigt um auf Flexodruck, in: Der Polygraph 1989, Heft 4, S. 276 ff.

Bundesministerium für das Post- und Fernmeldewesen (Hrsg.): Anlagenband 4 zum Telekommunikationsbericht, Bonn 1976, S. 196.

Bundesverband Druck (Hrsg.): Jahresberichte.

— Maschinenerhebung 1986, Wiesbaden 1987.

Deutsche Bundesbank (Hrsg.): Reisen und Reiseausgaben im Ausland 1985/86, in: Monatsberichte der Deutschen Bundesbank 40 (1988), Nr. 1, S. 23 ff.

Deutsches Institut für Wirtschaftsforschung (DIW), Struktur und Entwicklung des Werbemarktes für neue Rundfunkprogramme in der Bundesrepublik Deutschland, Berlin 1988.

Dietz, U.: Abschied von der Insel, in: Das Büro der Zukunft, Special Supplement Nr. 6 der Wirtschaftswoche vom 21.10.1988.

Dostal, W.: Beschäftigungswandel in der Druckerei- und Vervielfältigungsindustrie vor dem Hintergrund technischer Änderungen, in: Mitteilungen zur Arbeitsmarkt- und Berufsforschung, 1988, Heft 1, S. 97-114.

EG-Kommission (Hrsg.): Panorama of EG Industry 1989, Brüssel/Luxemburg 1988.

Feldmühle AG (Hrsg.): Selbstdurchschreibepapiere im Formularsatz, in: „Vom Papier“, Beilage zum Magazin „Tambour“, Nr. 15, o. J.

— Druck- und Schreibpapiere: Marktversorgung und Verwendungsbereiche, in: „Vom Papier“, Beilage zum Magazin „Tambour“, Nr. 18/19.

Friemel, E.: Setzen. Belichten. Drucken. Der schnellste Weg vom Satz zum Druck, in: Deutscher Drucker 1988, Heft 9, S. w 49 ff.

Gerstenberger, W.: Wettbewerbsfähige Strukturen gestatten Expansionspolitik. Strukturberichterstattung 1987 — Kernbericht —, Schriftenreihe des Ifo-Instituts, Nr. 120, München 1988.

Gerstenberger, W. u. a.: Entwicklungsperspektiven der Gießereiindustrie in der Bundesrepublik Deutschland bis zum Jahr 2000, München 1988.

Görzig, B. u. a.: Produktionsvolumen und -potential, Produktionsfaktoren des Bergbaus und des verarbeitenden Gewerbes in der Bundesrepublik Deutschland, 30. Folge, Berlin 1988.

Grefermann, K.: Die Druckindustrie kann zuversichtlich in die Zukunft blicken, in: Der Polygraph, 1987, Heft 11, S. 976-980.

— Druckerei- und Vervielfältigungsindustrie — Strukturwandlungen und Entwicklungsperspektiven für die achtziger Jahre, Struktur und Wachstums, Reihe Industrie, Heft 32, Berlin/München 1980.

— Papierverarbeitung und Druckerei-Industrie aus der Sicht der siebziger Jahre, Struktur und Wachstum, Reihe Industrie, Heft 22, Berlin/München 1973.

Gutenberg, E.: Grundlagen der Betriebswirtschaftslehre, 2. Band: Der Absatz, Berlin/Göttingen/Heidelberg 1962.

Klein-Blenkers, F. und *Hillesheim*, J.: Die Werbekosten in der Bundesrepublik Deutschland 1984, Sonderhefte der Mitteilungen des Instituts für Handelsforschung an der Universität zu Köln, Sonderheft 32, Göttingen 1986.

Hauptverband der Papier, Pappe und Kunststoffe verarbeitenden Industrie (Hrsg.): Umweltschutz (Abfall, Abwasser, Luft), Schriftenreihe, Frankfurt 1989.

Heinrich, J.: Das Potential der Werbeeinnahmen für lokale Hörfunkstationen in NRW, Dortmund 1988.

Hummel, M. und *Berger*, M.: Die volkswirtschaftliche Bedeutung von Kunst und Kultur, Schriftenreihe des Ifo-Instituts für Wirtschaftsforschung, Nr. 122, Berlin/München 1988.

Ifo-Institut (Hrsg.): Bauvorausschätzung 1988-1998, Allgemeiner Teil, München 1988.

Interdisziplinäre Berater- und Forschungsgruppe Basel AG (IBFG): Studie zur wirtschaftlichen Tragfähigkeit von Lokalradios in Bayern, Basel 1988.

Kiefer, M.-L.: Der Werbemarkt 1986, in: Media Perspektiven, 1987, 6, S. 375 f..

Koschnik, W. J.: Ein kleiner Verlag brachte Ende der siebziger Jahre den geruhsamen Markt kräftig in Bewegung, in: Handelsblatt, 1987, Nr. 82, S. 25.

Kummer, W.: Stand und Entwicklungstendenzen im Satz- und Kommunikationsbereich, in: Der Polygraph 1987, Heft 11, S. 866.

Lange, B.-P.: Die Werbemärkte der Zukunft, in: Media Perspektiven 1989, Heft 3, S. 117-126.

Lange, K.: CD-ROM vor dem take-off?, in: Cogito, 1989, Heft 2, S. 54 ff.

Monopolkommission (Hrsg.): Die Wettbewerbsordnung erweitern, Siebentes Hauptgutachten 1986/87..

Muchna, C.: Konkurrenz von außen: Verursacht sie den Wandel?, in: Börsenblatt für den Buchhandel, 1988, Heft 75, S. 2664-2669.

Naisbitt, J.: Megatrends, New York 1984.

Noelle-Neumann, E. und *Schulz*, R.: Typologie der Käufer und Leser, in: Archiv für Soziologie und Wirtschaftsfragen des Buchhandels LXII, Beilage zum Börsenblatt für den Deutschen Buchhandel, Frankfurter Ausgabe, Nr. 1 vom 2. Januar 1987.

Norstedt Esselte (Hrsg.): Print 80, Stockholm 1973.

Nussbaum, B.: Das Ende unserer Zukunft, München 1984.

O. V., Mit M.E.G.-Therm gerüstet für den europäischen Binnenmarkt, in: Deutscher Drucker, 1988, Nr. 12, S. w 15.

— Europas Hausdruckereien nehmen kräftig zu, in: Deutscher Drucker, 19 (1983), Heft 25, S. I.

— 74000 Unternehmen in Europa drucken selbst, in: Druck-Sachen, hrsg. vom Bundesverband Druck e. V., April 1980.

— Desktop Publishing — Chancen und Risiken für die Druckindustrie, in: Deutscher Drucker, 1988, Heft 4, S. w 4.

Ratzke, D.: Netzwerk der Macht, Frankfurt 1975.

— Der Fortschritt in der Medienentwicklung wird sich nicht aufhalten lassen, in: Der Polygraph, 1987, Heft 11, S. 982.

Rennel, J. unter Mitarbeit von R. *Aurell* und H. *Paulapuro*: Future of Paper in the Telematic World, Helsinki 1984.

RG Verpackung, im RKW (Hrsg.): Produktionsmenge und Produktionswert der Verpackungsindustrie in der Bundesrepublik Deutschland und Berlin (West) 1986-1987, Eschborn 1988.

Ridder-Aab, C.-M.: Anzeigenblätter 1985 — gebremstes Wachstum, in: Media Perspektiven, 1985, Heft 8, S. 634-643.

Scheel, E.: Die aktuellen Trends in der Satzherstellung 1989, in: Deutscher Drucker, 1989, Heft 8, S. W 2ff.

Scheffel, W.: Gegenwart und Zukunft der elektro-optischen Speichermedien, in: Der Polygraph, 1987, Heft 11, S. 1077ff.

Schroeder, R.: Papierverarbeitung und Druckerei-Industrie, Struktur und Wachstum, Reihe Industrie, Heft 12, Berlin/München 1965.

Schuckert, Ch.: Der Bundesdeutsche Buchmarkt 1986/87, in: Media Perspektiven, 1987, Heft 10, S. 642.

Schütz, W. J.: Deutsche Tagespresse 1987, in: Media Perspektiven, 1987, Heft 9, S. 574-584.

Statistisches Bundesamt: Gegenüberstellung des Güterverzeichnisses für die Produktionsstatistik (GP) mit dem Warenverzeichnis für die Außenhandelsstatistik (WA), diverse Ausgaben.

Strobel, R.: Comics in der Bundesrepublik Deutschland — Emanzipation einer Literaturform, in: Media Perspektiven, 1988, Heft 1, S. 13-25.

Tempest, A. C.: Rundfunk und Werbung: eine Partnerschaft, in: Media Perspektiven, 1986, Heft 3, S. 150.

Uhlmann, L.: Kosten und Leistung in der Industrie, in: Ifo-Schnelldienst, 39 (1986), 29, S. 14.

Ullmann, D.: Strukturanalyse der Arbeitslosen und offenen Stellen in der Druckindustrie — das Problem „Qualifikation", in: Deutscher Drucker, 1988, Heft 27, S. g1-g10.

— Die wirtschaftliche Entwicklung in der Druckindustrie, in: Der Polygraph 1987, Heft 11, S. 900.

Umbach, M. W.: Ungebrochener EBV-Boom, in: Deutscher Drucker, 1988, Heft 26, SW. W 64.

UNESCO: Statistical Year Book, Paris, verschiedene Jahrgänge.

Urlaub, G. und *Bredow*, M.: Technische Anlagen zur Luftreinhaltung, in: Der Polygraph, 1988, Heft 18, S. 1548 ff.

Willkomm, H.: Wirtschafts-Panorama der Reproduktionstechnik im westlichen Europa, in: Deutscher Drucker, 1987, Nr. 37, S. w 22 ff.

— Internationales Panorama der Druckindustrie und der Reproduktionstechnik — ein globaler Ländervergleich, in: Deutscher Drucker, 1989, Heft 17, S. w 46-w 58.

Zentralausschuß der Werbewirtschaft (Hrsg.): Werbung '88, Bonn 1988.

Tabellenanhang

Tabelle 1

Stellung und Entwicklung der Druckerei und Vervielfältigung im Rahmen des verarbeitenden Gewerbes, 1977 und 1988

Merkmal	Einheit	Druckerei, Vervielfältigung		Verarbeitendes Gewerbe		Anteil Druckerei, Vervielfältigung am Verarb. Gewerbe in %	
		1977	1988	1977	1988	1977	1988
Beschäftigte[a)]	1000	172	163	7 297	6 722	2,4	2,4
Umsatz[a)] insgesamt	Mrd. DM	15,3	26,5	853,1	1 343,8	1,8	2,0
Inlandsumsatz	Mrd. DM	14,6	24,6	643,5	914,7	2,3	2,7
Auslandsumsatz	Mrd. DM	0,7	1,9	209,6	429,1	0,3	0,5
Geleistete Arbeiterstunden[b)]	Mill. Std.	236	187	9 194	7 516	2,6	2,5
Brutto-Lohn und -Gehaltssumme[b)]	Mrd. DM	5,1	8,0	205,2	317,8	2,5	2,5
Brutto-Anlageinvestitionen[b)]	Mrd. DM	0,9	2,2	36,8	75,4	2,4	2,9

Kennzahlen						Verarbeitendes Gewerbe = 100	
Umsatz je Beschäftigten[a)]	1000 DM	89	163	117	200	75,7	81,5
Brutto-Lohn und -Gehaltssumme je 1000 DM Umsatz[b)]	DM	327	285	218	208	150,0	137,0
Brutto-Lohnsumme je geleistete Arbeitsstunde[b)]	DM	15,25	26,66	13,79	23,78	110,6	112,1
Investitionsquote[b)c)]	%	5,7	7,9	3,9	4,9	146,1	161,2
Investitionsintensität[b)d)]	DM	5 115	13 210	4 985	11 010	102,6	120,0
Exportquote[e)]	%	11,0	15,4	29,3	39,3	37,5	39,2
Importquote[f)]	%	4,5	6,3	21,4	30,5	21,0	20,7

a) Fachliche Betriebsteile. - b) Betriebe. - c) Investitionen in % des Umsatzes. - d) Investitionen je Beschäftigten. - e) Ausfuhren in % des fachlichen Gesamtumsatzes. - f) Einfuhren in % der Inlandsmarktversorgung (=Fachlicher Gesamtumsatz abzüglich Ausfuhren zuzüglich Einfuhren, ohne Warenverkehr mit der DDR.)

Quelle: Statistisches Bundesamt, Ifo-Investitionstest.

Tabelle 2

Indikatoren der Druckindustrie in der EG, 1986

Land	Druckproduktion (Mrd. US-$)	Umsatz (Mrd. DM)	Beschäftigte	Betriebe	Verbrauch grafischer Papiere (Mill. t)
Vereinigtes Königreich	5,3	16,7	n.a.	10 000	4,05
BR Deutschland	9,7	25,2	162 902	7 384	5,58
Frankreich	6,9	10,8	77 536	11 800	3,18
Spanien	1,8	n.a.	n.a.	5 435	1,15
Dänemark	0,9	3,9[a)]	26 207[a)]	665	0,45
Niederlande	1,6	6,4	41 300	2 673	1,19
Italien	4,5	16,5[b)]	253 958	12 324	2,29
Belgien/Luxemburg	1,5	4,4	26 850	1 709	0,86
Portugal	0,2	n.a.	17 878[a)]	850	0,19
Irland	0,2	n.a.	n.a.	381	0,10
Griechenland	0,3	n.a.	n.a.	2 847	0,29

a) 1985. - b) Druck und Verlagswesen.

Quellen: Intergraf (Umsatz und Beschäftigte), BASF (Betriebe), CEPAC (Papierverbrauch), FAO (Papierverbrauch Griechenland), Weltbank (Druckproduktion).

Tabelle 3

Anteil einzelner EG-Länder am Warenaustausch mit Ländern außerhalb der Gemeinschaft bei Druckerzeugnissen, 1988
(in %)

Land	Anteil bei den Importen	Anteil bei den Exporten
Frankreich	27	12
Vereinigtes Königreich	20	8
Niederlande	14	14
Belgien/Luxemburg	12	13
BR Deutschland	11	35
Italien	5	11
Spanien	3	2
Dänemark	3	2
Irland	3	2
Portugal	1	1
Griechenland	1	1
EG (12) insgesamt	100	100

Quelle: EG-Kommission (Hrsg.), Panorama of EC Industry 1989, Brüssel-Luxemburg 1988, S. 23-6, sowie ergänzende Mitteilungen.

Tabelle 4

Regionale Verteilung der Druckerei und Vervielfältigung, 1988

Bundesland	Beschäftigte Anzahl	Beschäftigte %	Anteil der Beschäftigten in der Druckerei, Vervielfältigung an der Gesamtindustrie (%)	Betriebe Anzahl	Betriebe %	Umsatz Mill.DM	Umsatz %	Bevölkerung %a)	Bruttoinlandsprodukt %
Schleswig-Holstein	10 534	6,3	6,4	83	4,3	2 335,5	8,3	4,2	3,5
Hamburg	3 478	2,1	2,6	60	3,1	550,5	2,0	2,6	4,5
Niedersachsen	12 496	7,5	2,0	170	8,8	1 906,3	6,8	11,7	9,8
Bremen	.	.	.	16	0,8	.	.	1,1	1,4
Nordrhein-Westfalen	35 972	21,6	1,9	401	20,8	5 790,8	20,7	27,4	26,1
Hessen	17 974	10,8	2,9	209	10,9	2 838,1	10,1	9,0	10,2
Rheinland-Pfalz	7 147	1,9	2,0	86	4,5	1 128,6	4,0	5,9	5,3
Baden-Württemberg	33 121	19,9	2,3	391	20,3	5 922,3	21,1	15,2	16,0
Bayern	36 769	22,1	2,7	424	22,0	6 175,9	22,0	17,9	18,0
Saarland	.	.	.	19	1,0	.	.	1,7	1,5
Berlin (West)	5 290	3,2	3,3	68	3,5	842,5	3,0	3,3	3,7
Bundesgebiet insges.	166 538	100	2,4	1 927	100	28 040,5	100	100	100

a) 30.6.1987.

Quelle: Statistisches Bundesamt, Fachserie 4, Reihe 4.1.4 und Statistisches Jahrbuch 1989.

Tabelle 5

Unternehmen, Betriebe, Betriebsteile und Beschäftigte in der Druckerei und Vervielfältigung, 1988[a]

Merkmal	Druckerei, Vervielfältigung	Verarbeitendes Gewerbe
Unternehmen	1 764	35 870
Beschäftigte (1000)	143	6 859
Einbetriebsunternehmen in % der Unternehmen	96,4	89,0
Beschäftigte je Unternehmen	81	191
Betriebe	1 926	43 700
Beschäftigte (1000)	167	6 844
Beschäftigte je Betrieb	86	157
Fachliche Betriebsteile	2 041	57 641
Beschäftigte (1000)	163	6 722
Beschäftigte je Betriebsteil	80	117

a) Berichtskreis (vom Unternehmen ausgehend): 20 Beschäftigte und mehr einschl. produzierendes Handwerk.

Quelle: Statistisches Bundesamt, Fachserie 4, Reihe 4.1.1.

Tabelle 6

Umsatz- und Beschäftigtenstruktur in der Druckindustrie, 1987

Betriebstyp / Größenklasse	Durchschnittlicher Umsatz pro Betrieb[a] (in 1000 DM)	Durchschnittlicher Umsatz pro Beschäftigten[b)c)] (in 1000 DM)	Durchschnittliche Beschäftigtenzahl pro Betrieb[a]
Betriebstyp			
Akzidenz	10 420	147,3	72
Zeitungsdruck	32 778	150,3	237
Tiefdruck	134 541	205,3	641
Endlos-/Formulardruck	12 583	176,0	75
Siebdruck	7 274	170,1	46
Fotosetzerei[d]	4 542	134,5	35
Reproanstalt	6 417	143,4	47

Größenklasse			
Betriebe mit ... Beschäftigten			
1 - 19	1 229	125,9	11
20 - 49	4 732	137,7	35
50 - 199	14 474	153,9	95
200 - 499	44 615	161,6	289
500 und mehr	168 473	168,2	960
Insgesamt	13 329*	155,3*	87*

a) Gewichtet nach dem Betriebskonzept. - b) Gewichtet nach dem Beschäftigtenkonzept. - c) Teilzeitbeschäftigte wurden in Vollzeitkräfte umgerechnet, Umrechnungsfaktor: Teilzeitbeschäftigte x 0,5. - d) Wegen zu geringer Teilnehmerzahl statistisch nicht voll abgesichert.

* Hochrechnung für den Durchschnitt aller Druckereibetriebe von Unternehmen mit 20 und mehr Beschäftigten.

Quelle: Ifo-Institut für Wirtschaftsforschung, BVD-Umfrage zur Lage in der Druckindustrie, Februar 1988.

Tabelle 7

Entwicklung der Konzentration von Beschäftigung und Umsatz in der Druckerei und Vervielfältigung

(Anteile der jeweils umsatzgrößten Unternehmen in %)

Die jeweils umsatzgrößten ... Unternehmen	1978	1980	1982	1984	1986
			Beschäftigte		
6	7,7	8,1	8,3	a)	9,6
10	10,5	11,4	11,9	11,6	12,3
25	17,7	18,0	17,5	17,9	17,9
50	24,6	24,9	24,8	24,9	24,7
100	34,2	34,0	34,2	34,5	33,8
			Umsatz		
6	9,1	11,6	12,2	13,5	12,9
10	12,6	15,0	15,8	17,0	16,7
25	22,3	24,6	24,9	25,3	24,8
50	31,2	33,2	33,4	33,4	32,2
100	41,8	43,6	43,8	43,6	42,4

a) Aus Gründen der Geheimhaltung nicht veröffentlicht.

Quelle: Statistisches Bundesamt, Fachserie 4, Reihe 4.2.3.

Tabelle 8

Absatzproduktion und Anteile der größten Anbieter in den Güterklassen der Druckindustrie, 1978-1986

Güterklasse		Jahr	Produktions-wert der Anbieter (Mio. DM)	Anzahl der Anbieter	Anteil der				
Nummer	Bezeichnung				3	6	10	25	50
					größten Anbieter am Produktionswert der Güterklasse (%)				
5711	Geschäftspapiere und ähnliche Drucksachen	1978	.	.	.	.	.	.	.
		1980	.	.	.	.	.	.	.
		1982	3 518,9	1 373	10,2	14,9	19,4	29,6	40,2
		1984	3 805,4	1 274	12,0	16,9	21,8	32,5	43,0
		1986	4 233,3	1 244	11,9	16,5	21,5	32,6	43,5
5712	Kataloge und Werbedrucksachen	1978	3 523,5	1 092	11,7	19,1	25,8	37,8	48,3
		1980	4 232,2	1 076	11,0	18,4	25,4	36,5	46,7
		1982	4 298,6	1 060	10,1	17,1	24,7	35,9	45,8
		1984	4 968,6	1 014	11,7	18,3	24,8	35,5	46,0
		1986	5 628,5	1 026	12,0	18,4	23,5	34,3	45,5
5713	Bücher und Broschüren	1978	1 337,7	668	17,1	23,6	29,9	43,5	55,3
		1980	1 549,7	659	17,5	23,5	29,7	44,0	56,8
		1982	1 640,8	683	15,5	21,6	28,0	42,1	55,1
		1984	1 660,7	657	17,9	24,0	30,0	41,8	54,3
		1986	1 864,0	651	15,3	21,6	28,3	41,5	54,6

5714	Zeitungen	1978	.	.	.	.	.	.	.
		1980	.	.	.	.	.	.	.
		1982	3 910,2	412	20,6	29,1	37,0	54,5	69,1
		1984	4 206,6	391	19,9	28,1	35,6	53,0	67,5
		1986	4 690,3	393	19,8	28,8	36,1	52,9	67,9
5715	Zeitschriften	1987	.	.	.	.	.	.	.
		1980	.	.	.	.	.	.	.
		1982	3 203,0	582	36,8	48,6	56,5	70,4	78,9
		1984	3 450,4	559	36,5	49,9	57,3	70,6	79,3
		1986	3 654,6	550	37,4	52,2	59,3	70,5	79,3
5716	Verpackungs- und Ausstattungsdrucksachen	1978	.	.	.	.	.	.	.
		1980	.	.	.	.	.	.	.
		1982	1 141,6	361	19,4	28,0	35,6	53,6	70,1
		1984	1 300,4	346	19,1	26,7	35,0	55,1	71,7
		1986	1 543,1	346	19,4	26,8	34,3	53,9	70,3
5755	Druckformen und Reproduktionen für Drucktechniken (zum Absatz bestimmt)	1978	860,2	321	25,1	29,1	33,6	47,2	62,1
		1980	934,8	303	.	31,0	35,6	47,9	61,2
		1982	998,9	305	31,6	35,6	39,8	51,3	63,8
		1984	790,7	279	8,8	14,5	20,4	35,7	53,6
		1986	897,5	284	8,3	13,5	18,7	34,3	51,8

Quelle: Monopolkommission (Hrsg.), Anlagenband zum Hauptgutachten 1986/87, Tabelle I.

Tabelle 9

Vorleistungen für Erzeugnisse der Druckerei und Vervielfältigung, 1984

Die Vorleistungen[a)] stammen aus...	Vorleistungen aus			
	inl. Produktion		inl. Produktion und Einfuhr	
	Mill. DM[a)]	Anteile in %	Mill. DM[b)]	Anteile in %
Erzeugung und Verteilung von Elektrizität, Dampf, Warmwasser	308	3,2	312	2,4
Herstellung von chemischen Erzeugnissen und Spalt- und Brutstoffen	1 446	15,0	1 807	14,0
Herstellung von Kunststofferzeugnissen	311	3,2	345	2,7
Herstellung von Zellstoff, Holzschliff, Papier und Pappe	2 678	27,8	4 854	37,7
Herstellung von Papier- und Pappewaren	376	3,9	397	3,1
Dienstleistungen des Handels	613	6,4	637	4,9
Dienstleistungen des Verkehrs	759	7,9	802	6,2
den übrigen Bereichen	3 130	32,6	3 727	29,0
Insgesamt[c)]	9 621	100	12 881	100

a) Ohne bereichsinterne Lieferungen. - b) Ab- Werk-Preise. - c) Vorleistungen der Produktionsbereiche bzw. letzte Verwendung von Gütern aus inländischer Produktion bzw. aus inländischer Produktion und Einfuhr ohne Umsatzsteuer.

Quelle: Statistisches Bundesamt, Fachserie 18, Reihe 2.

Tabelle 10

Herkunft der Druckerzeugnisse nach Wirtschaftszweigen (Unternehmenskonzept), 1986

Güterklasse	Anteil der Druckerei, Vervielfältigung (in %)	Nächstwichtiger Herkunftsbereich (Anteil in %)
Geschäftspapiere u.ä. Drucksachen	94,1	Herstellung von Tapeten, Spezialpapieren, Verpackungsmitteln aus Papier und Pappe (1,3 %)
Kataloge und Werbedrucksachen	94,5	Übrige Wirtschaftszweige (5,5 %)
Bücher und Broschüren	91,3	Herstellung von Schreibwaren, Bürobedarf aus Papier und Pappe, Buchbinderei (2,4 %)
Zeitungen	51,7	Übrige Wirtschaftszweige (48,3 %)
Zeitschriften	65,5	Übrige Wirtschaftszweige (34,5 %)
Verpackungs- und Ausstattungsdrucksachen	89,7	Herstellung von Tapeten, Spezialpapieren, Verpackungsmitteln aus Papier und Pappe (5,0 %)

Wandkalender, Bilddrucke und Karten	98,6	Übrige Wirtschaftszweige (1,4 %)
Kartografische Erzeugnisse	A	Übrige Wirtschaftszweige (A)
Sonstige Druckerzeugnisse	90,0	Herstellung von Kunststoffwaren (3,5 %)
Reprographische Produkte	A	Übrige Wirtschaftszweige (A)
Belichtete und entwickelte Mikrofilme	48,3	Herstellung von Foto-, Projektions- und Kinogeräten (A)
Druckformen und Reproduktionen für Drucktechniken	96,0	Übrige Wirtschaftszweige (4,0 %)
Satz	93,9	Übrige Wirtschaftszweige (6,1 %)
Lohnveredlungsarbeiten	83,7	Herstellung von Schreibwaren, Bürobedarf aus Papier und Pappe, Buchbinderei (A)

A = Aus Gründen der Geheimhaltung nicht veröffentlicht.

Quelle: Statistisches Bundesamt, Fachserie 4, Reihe 3.2.

Tabelle 11

Output von Erzeugnissen der Druckerei und Vervielfältigung nach Absatzbereichen, 1984

Absatzbereich	Mill. DM[a)]	Anteile in %
Produktionsbereiche[b)c)]	26 430	93,1
dar.: Herstellung von Nahrungs- und Genußmitteln	970	3,4
Dienstleistungen des Handels	3 480	12,3
Dienstleistungen des Verkehrs	1 073	3,8
Dienstleistungen der Kreditinstitute und Versicherungen	1 201	4,2
Dienstleistungen der Wissenschaft, Kultur und Verlage	13 410	47,2
Sonstige marktbestimmte Dienstleistungen	1 354	4,8
Dienstleistungen der Gebietskörperschaften und Sozialversicherung	1 510	5,3
Endnachfrage	1 968	6,9
dav.: Privater Verbrauch im Inland	210	0,7
Vorratsveränderungen	141	0,5
Ausfuhr	1 617	5,7
Insgesamt[d)]	28 398	100

a) Ab-Werk Preise. - b) Ohne bereichsinterne Lieferungen (1 352 Mill. DM). - c) In der Input-Output Systematik zählen die Dienstleistungssektoren ebenfalls zu den Produktionsbereichen. - d) Gesamte Verwendung von Gütern.

Quelle: Statistisches Bundesamt, Fachserie 18, Reihe 2.

Tabelle 12

Kriterien der Festlegung von Werbeetats

Kriterien	Häufigkeit (%)				
	ausschließlich	vorwiegend	manchmal	selten	gar nicht
Als Prozentsatz vom Umsatz	6	23	14	10	47
Als Prozentsatz vom Gewinn/Deckungsbeitrag	2	9	18	13	58
In Relation zum Marktanteil	2	14	21	13	50
Nach der Höhe des Werbe-Etats der Konkurrenten	-	3	11	14	71
Nach den jeweiligen Marktzielen, die die Werbung erreichen soll	21	47	21	5	5
Auf der Basis der finanziell verfügbaren Mittel	18	35	20	5	22
Nach anderen Kriterien	5	8	12	4	71

Quelle: Ergebnisse einer Repräsentativbefragung bei Großunternehmen (Emnid-Manager-Barometer).

Tabelle 13

Struktur der Werbeumsätze in ausgewählten europäischen Ländern, 1986
(in %)

Land	Printwerbung[a]	Audiovisuelle Werbung[b]	Außenwerbung	Werbeumsätze insgesamt
Italien	42,4	52,1	5,5	100
Spanien	50,0	45,5	4,5	100
Österreich	51,8	41,7	6,5	100
Frankreich	53,7	34,9	11,4	100
Großbritannien	61,3	34,9	3,8	100
Belgien	69,2	15,1	15,7	100
Niederlande	71,5	13,7	14,8	100
BR Deutschland	79,8	16,4	3,8	100
Schweiz	80,3	9,5	10,3	100
Schweden	94,0	1,0	5,0	100
Dänemark	95,7	2,0	2,2	100

a) Zeitungen, Publikumszeitschriften und z.T. Fachzeitschriften. - b) TV, Radio und z.T. Kino.

Quelle: Handelsblatt Nr. 13, vom 20.1.1988, S. 12.

Monatliche Aufwendungen für Massenmedien, 1970 und 1987

4-Personen-Arbeitnehmerhaushalt mit mittlerem Einkommen[a)]			4-Personen-Haushalt von Beamten und Angestellten mit höherem Einkommen[b)]		
Ausgabeart	Aufwendungen in DM je Haushalt und Monat 1970	1987	Ausgabeart	Aufwendungen in DM je Haushalt und Monat 1970	1987
Hörfunkgeräte, Antennen	2,78	2,84	Hörfunkgeräte, Antennen	2,92	6,41
Fernsehgeräte, Antennen	3,34	11,61	Fernsehgeräte, Antennen	6,89	11,58
Kombinationen[c)]	0,49	5,00	Kombinationen[c)]	0,84	8,59
Sonst. Zubehör zu Hörfunk- und Fernsehgeräten	0,43	1,11	Sonst. Zubehör zu Hörfunk- und Fernsehgeräten	0,78	2,01
Miete/Reparatur[c)d)]	1,76	3,92	Miete/Reparatur[c)d)]	3,01	4,49
	8,80	24,48		14,44	33,08
Rundfunkgebühren	7,26	15,26	Rundfunkgebühren	7,19	15,76
Plattenspieler/Tonbandgeräte	1,61	10,01	Plattenspieler/Tonbandgeräte	4,01	14,65
Schallplatten/Tonbänder	1,50	10,80	Schallplatten/Tonbänder	3,71	16,60
Sonst. Zubehör zu Phonogeräten	0,37	-	Sonst. Zubehör zu Phonogeräten	0,69	-
	3,48	20,81		8,41	31,25
Bücher/Broschüren	5,62	21,32	Bücher/Broschüren	18,29	44,98
Zeitungen	4,68	16,91	Zeitungen	7,02	22,38
Zeitschriften	3,12	11,07	Zeitschriften	6,04	18,49
	13,42	49,30		31,35	85,85
Kino	0,84	1,95	Kino	1,77	3,48
Theater	0,52	2,42	Theater	3,81	6,81
Konzert	0,18	0,56	Konzert	0,76	2,59
	1,54	4,93		6,34	12,88
Massenmedien insgesamt	34,50	114,78	Massenmedien insgesamt	67,73	178,82
Anteil am Privaten Verbrauch in %	3,17	3,75	Anteil am Privaten Verbrauch in %	3,63	3,85

a) Durchschnittliches Haushaltsnettoeinkommen pro Monat 1987:3 743,11. – b) Durchschnittliches Haushaltsnettoeinkommen pro Monat 1987:6 175,81. – c) Eine exakte Aufteilung zwischen Rundfunk- und Phonogeräten ist nicht möglich. – d) Summe aus den Posten "Mieten (Leihgebühren) von Gebrauchsgütern" und "Reparaturen und Änderungen an Rundfunk-, Fernseh- und Phonogeräten".

Quelle: Statistisches Bundesamt und Berechnungen des Ifo-Instituts.

Tabelle 15

Entwicklung der Inlandsnachfrage nach Druckerzeugnissen und wichtiger Vergleichsaggregate, 1977-1988

(Durchschnittliche jährliche Veränderungsraten in %)

Aggregat	Zeitraum 1977-1982	1982-1988	1977-1988
Nachfrage nach Druckerzeugnissen[a]	+ 1,0 %	+ 2,5 %	+ 2,0 %
Sozialprodukt[b]	+ 1,6 %	+ 2,5 %	+ 2,1 %
Industrieproduktion[c]	+ 0,6 %	+ 2,4 %	+ 1,6 %

a) Als Indikator für die Inlandsnachfrage wurde die reale Inlandsverfügbarkeit, errechnet aus fachlichem Gesamtumsatz minus Ausfuhr plus Einfuhr, verwendet. Bei Verwendung des Auftragseingangsindex, Volumen Inland, ergeben sich entsprechende Wachstumsraten von 1,1 %, 2,5 % bzw. 1,8 %. - b) Wachstum des realen Bruttosozialprodukts. - c) Gemessen am Index der Nettoproduktion für fachliche Unternehmensteile, kalendermonatlich.

Quelle: Berechnungen des Ifo-Instituts nach: Statistisches Bundesamt, Fachserie 4, Reihe 4.1.1, Fachserie 7, Reihe 1, Fachserie 18, Reihe 1 sowie Lange Reihen zur Wirtschaftsentwicklung.

Tabelle 16

Ausfuhr von Druckerzeugnissen nach Abnehmerländern, 1977-1987

(in Mill. DM)

Ländergruppe	1977	1978	1979	1980	1981	1982	1983	1984	1985	1986	1987
EG-Länder	857,8	946,3	1055,7	1210,0	1336,3	1438,7	1476,8	1628,0	1860,1	1949,9	2059,0
Deutschsprachiges Ausland	637,8	715,7	810,0	935,2	937,3	1003,3	1099,2	1209,5	1301,1	1390,3	1456,3
Übriges Europa	146,8	155,3	170,1	173,5	233,7	235,9	210,7	234,3	305,5	336,4	376,2
USA/Kanada	116,4	118,1	118,9	116,6	133,8	139,1	156,4	200,0	260,3	257,6	213,5
Übrige Welt	150,7	181,7	223,2	275,0	364,7	333,2	383,3	322,4	370,3	327,5	282,4
Insgesamt	1909,5	2117,1	2377,9	2710,3	3005,8	3150,2	3326,5	3594,2	4097,3	4261,7	4387,4

Quelle: Stat. Bundesamt, Fachserie 7, Reihe 7.

Tabelle 17

Länderstruktur der Ausfuhr von Druckerzeugnissen, 1977–1987
(in %)

Ländergruppe	1977	1978	1979	1980	1981	1982	1983	1984	1985	1986	1987
EG-Länder	44,9	44,7	44,3	44,7	44,4	45,7	44,5	45,2	45,3	45,8	46,9
Deutschsprachiges Ausland	33,4	33,8	34,1	34,5	31,2	31,8	33,0	33,7	31,8	32,6	33,2
Übriges Europa	7,7	7,3	7,2	6,4	7,8	7,5	6,3	6,5	7,5	7,9	8,6
USA/Kanada	6,1	5,6	5,0	4,3	4,5	4,4	4,7	5,6	6,4	6,0	4,9
Übrige Welt	7,9	8,6	9,4	10,1	12,1	10,6	11,5	9,0	9,0	7,7	6,4
Insgesamt	100	100	100	100	100	100	100	100	100	100	100

Quelle: Stat. Bundesamt, Fachserie 7, Reihe 7.

Tabelle 18

Warenstruktur der Ausfuhren von Druckerzeugnissen, 1977-1987
(in %)

Warengruppe	1977	1981	1984	1987
Bücher, Broschüren	29,5	27,6	25,2	25,7
Zeitungen, Zeitschriften	27,2	26,3	26,2	28,7
Werbedrucksachen u.a. Bilddrucke	25,5	28,5	32,3	31,9
Sonstige Druckerzeugnisse	16,2	15,9	14,6	11,6
Reproduktionen, Druckformen	1,6	1,7	1,7	2,1
Insgesamt	100	100	100	100

Quelle: Statistisches Bundesamt; Bundesverband Druck; Berechnungen des Ifo-Instituts.

Tabelle 19

Einfuhr von Druckerzeugnissen nach Herkunftsländern, 1977-1987

(in Mill. DM)

Ländergruppe	1977	1978	1979	1980	1981	1982	1983	1984	1985	1986	1987
EG-Länder	400,5	483,0	504,9	556,9	561,7	558,7	577,8	644,0	699,0	717,8	827,5
Deutschsprachiges Ausland	225,5	244,7	265,2	323,9	351,8	347,2	368,0	403,4	412,4	436,4	471,1
Übriges Europa	49,0	49,6	52,5	50,0	52,6	60,2	58,9	65,8	69,8	65,0	69,6
USA/Kanada	40,3	45,4	58,6	68,4	91,6	96,8	112,1	132,1	138,1	115,2	119,7
Übrige Welt	17,5	22,2	27,2	40,6	48,8	44,3	48,6	69,0	83,7	79,4	86,7
Insgesamt	732,8	844,9	908,4	1039,8	1106,5	1107,2	1165,4	1314,3	1403,0	1413,8	1574,6

Quelle: Stat. Bundesamt, Fachserie 7, Reihe 7.

Tabelle 20

Länderstruktur der Einfuhr von Druckerzeugnissen, 1977-1987

(in %)

Ländergruppe	977	1978	1979	1980	1981	1982	1983	1984	1985	1986	1987
EG-Länder	54,6	57,1	55,5	53,5	50,7	50,5	49,5	49,0	49,8	50,8	52,6
Deutschsprachiges Ausland	30,8	29,0	29,2	31,2	31,8	31,4	31,6	30,7	29,4	30,9	29,9
Übriges Europa	6,7	5,9	5,8	4,8	4,8	5,4	5,1	5,0	5,0	4,6	4,4
USA/Kanada	5,5	5,4	6,5	6,6	8,3	8,7	9,6	10,1	9,8	8,1	7,6
Übrige Welt	2,4	2,6	3,0	3,9	4,4	4,0	4,2	5,2	6,0	5,6	5,5
Insgesamt	100	100	100	100	100	100	100	100	100	100	100

Quelle: Stat. Bundesamt, Fachserie 7, Reihe 7.

Tabelle 21

Warenstruktur der Einfuhren von Druckerzeugnissen, 1977-1987
(in %)

Warengruppe	1977	1981	1984	1987
Bücher, Broschüren	43,6	41,1	38,7	35,8
Zeitungen, Zeitschriften	12,6	16,1	16,8	16,0
Werbedrucksachen u.a. Bilddrucke	24,0	25,9	27,9	30,8
Sonstige Druckerzeugnisse	16,2	13,3	12,4	11,5
Reproduktionen, Druckformen	3,6	3,6	4,2	5,9
Insgesamt	100	100	100	100

Quelle: Statistisches Bundesamt; Bundesverband Druck; Berechnungen des Ifo-Instituts.

Tabelle 22

Entwicklung des innerdeutschen Warenverkehrs
mit Druckerzeugnissen, 1977-1988
(in Mill. DM)

Jahr	Bezüge der Bundesrepublik Deutschland	Lieferungen der Bundesrepublik Deutschland	Lieferüberschuß der Bundesrepublik Deutschland
1977	25,8	32,0	6,2
1978	28,1	33,1	5,0
1979	29,8	30,1	0,3
1980	30,2	35,2	5,0
1981	31,6	39,6	8,0
1982	35,0	40,3	5,3
1983	36,3	46,2	9,6
1984	33,6	45,3	11,7
1985	37,2	42,3	5,1
1986	38,3	42,2	3,9
1987	38,8	42,1	3,3
1988	29,3	43,3	14,0

Quelle: Statistisches Bundesamt, Fachserie 6, Reihe 6.

Tabelle 23

Produktionsstruktur bei Druckerzeugnissen, 1977-1988
(in %)

Erzeugnisgruppe	1977	1978	1979	1980	1981	1982	1983	1984	1985	1986	1987	1988
Geschäftspapiere	20,4	20,2	19,6	20,1	20,1	18,9	18,7	18,7	18,8	18,7	18,0	18,0
Kataloge/Werbedrucke	21,9	22,5	22,8	22,7	22,9	23,2	23,1	24,3	25,3	24,9	26,0	27,0
Bücher	9,0	8,8	8,6	8,6	8,5	8,8	8,4	8,2	8,3	8,3	8,3	8,3
Zeitungen	19,8	20,2	21,1	20,8	20,9	21,1	21,5	20,7	20,4	20,8	20,2	19,1
Zeitschriften	18,1	17,8	17,6	17,4	17,1	17,3	17,3	16,9	16,2	16,2	16,2	16,4
Verpackungsdrucksachen	6,3	6,1	5,9	5,9	6,0	6,2	6,3	6,4	6,4	6,8	6,9	6,8
Wandkalender/Karten	1,7	1,7	1,5	1,5	1,5	1,9	2,1	1,9	1,8	1,8	1,8	1,8
sonstige Druckerzeugnisse	2,8	2,7	2,9	2,9	3,0	2,6	2,8	3,0	2,7	2,5	2,5	2,6
Insgesamt	100	100	100	100	100	100	100	100	100	100	100	100

Quelle: Statistisches Bundesamt; Berechnungen des Ifo-Instituts.

Tabelle 24

Entwicklung der Kapitalintensität in der Druckerei und Vervielfältigung, 1977-1987

Merkmale	Einheit	1977	1978	1979	1980	1981	1982	1983	1984	1985	1986	1987
Brutto-Anlagevermögen[a)]	Mill. DM	14 358	14 950	15 666	16 395	17 086	17 623	18 254	18 940	19 504	20 131	20 913
Druckerei, Vervielfältigung	1972=100	114,8	119,5	125,2	131,0	136,6	140,9	145,9	151,4	155,9	160,9	167,2
Verarbeitendes Gewerbe	1972=100	112,9	114,7	116,5	118,8	120,8	122,2	123,2	123,9	124,9	127,0	129,7
Kapitalintensität[b)]	DM	82 507	84 860	86 930	89 171	94 439	101 363	110 689	116 906	120 035	123 577	126 899
Druckerei, Vervielfältigung	1972=100	127,5	138,9	131,8	133,4	139,0	145,9	153,4	155,8	154,9	154,6	158,0
Druckerei, Vervielfältigung	Verarb. Gew.= 1	0,79	0,80	0,80	0,82	0,83	0,85	0,88	0,92	0,95	0,98	0,98

a) In Preisen von 1980. - b) Brutto-Anlagevermögen in Preisen von 1980 je Beschäftigten.

Quelle: B. Görzig u.a., "Produktionsvolumen und -potential, Produktionsfaktoren des Bergbaus und des Verarbeitenden Gewerbes in der Bundesrepublik Deutschland", 30. Folge, Berlin 1988.

Tabelle 25

Investitionsintensität und -quote der Druckerei und Vervielfältigung

Jahr	Investitionsintensität[a)]		Investitionsquote[b)]		Ausrüstungsanteil[c)]
	in jeweil. Preisen	in Preisen von 1980	in der Druckerei u. Vervielfältigung	im verarb. Gewerbe	
1977	5 115	5 720	5,7	3,9	87
1978	6 525	7 115	6,9	4,0	83
1979	6 770	7 130	6,5	4,1	83
1980	7 345	7 345	6,5	4,4	80
1981	7 295	6 945	6,2	4,1	79
1982	6 900	6 270	5,6	3,9	89
1983	10 310	9 120	7,8	4,0	89
1984	8 950	7 765	6,3	3,7	89
1985	9 540	8 115	6,4	4,1	87
1986	10 345	8 790	6,7	4,8	91
1987	12 135	10 155	7,6	5,0	87
1988	13 210	10 950	7,8	4,9	90

a) Brutto-Anlageinvestitionen je Beschäftigten. - b) Brutto-Anlageinvestitionen in % des Umsatzes, in jeweiligen Preisen. - c) Anteil der Investitionen für Maschinen und maschinelle Anlagen sowie für Fahrzeuge, Werkzeuge, Betriebs- und Geschäftsausstattung usw. an den gesamten Brutto-Anlageinvestitionen in jeweiligen Preisen.

Quelle: Ifo-Investitionserhebung.

Tabelle 26

Investitionstätigkeit der Druckerei und Vervielfältigung im Inland

Jahr	Brutto-Anlageinvestitionen				
	in jeweiligen Preisen			in Preisen von 1980	
	Investitionen (Mill. DM)	Entwicklung (1980=100)	Anteil am verarb. Gewerbe (%)	Investitionen (Mill. DM)	Entwicklung (1980=100)
1977	890	65,9	2,4	995	73,7
1978	1 150	85,2	3,0	1 254	92,9
1979	1 220	90,4	2,8	1 285	95,2
1980	1 350	100	2,6	1 350	100
1981	1 320	97,8	2,7	1 256	93,0
1982	1 200	88,9	2,5	1 090	80,7
1983	1 700	125,9	3,4	1 504	111,4
1984	1 450	107,4	2,9	1 258	93,2
1985	1 550	114,8	2,6	1 318	97,6
1986	1 700	125,9	2,5	1 432	106,1
1987	2 000	148,2	2,8	1 673	123,9
1988	2 200	163,0	2,9	1 824	135,1

Quelle: Ifo-Investitionserhebung.

Tabelle 27

Altersstruktur der Ausrüstungen in der Druckerei und Vervielfältigung sowie im verarbeitenden Gewerbe[a], 1973 und 1986

(Anteile der Jahrgangsgruppen in %)

Altersgruppen	1 9 7 3		1 9 8 6	
	Druckerei, Vervielfältigung	Verarb. Gewerbe	Druckerei, Vervielfältigung	Verarb. Gewerbe
0 - 2	21,0	20,5	19,5	16,8
3 - 6	35,0	32,0	33,8	30,1
7 - 10	21,5	22,6	23,9	21,8
11 - 16	16,7	17,0	15,8	20,9
17 u. mehr	5,8	7,9	7,0	10,4
Durchschnittsalter (Jahre)	6,5	7,0	6,8	7,9

a) Nach dem Benutzerkonzept auf Basis der Werte; in Preisen von 1980.

Quelle: Ifo-Anlagevermögensrechnung.

Tabelle 28

Kapitalproduktivität[a] in der Druckerei und Vervielfältigung, 1972-1987

Jahr	Kapitalproduktivität in DM	1972=100
1977	836	87,4
1978	815	85,2
1979	794	83,0
1980	773	80,8
1981	751	78,5
1982	732	76,5
1983	717	74,9
1984	702	73,4
1985	685	71,6
1986	671	70,1
1987	657	68,7

a) Potentielles Bruttowertschöpfungsvolumen je 1000 DM Brutto-Anlagevermögen in Preisen von 1980.

Quelle: B. Görzig u.a.: "Produktionsvolumen und -potential, Produktionsfaktoren des Bergbaus und des Verarbeitenden Gewerbes in der Bundesrepublik Deutschland", 30. Folge, Berlin 1988.

Tabelle 29

Unmittelbare und mittelbare deutsche Direktinvestitionen im Ausland: Kenngrößen der deutschen Investoren aus der Druckerei und Vervielfältigung

(Bestand jeweils zum Jahresende)

Jahr	Unmittelbare deutsche Direktinvestitionen (Mill. DM)	Summe unmittelbarer und mittelbarer Direktinvestitionen (Mill. DM)	Anzahl der Investoren
1980	47	47	9
1981	27	27	7
1982	47	47	9
1983	78	78	11
1984	84	84	10
1985	82	82	11
1986	108	108	11

Quelle: Deutsche Bundesbank, Beilagen zu "Statistische Beihefte zu den Monatsberichten der Deutschen Bundesbank", Reihe 3, Zahlungsbilanzstatistik: "Die Kapitalverflechtung der Unternehmen mit dem Ausland nach Ländern und Wirtschaftszweigen."

Tabelle 30

Unmittelbare und mittelbare deutsche Direktinvestitionen im Ausland: Kennziffern der Investitionsobjekte in der Druckerei und Vervielfältigung

Jahr	Anzahl der Unternehmen	Bilanzsumme in Mrd. DM	Jahresumsatz in Mrd. DM	Beschäftigte in 1000
1980	19	0,4	0,6	5
1981	19	0,6	0,7	5
1982	19	0,6	0,8	5
1983	24	0,8	1,0	6
1984	30	0,5	0,8	5
1985	24	0,4	0,5	3
1986	20	0,5	0,5	3

Quelle: Deutsche Bundesbank, Beilagen zu "Statistische Beihefte zu den Monatsberichten der Deutschen Bundesbank", Reihe 3, Zahlungsbilanzstatistik: "Die Kapitalverflechtung der Unternehmen mit dem Ausland nach Ländern und Wirtschaftszweigen."

Tabelle 31

Unmittelbare und mittelbare ausländische Direktinvestitionen in der Druckerei und Vervielfältigung der Bundesrepublik Deutschland

Jahr	Unmittelbare	Mittelbare	Anzahl	Bilanzsumme (Mrd. DM)	Jahresumsatz (Mrd. DM)	Beschäftigte (in 1000)
	ausländische Direktinvestitionen (Mill. DM)		der inländischen Unternehmen mit ausländischer Beteiligung			
1980	51	42	30	0,4	0,5	4
1981	50	43	30	0,4	0,5	3
1982	45	55	32	0,3	0,5	3
1983	55	39	36	0,3	0,5	3
1984	45	43	33	0,3	0,5	3
1985	63	44	38	0,3	0,6	3
1986	64	41	36	0,3	0,6	3

Quelle: Deutsche Bundesbank, Beilagen zu "Statistische Beihefte zu den Monatsberichten der Deutschen Bundesbank", Reihe 3, Zahlungsbilanzstatistik: "Die Kapitalverflechtung der Unternehmen mit dem Ausland nach Ländern und Wirtschaftszweigen."

Tabelle 32

Entwicklung des Arbeitseinsatzes in der Druckerei und Vervielfältigung, 1972-1987

Arbeitseinsatz	Einheit	1972	1973	1974	1975	1976	1977	1978	1979	1980	1981	1982	1983	1984	1985	1986	1987
Beschäftigte																	
Anzahl	1000	205	203	195	181	176	174	176	180	184	181	174	165	162	162	163	165
Entwicklung	1972=100	100	99,4	95,2	88,2	86,2	85,0	86,1	88,0	89,8	88,4	84,9	80,6	79,1	79,4	79,6	80,5
Anteil am verarbeitenden Gewerbe	%	2,45	2,42	2,38	2,37	2,37	2,35	2,40	2,44	2,48	2,49	2,49	2,46	2,44	2,41	2,38	2,41
Geleistete Beschäftigtenstunden																	
Anzahl	Mill. Std	382	375	354	326	320	314	311	316	318	308	297	284	275	270	269	269
Entwicklung	1972=100	100	98,1	92,7	85,3	83,9	82,2	81,4	82,7	83,2	80,8	77,7	74,4	72,0	70,8	70,5	70,4
Anteil am verarbeitenden Gewerbe	%	2,48	2,43	2,43	2,47	2,41	2,42	2,44	2,48	2,52	2,55	2,56	2,54	2,47	2,41	2,38	2,41
Geleistete Stunden je Beschäftigten																	
Anzahl	Std./Jahr	1865	1842	1817	1764	1816	1805	1864	1752	1728	1705	1706	1723	1697	1664	1653	1632
Entwicklung	1972=100	100	98,8	97,4	94,6	97,4	96,8	94,6	93,9	92,7	91,4	91,5	92,4	91,0	89,2	88,6	87,5
Arbeitsproduktivität[a)]	DM	25,54	26,87	27,69	27,91	30,74	32,75	34,26	35,82	35,97	36,37	36,83	38,12	41,13	42,43	43,86	45,24
Entwicklung	1972=100	100	105,2	108,4	109,3	120,4	128,2	134,1	140,3	140,8	142,4	144,2	149,3	161,0	166,1	171,7	177,1

a) Effektives Bruttowertschöpfungsvolumen in Preisen von 1980 je geleistete Beschäftigtenstunde.

Quelle: B. Görzig u.a., Produktionsvolumen und -potential, Produktionsfaktoren des Bergbaus und des Verarbeitenden Gewerbes in der Bundesrepublik Deutschland, 30. Folge, Berlin 1988.

Tabelle 33

Arbeitszeiten in der Druckindustrie Westeuropas, 1988

Land	Tarifl. Wochen-arbeits- Std.	Arbeits-zeit pro Jahr (Wo.-AZ mal 52,2) Std.	Urlaub Std.	Feier-tage Std.	Durchschnittliche Sollarbeitszeit pro Jahr Std.	pro Woche Std.
Niederlande	36	1 879,2	180	53,4	1 645,8	31,5
BR Deutschland	37,5	1 957,5	225	82,5	1 650	31,6
Belgien	37	1 931,4	148	89	1 694,4	32,5
Österreich	38	1 983,6	197,6	83,6	1 702,4	32,6
England, Wales	37,5	1 957,5	187,5	60	1 710	32,8
Dänemark	38	1 983,6	190	76	1 717,6	32,9
Norwegen	37,5	1 957,5	157,5	75	1 725	33
Frankreich	39	2 035,8	195	78	1 762,8	33,8
Italien	40	2 088./.60	180	73,3	1 774,7	34
Schweden	40	2 088	200	88	1 800	34,5
Spanien	40	2 088	173	104	1 811	34,7
Finnland	40	2 088	200	72	1 816	34,8
Luxemburg	40	2 088	168	80	1 840	35,2
Schweiz	40	2 088	160	64	1 864	35,7
Portugal	45	2 349	198	126	2 025	38,8

Quelle: Intergraf; Bundesverband Druck.

Tabelle 34

Materialeingang in der Druckerei und Vervielfältigung, 1986

Bezogene Rohstoffe (einschl. fremdbezogener Vorprodukte)	Mill. DM	%
Zeitungsdruckpapier	880,5	12,4
Kunstdruck-, Chromopapier u. -karton	1 316,5	18,6
Anderes Druck- u. Schreibpapier sowie -karton	2 172,0	30,6
Sonstiges Sonderpapier	127,2	1,8
Selbstklebebänder u. chemischer Bürobedarf	450,0	6,3
Papier- und Pappewaren	231,6	3,3
Kunststofferzeugnisse	159,1	2,2
Druckfarben, -Hilfsmittel für grafische Zwecke	491,9	6,9
Fotochemische Erzeugnisse	461,4	6,5
Gelatine, Klebstoffe u. Bindemittel	30,3	0,4
Bearbeitete Ätz-, Druckplatten, Klischees, Fotolithos	298,8	4,2
Übrige Rohstoffe (einschl. Pappe)	468,5	6,8
Rohstoffe insgesamt	7 087,8	100

Quelle: Statistisches Bundesamt, Fachserie 4, Reihe 4.2.4.

Tabelle 35

Verbrauch von Druckpapier und Druckfarben in der Bundesrepublik Deutschland, 1977-1988

Jahr	Verbrauch von Druckfarben[a] (1000 t)	Verbrauch von Druckpapieren[b] (1000 t)	Druckumsatz real (Mrd. DM)	Verbrauch je 1 Mrd. DM Umsatz: Druckfarben (1000 t)	Verbrauch je 1 Mrd. DM Umsatz: Druckpapiere (1000 t)
1977	92,9	3 682,0	19,7	4,7	187
1978	96,8	3 956,2	20,1	4,8	197
1979	102,0	4 380,4	21,7	4,7	202
1980	103,4	4 412,7	21,9	4,7	201
1981	100,2	4 422,6	21,4	4,7	207
1982	99,5	4 238,6	21,0	4,7	202
1983	101,6	4 530,1	20,8	4,9	218
1984	105,4	5 041,5	21,9	4,8	230
1985	104,8	5 205,9	22,3	4,7	233
1986	110,1	5 617,7	22,8	4,8	246
1987	113,2	5 919,4	23,5	4,8	252
1988	118,6	6 068,0	24,3	4,9	250

a) Nur Druckfarben für die Druckindustrie, einschl. Druckhilfsmittel. - b) Gesamte Auslieferungen minus Export zuzügl. Import.

Quelle: Firmenangaben; Berechnungen des Ifo-Instituts.

Tabelle 36

Marktversorgung mit grafischen Papieren, 1977 und 1988

Papiersorte	Marktversorgung (1000 t) 1977	1988	Veränderung 1977-1988 (in %)
Zeitungsdruck	1 078,5	1 592,0	+ 48
Magazinpapier	707,1	799,1	+ 13
sonst. h'h Druck- und Schreibpapier	332,0	426,6	+ 28
h'frei Druck- und Schreibpapier	681,6	1 393,2	+ 104
Ungestrichene (Natur-)papiere	2 799,2	4 210,9	+ 50
Gestrichene Papiere	882,8	1 857,1	+ 110
Grafische Papiere insgesamt	3 682,0	6 068,0	+ 65

Quelle: Firmenangaben; Berechnungen des Ifo-Instituts

Tabelle 37

Entwicklung der Arbeitskosten in der Papierwirtschaft, 1977-1987
(Anteil am Bruttoproduktionswert in %)

Wirtschaftszweig	1977	1978	1979	1980	1981	1982	1983	1984	1985	1986	1987
Druckerei, Vervielfältigung	39,3	39,6	37,9	37,0	38,0	37,9	37,2	35,4	35,5	35,6	35,5
Papiererzeugung	22,4	23,3	22,0	20,9	19,8	19,5	19,5	18,1	18,0	19,2	19,7
Papierverarbeitung	26,4	28,5	27,9	26,8	26,9	26,4	26,1	24,5	23,9	24,6	24,8
Verarbeitendes Gewerbe	26,2	26,7	25,8	25,8	25,5	25,3	25,1	24,3	24,0	25,6	26,5

Quelle: Statistisches Bundesamt, Kostenstrukturerhebung; Berechnungen des Ifo-Instituts.

Tabelle 38

Bruttostundenverdienste[a] in der Druckindustrie[b] wichtiger Länder der EG

Land	Bruttostundenverdienste (DM)[c] Okt. 1978	Okt. 1987	∅ Veränd./Jahr[d] (in %)	Druckindustrie im Vergleich zum Verarbeitenden Gewerbe (= 100) Okt. 1987[d]
BR Deutschland	13,19	19,50	+ 4,4	110
Frankreich	9,27	14,41[e]	+ 9,8	120[e]
Belgien	13,66	17,04[e]	+ 5,8	116[e]
Niederlande	12,34	16,91[f]	+ 4,6	112[f]
Italien	8,02	14,31[g]	+ 15,5	119[g]
Vereinigtes Königreich	8,09	17,62	+ 12,4	143
Irland[h]	7,92	15,12	+ 11,5	123
Dänemark	20,23	27,53	+ 7,3	127
Griechenland	4,96	5,35	+ 17,8	107

a) Tatsächliche Bruttostundenverdienste. - b) NACE 473/74. - c) Umgerechnet nach jeweiligen Wechselkursen. - d) Berechnet auf Basis der jeweiligen Währungen. - e) April 1987. - f) Oktober 1986. - g) Oktober 1985. - h) Jeweils September.

Quelle: EUROSTAT, Verdienste, Heft 1/1988, Luxemburg 1988.

Tabelle 39

Arbeitskosten in der Papierwirtschaft[a], 1978-1986

- in ECU/Stunde -

Land	1978	1981	1984	1986
BR Deutschland	8,22	10,58	13,71	15,52
Frankreich	6,99	11,13	13,32	n.a.
Italien	5,79	8,00	11,58	n.a.
Niederlande	9,24	10,88	14,16	16,12
Belgien	9,29	12,11	12,94	14,91
Verein. Königreich	4,02	8,23	10,21	n.a.
Dänemark	9,58	11,64	13,75	n.a.
Griechenland	n.a.	4,17	5,89	n.a.
Irland	4,11	6,85	9,42	11,11
Luxemburg	7,64	11,24	11,71	12,79

a) Papiererzeugung, Papierverarbeitung, Druckindustrie, Verlagswesen.

Quelle: EUROSTAT, Verdienste.

Tabelle 40

Entwicklung des Jahresüberschusses in der Druckindustrie und im verarbeitenden Gewerbe insgesamt, 1977-1987

(Anteil am Bruttoproduktionswert in %)

Wirtschaftszweig	1977	1978	1979	1980	1981	1982	1983	1984	1985	1986	1987
Druckindustrie insgesamt	5,6	5,6	6,3	6,0	3,1	2,3	4,1	5,4	4,2	4,0	4,3
davon Unternehmen mit:											
20 - 49 Beschäftigten	8,6	7,7	8,6	6,6	2,5	2,2	3,0	8,3	7,1	6,4	6,1
50 - 99 Beschäftigten	5,7		6,6	7,3			4,7	5,7	5,6	5,2	6,2
100 - 199 Beschäftigten	6,2	3,4	5,6	5,2	2,6	0,2	1,8	2,8	3,1	2,6	4,7
200 - 499 Beschäftigten	3,0	6,1	7,1				4,9	3,2			
500 - 999 Beschäftigten	7,7	4,3	5,4	5,2	2,5	2,8	3,3	4,1	2,8	3,0	2,7
1000 u.mehr Beschäftigten	3,5	3,5	4,0	6,7	6,0	7,1	6,3	8,3			
Verarbeitendes Gewerbe	2,8	3,0	3,7	2,4	1,0	1,2	2,0	2,3	2,7	2,6	2,3

Quelle: Statistisches Bundesamt, Kostenstrukturerhebung; Berechnungen des Ifo-Instituts.

Tabelle 41

Kennziffern zum Büchermarkt in der Bundesrepublik Deutschland

Merkmal	1977	1978	1979	1980	1981	1982	1983	1984	1985	1986	1987	1988
Titelproduktion	48 736	53 137	62 082	67 176	59 168	61 332	60 598	51 733	57 623	63 679	65 680	68 611
dar.: Erstauflagen (%)	80	81	81	81	80	79	79	77	78	79	74	74
dar.: Taschenbücher (%)	13,0	12,4	12,0	11,6	14,6	14,0	14,5	16,3	14,2	14,7	17,4	18,1
Zugänge der deutschen Bibliothek (Bände)	81 505	82 028	82 842	88 822	92 979	99 195	91 779	93 309	108 324	114 871	116 121	.
Prod. (Mill. DM nominal)	1 252	1 337	1 442	1 547	1 575	1 641	1 583	1 661	1 784	1 864	1 961	2 071
Prod. (Mill. DM real[a)])	1 451	1 476	1 510	1 547	1 482	1 488	1 408	1 444	1 468	1 511	1 566	1 613
dav.: (%) Hochdruck	31,7	30,0	28,6	27,3	25,3	14,4	12,5	11,4	10,6	10,2	10,1	10,2
Flachdruck	67,6	69,5	71,1	72,3	74,5	85,3	86,8	87,9	88,7	89,3	89,5	89,4
Tiefdruck	0,7	0,5	0,3	0,4	0,2	0,4	0,7	0,7	0,7	0,5	0,4	0,4
Einfuhren[b)] (Mill. DM, nominal)	321	361	398	434	455	456	466	508	533	521	559	619
Einfuhren[b)] (Mill. DM, real)[c)]	324	376	405	434	425	403	411	431	445	442	476	521
Ausfuhren[b)] (Mill. DM, nominal)	557	630	691	749	793	791	796	894	1 000	1 057	1 102	1 220
Ausfuhren[b)] (Mill. DM, real)[c)]	621	674	718	749	740	699	684	747	822	861	879	947

a) Preisbereinigt mit dem Erzeugerpreisindex für Bücher. – b) Einschließlich Bilderbücher und Noten. – c) Preisbereinigt mit den Indices der Außenhandelspreise für Druckerzeugnisse insgesamt.

Quelle: Börsenverein des Deutschen Buchhandels e.V. (Hrsg.), Buch und Buchhandel in Zahlen; Bundesverband Druck, Jahresberichte; Statistisches Bundesamt.

Tabelle 42

Kennziffern zur Situation der Tageszeitungen in der EG, 1986

Land	Zahl der Zeitungen (Einheiten)	Tägl. Druckauflage (Mill.)	Druckaufl. je 1000 Einwohner	Spez. Papierverbrauch (t/1 Mill. Druckaufl.)	Anteil der Tageszeitungen an den Werbeausgaben
Belgien	36	2,18	220	89	28,3
Dänemark	46	1,84	359	103	89,2
BR Deutschland	1 273	20,92	343	69	37,9
Griechenland	129	1,32	133	64	15,3
Spanien	102	3,01	78	89	33,8
Frankreich	88	9,89	179	50	20,3
Irland	5	0,55	157	54	30,6
Italien	78	8,38	146	44	19,5
Luxemburg	4	0,12	313	70	N.A.
Niederlande	48	4,53	311	102	39,7
Portugal	25	0,42	41	89	28,4
Vereinigtes Königreich	100	21,12	372	64	31,4
EG insgesamt	1 934	74,26	230	66	

Quelle: Statistisches Jahrbuch der Bundesrepublik Deutschland; Commission of the European Communities, Panorama of EC Industry 1989, Luxemburg 1988.

Tabelle 43

Entwicklung der Verkaufsauflagen bei Zeitungen, 1977-1988

(Jahreswerte errechnet als Durchschnitt der Quartalswerte; Auflage in Mill. Stück)

Medium	1977	1978	1979	1980	1981	1982	1983	1984	1985	1986	1987	1988
Tageszeitungen												
Zahl	412	410	409	408	400	398	398	396	395	392	387	389
Druckauflage	25,8	26,2	26,5	27,3	27,0	27,9	28,1	27,9	27,8	27,6	28,0	27,6
Verk. Auflage	23,0	23,3	23,6	24,2	24,1	25,0	25,1	24,9	24,7	24,6	24,8	24,3
Wochenzeitungen												
Zahl	49	49	50	48	48	48	48	47	48	47	44	43
Druckauflage	2,1	2,1	2,2	2,1	2,2	2,1	2,2	2,2	2,1	2,1	2,1	2,1
Verk. Auflage	1,8	1,8	1,9	1,9	2,0	1,8	1,9	1,9	1,9	1,9	1,8	1,8
Zeitungen insges.												
Zahl	461	459	458	455	448	446	445	443	443	439	432	432
Druckauflage	27,9	28,3	28,6	29,4	29,3	30,0	30,2	30,1	29,9	29,8	30,1	29,7
Verk. Auflage	24,8	25,1	25,5	26,1	26,0	26,8	27,0	26,8	26,6	26,4	26,6	26,2

Quelle: Informationsgemeinschaft zur Feststellung der Verbreitung von Werbeträgern (IVW).

Tabelle 44

Kennziffern zum Zeitungsmarkt in der Bundesrepublik Deutschland, 1977–1988

Merkmal	1977	1978	1979	1980	1981	1982	1983	1984	1985	1986	1987	1988
Tageszeitungen												
Zahl der Titel	.	.	1 203	1 208	1 203	1 205	1 213	1 234	1 239	1 246		
Verkaufte Auflage (Mill.)[a]	.	.	20,7	20,7	20,7	21,3	21,5	21,3	21,2	21,1		
Wochenzeitungen												
Zahl der Titel	.	.	14	14	13	14	13	14	14	14		
Verkaufte Auflage (Mill.)	.	.	4,1	4,5	4,3	4,5	4,5	4,3	4,3	4,3		
Zeitungen insges.												
Zahl	1 202	1 180	1 217	1 222	1 216	1 219	1 226	1 248	1 253	1 260		
Verkaufte Auflage (Mill.)	23,9	24,1	24,8	25,2	25,1	25,7	25,9	25,7	25,5	25,4		
Seitenzahl (Mill.)[b]	3,8	3,8	4,1	4,2	4,1	4,0	4,1	4,2	4,2	4,3		

Anzeigenblätter												
Zahl	404 c)	449 c)	508	606	650	654	669	732	836	882		
Auflage	23,8	25,3	30,9	35,5	39,0	38,4	39,3	44,1	47,4	49,2		
Seitenzahl (Mill. d))	0,25	0,35	0,34	0,37	0,42	0,39	0,42	0,49	0,58	0,64		
Produktion Zeitungen e)												
Mill. DM (nominal)	2 755	3 071	3 541	3 751	3 859	3 922	4 068	4 207	4 414	4 690	4 753	4 742
Mill. DM (real) f)	3 092	3 306	3 696	3 751	3 696	3 686	3 770	3 770	3 869	4 089	4 147	4 093
dav.: (%) Hochdruck	90,3	88,4	88,0	86,7	85,0	76,0	72,5	66,2	60,5	57,3	56,4	51,6
Flachdruck	9,2	10,9	11,6	13,0	14,8	23,5	27,1	33,4	39,0	42,2	43,4	48,2
Tiefdruck	0,5	0,7	0,4	0,3	0,2	0,5	0,4	0,4	0,5	0,5	0,2	0,2

a) Jahresdurchschnitt. – b) Seitenzahl der Hauptausgabe, zuzügl. zusätzlich gefertigter Seiten für Nebenausgaben. – c) Einschließlich kostenlos verteilter kommunale Amtsblätter. – d) Seitenzahl des Jahrgangs. – e) Güterart 57 140. – f) 1977–1979 preisbereinigt mit dem Erzeugerpreisindex für Zeitungen und Zeitschriften, ab 1980 mit dem Erzeugerpreisindex für Zeitungen.

Quelle: Statistisches Bundesamt, Pressestatistik sowie Bundesverband Druck, Jahresberichte.

Tabelle 45

Struktur des Druckvolumens bei Zeitschriften, 1978, 1981 und 1986

Zeitschriftenart	1978 Seitenzahl der Jahresauflage (Mrd.)	1978 Anteil in %	1981 Seitenzahl der Jahresauflage (Mrd.)	1981 Anteil in %	1986 Seitenzahl der Jahresauflage (Mrd.)	1986 Anteil in %	Veränderung der Seitenzahl 1986/1978 (%)
Publikumszeitschriften	267,57	72,8	291,32	79,8	295,40	78,7	+ 10,4
Fachzeitschriften	20,85	5,7	28,76	7,9	32,15	8,6	+ 54,2
Übrige Zeitschriften[a)b)]	78,88	21,5	44,87	12,3	47,72	12,7	- 39,5
Zeitschriften insgesamt	367,30	100	364,95	100	375,27	100	+ 2,2

a) Ohne Anzeigenblätter und kostenlos verteilte kommunale Amtsblätter. - b) 1978 einschl. Zeitschriften der Verbände usw..

Quelle: Statistisches Bundesamt, Pressestatistik; Berechnungen des Ifo-Instituts.

Tabelle 46

Entwicklung der Verkaufsauflagen bei Zeitschriften, 1977-1988

(Jahreswerte errechnet als Durchschnitt der Quartalswerte; Auflage in Mill. Stück)

Medium	1977	1978	1979	1980	1981	1982	1983	1984	1985	1986	1987	1988
Publikumszeitschriften												
Zahl	233	245	268	275	283	290	309	340	357	392	435	466
Druckauflage	87,3	91,7	96,6	100,4	101,2	105,3	109,7	117,3	119,0	126,0	130,6	133,7
Verkaufte Auflage	73,6	76,7	81,0	83,8	85,0	87,3	90,2	94,0	95,3	100,1	103,2	104,1
Fachzeitschriften												
Zahl	676	700	713	741	756	744	740	759	775	799	818	841
Druckauflage	18,7	20,0	19,1	20,0	20,5	20,5	18,0	18,7	18,6	20,0	20,5	21,1
Verkaufte Auflage	14,7	15,7	14,6	15,1	15,4	14,6	13,0	13,3	13,2	14,3	14,7	14,9
Kundenzeitschriften												
Zahl	28	26	26	30	30	31	33	33	32	35	40	44
Druckauflage	13,9	13,4	13,6	14,5	14,8	15,3	15,9	16,2	19,1	19,7	20,4	22,8
Verkaufte Auflage	13,4	13,1	13,3	14,1	14,3	14,6	15,3	15,5	18,4	18,9	19,5	21,5
Zeitschriften insgesamt												
Zahl	937	971	1 007	1 045	1 069	1 064	1 082	1 131	1 163	1 226	1 293	1 350
Druckauflage	119,9	125,1	129,4	134,9	136,5	141,0	143,7	152,1	156,6	165,7	171,5	177,6
Verkaufte Auflage	101,7	105,5	108,8	112,9	114,6	116,4	118,5	122,7	126,9	133,4	136,1	140,6

Quelle: Informationsgemeinschaft zur Feststellung der Verbreitung von Werbeträgern (IVW); Berechnungen des Ifo-Instituts.

Tabelle 47

Struktur des Druckvolumens bei Publikumszeitschriften, 1978 und 1986

Zeitschriftenart	1978 Seitenzahl der Jahresauflage (Mrd.)	1978 Anteil in %	1986 Seitenzahl der Jahresauflage (Mrd.)	1986 Anteil in %	Veränderung der Seitenzahl 1986/1978 (%)
Illustrierte, Magazine	159,92	59,8	176,32	59,7	+ 10,3
Motor, Reise, Freizeit, Hobby	10,72	4,0	30,95	10,5	+188,7
Frauen, Familie, Mode, Wohnen	61,38	22,9	66,76	22,6	+ 8,8
Jugendzeitschriften	8,22	3,1	5,51	1,9	- 33,0
Politik, Kultur, Populärwissenschaft	2,19	0,8	5,14	1,7	+134,7
Romane, Rätsel, Comics	21,25	7,9	6,83	2,3	- 67,9
Sport	3,40	1,3	3,58	1,2	+ 5,3
Sonstige	0,49	0,2	0,31	0,1	- 36,7
Publikumszeitschriften insges.	267,57	100	295,40	100	+ 10,4

Quelle: Statistisches Bundesamt, Pressestatistik.

Tabelle 48

Struktur des Druckvolumens bei Fachzeitschriften, 1978 und 1986

Zeitschriftenart	1978 Seitenzahl der Jahresauflage (Mrd.)	1978 Anteil in %	1986 Seitenzahl der Jahresauflage (Mrd.)	1986 Anteil in %	Veränderung der Seitenzahl 1986/1978 (%)
Fachzeitschriften mit überwiegend wissenschaftl. Inhalt	(8,57)	(41,1)	(9,70)	(30,1)	(+13,2)
Sprach- u. Kulturwissenschaften	0,17	0,8	0,29	0,9	+70,6
Recht, Wirtschaft, Gesellschaft	2,06	9,9	2,13	6,6	+ 3,4
Mathematik u. Naturwissenschaften	0,37	1,8	0,30	0,9	-18,2
Medizin	4,28	20,5	5,54	17,3	+29,4
Agrar-, Forst-, Ernährungswissenschaften	0,17	0,8	0,08	0,2	-52,9
Ingenieurwissenschaften	1,52	7,3	1,36	4,2	-10,5
Andere Fachzeitschriften	(12,28)	(58,9)	(22,45)	(69,9)	+82,8
Landwirtschaft, Ernährung	2,59	12,4	3,18	9,9	+22,8
Industrie und Handwerk	4,29	20,7	6,25	19,4	+45,7
Handel und Dienstleistungen	2,86	13,7	6,61	20,6	+131,1
Öffentliche Verwaltung	0,59	2,8	0,86	2,7	+45,8
Gesundheitswesen	0,75	3,6	4,23	13,2	+464,0
Bildung und Erziehung	1,03	4,9	1,06	3,3	+ 2,9
Sonstige	0,17	0,8	0,26	0,8	+52,9
Fachzeitschriften insgesamt	20,85	100	32,15	100	+54,2

Quelle: Statistisches Bundesamt, Pressestatistik.

Tabelle 49

Struktur des Druckvolumens bei übrigen Zeitschriften[a], 1978 und 1986

Zeitschriftenart	1978 Seitenzahl der Jahresauflage (Mrd.)	1986 Seitenzahl der Jahresauflage (Mrd.)	Veränderung der Seitenzahl 1986/1978 (%)
Politische Wochenblätter	12,20	12,61	+ 3,4
Konfessionelle Zeitschriften	6,05	5,39	-10,9
Kundenzeitschriften	10,83	10,16	- 6,2
Amtliche Blätter	20,86	3,01	.[c]
Sonstige Zeitschriften	28,94[b]	16,55	.[c]
Übrige Zeitschriften insgesamt	78,88	47,72	.[c]

a) Ohne Anzeigenblätter und kostenlos verteilte kommunale Amtsblätter. –
b) Einschließlich Zeitschriften der Verbände etc. (14,60 Mrd. Seiten).
c) Wegen Änderung der statistischen Zuordnung Ausweis nicht sinnvoll.

Quelle: Statistisches Bundesamt, Pressestatistik.

Tabelle 50

Kennziffern zum Zeitschriftenmarkt in der Bundesrepublik Deutschland, 1977-1988

Merkmal	1977	1978	1979	1980	1981	1982	1983	1984	1985	1986	1987	1988
Druckauflage (Mill.)[a]	119,9	125,1	129,4	134,9	136,5	141,0	143,7	152,1	156,6	165,7	171,5	177,6
Druckvolumen (Mrd. Seiten)[b]	.	367,3	n.a.	367,5	365,0	361,3	367,9	376,5	367,8	375,3		
Produktion Zeitschriften[c]												
Mill. DM (nominal)	2 517	2 701	2 965	3 138	3 149	3 203	3 274	3 450	3 479	3 655	3 841	4 080
Mill. DM (real)[d]	2 825	2 908	3 095	3 138	3 034	3 002	3 017	3 100	3 012	3 095	3 203	3 334
dav.: (%) Hochdruck	20,5	20,5	19,7	18,9	17,1	12,6	11,1	10,1	9,8	9,3	8,9	7,4
Flachdruck	17,5	19,3	20,8	23,2	24,4	27,6	29,8	32,5	33,8	33,4	33,2	33,8
Tiefdruck	62,0	60,2	59,5	57,9	58,5	59,7	59,1	57,4	56,4	57,3	57,8	58,8
Einfuhren (Mill. DM nominal)	94,5	107,6	120,1	173,5	181,4	182,4	184,9	225,0	247,5	242,4	255,1	337,0[e]
Einfuhren (Mill. DM real)[f]	95,4	112,0	122,2	173,5	169,4	161,3	163,0	190,7	206,7	205,6	217,1	283,6[e]
Ausfuhren (Mill. DM nominal)	522,3	570,8	629,6	683,3	763,7	802,4	869,2	940,0	1042,5	1159,1	1240,9	1329,0[e]
Ausfuhren (Mill. DM real)[f]	582,3	610,5	653,8	683,3	712,4	708,8	747,4	786,0	857,3	943,9	990,3	1031,8[e]

a) Ohne Anzeigenblätter nach IVW. – b) Ohne Anzeigenblätter und kostenlos verteilte Amtsblätter. – c) Güterart 57150. – d) 1977-1979 preisbereinigt mit dem Erzeugerpreisindex für Zeitungen und Zeitschriften; ab 1980 mit dem Erzeugerpreisindex für Zeitungen. – e) Ab 1988 geänderte Abgrenzung. – f) Preisbereinigt mit den Indices der Außenhandelspreise für Druckerzeugnisse insgesamt.

Quelle: Börsenverein des Deutschen Buchhandels e.V., (Hrsg.), Buch und Buchhandel in Zahlen; Zentralausschuß der Werbewirtschaft (Hrsg.) Werbung; Bundesverband Druck, Jahresberichte; Statistisches Bundesamt, Pressestatistik.

Tabelle 51

Kennziffern zum Markt für Kataloge und Werbedrucksachen, 1977-1988

Merkmal	1977	1978	1979	1980	1981	1982	1983	1984	1985	1986	1987	1988
Papierbedarf Versandhauskataloge (1000 t)[a]	89,9	90,6	95,9	97,7	100,3	98,1	93,9	95,2	94,0	92,8	96,8	100p
Bundespost-Verkehrszahlen												
Massendrucksachen (Mill.)	1 752,0	2 005,1	1 885,0	2 032,3	2 095,6	2 081,2	2 100,7	2 217,3	2 185,1	2 319,8	2 423,2	2 674,5
Wurfsendungen (Mill.)	129,8	188,3	385,6	425,0	544,6	755,1	798,6	567,7	557,1	577,9	620,2	781,1
Plakatanschlag												
Allgemeine Stellen (1000)	50,4	53,3	52,1	51,9	52,0	51,8	48,7	48,3	48,2	47,9	47,4	46,4
Ganzstellen (1000)	8,9	9,6	9,7	10,3	10,8	10,8	10,4	10,2	10,3	10,5	10,4	10,2
Großflächen (1000)	94,7	106,5	111,7	121,6	130,6	134,6	134,4	137,0	139,9	141,5	143,9	143,8
Kleintafeln (1000)	5,2	6,7	8,0	8,7	9,9	10,3	2,0	2,0	1,8	1,5	1,6	1,2
Produktion (Mill. DM, nominal)												
Versandhauskataloge	.	.	.	.	.	1 076,0	1 049,4	1 035,0	1 108,4	971,0	955,6	1 071,5
Reise- und sonstige Kataloge	.	.	.	.	.	252,9	214,0	298,8	304,4	367,8	403,5	466,9
Werbedrucksachen	.	.	.	.	.	2 970,2	3 106,3	3 634,8	4 037,5	4 289,4	4 780,5	5 158,0
Kataloge und Werbedrucksachen	3 040,8	3 410,5	3 838,9	4 089,9	4 215,7	4 299,1	4 369,7	4 968,6	5 450,3	5 628,2	6 139,6	6 696,4
Produktion (Mill. DM, real)[b]												
Versandhauskataloge	.	.	.	.	.	986,3	952,3	911,9	919,8	778,0	755,4	827,1
Reise- und sonstige Kataloge	.	.	.	.	.	231,8	194,2	263,1	252,6	294,7	319,0	360,4
Werbedrucksachen	.	.	.	.	.	2 755,4	2 818,7	3 202,6	3 350,5	3 437,1	3 779,0	3 981,7
Kataloge und Werbedrucksachen	3 455,5	3 743,7	4 058,0	4 089,9	4 022,6	3 940,5	3 965,2	4 377,6	4 523,1	4 509,8	4 853,4	5 169,2
davon (%) Hochdruck	17,7	17,8	16,1	15,3	14,4	10,7	9,3	8,0	7,2	7,4	8,7	7,6
Flachdruck	56,9	56,6	58,7	59,2	61,6	65,5	67,1	68,7	70,8	73,4	74,5	75,1
Tiefdruck	25,4	25,6	25,2	25,5	24,0	23,8	23,6	23,3	21,9	19,2	16,8	17,3
Außenhandel[c]												
Einfuhr (Mill. DM, nominal)	114,4	132,0	156,4	183,4	214,6	206,7	232,5	276,5	295,7	310,4	368,1	389,6
Einfuhr (1000 t)	26,6	31,9	36,4	39,3	42,4	37,5	43,3	50,2	50,9	53,7	69,3	74,6
Ausfuhr (Mill. DM, nominal)	343,2	375,4	449,9	533,6	616,2	699,4	738,5	924,1	1 083,9	1 103,3	1 108,6	1 230,7
Ausfuhr (1000 t)	82,0	88,9	105,2	120,0	135,9	158,3	175,0	210,3	235,6	243,0	245,0	281,8

a) Hauptkataloge der zehn größten Versender. - b) Preisbereinigt mit dem Erzeugerpreisindex für Werbungsmaterial und Kalender. - c) 1977: WA 4911 950, 1978-1987: WA 49 11 300, 1988: WA 4911 10 900.

Quelle: Firmenangaben; Zentralausschuß der Werbewirtschaft (Hrsg.), Werbung, versch. Jahrgänge; Statistisches Bundesamt; Berechnungen des Ifo-Instituts.

Tabelle 52

Druckproduktion von Katalogen und Werbedruckschriften nach Druckverfahren, 1982 und 1987

Produkt	1982 Anteil in % an Güterklasse	1982 Anteil in % an Güterart	1987 Anteil in % an Güterklasse	1987 Anteil in % an Güterart
Versandhauskataloge	25,0		15,6	
Hochdruck		8,1		6,5
Flachdruck		34,4		33,4
Tiefdruck		57,4		60,2
Reise- u. ähnl. Kataloge	5,9		6,6	
Hochdruck		3,4		4,4
Flachdruck		76,8		85,0
Tiefdruck		19,9		10,5
Werbedruckschriften	69,1		77,9	
Hochdruck		10,7		9,5
Flachdruck		65,5		81,8
Tiefdruck		23,8		8,7
Kataloge u. Werbedruckschriften	100		100	

Quelle: Bundesverband Druck e.V., Jahresberichte.

Tabelle 53

Kennziffern zum Sektor Geschäftspapiere, 1977-1988

Merkmal	1977	1978	1979	1980	1981	1982	1983	1984	1985	1986	1987	1988
Produktion (Mill. DM, nominal)												
Einzelformulare u.ä.	.	.	.	.	.	2 499	2 475	2 568	2 685	2 758	2 855	3 060
Endlosformulare u.ä.	.	.	.	.	.	1 014	1 074	1 237	1 353	1 475	1 402	1 416
Geschäftspapiere insgesamt	2 841	3 068	3 299	3 617	3 710	3 513	3 549	3 805	4 038	4 233	4 257	4 476
Produktion (Mill. DM, real)[a]												
Einzelformulare u.ä.	.	.	.	.	.	2 227	2 162	2 162	2 150	2 161	2 171	2 191
Endlosformulare u.ä.	.	.	.	.	.	904	938	1 041	1 083	1 156	1 066	1 013
Geschäftspapiere insgesamt	3 311	3 490	3 570	3 617	3 493	3 131	3 100	3 203	3 233	3 317	3 237	3 204
davon (%) Hochdruck	68,3	65,8	63,2	59,8	57,8	47,5	44,0	42,1	41,0	39,3	38,6	37,0
Flachdruck	28,7	31,4	33,1	35,2	38,2	48,9	51,7	53,9	55,2	57,8	58,1	59,7
Tiefdruck	3,0	2,8	3,7	4,9	4,0	3,5	4,3	4,0	3,8	2,9	3,3	3,3
Außenhandel[b]												
Ausfuhren (Mill. DM, nominal)	114,4	119,2	150,5	202,5	196,2	172,1	180,2	201,1	228,7	205,6	234,2	204,9
Ausfuhren (1000 t)	11,07	10,45	11,72	14,40	13,81	11,41	10,73	11,97	14,84	14,07	12,97	11,34
Einfuhren (Mill. DM, nominal)	22,5	31,0	28,2	32,6	34,4	37,4	38,6	48,2	54,4	56,2	65,6	55,2
Einfuhren (1000 t)	2,47	3,98	2,51	2,32	2,45	2,41	3,33	3,14	3,57	3,89	5,75	4,67

a) Preisbereinigt mit dem Erzeugerpreisindex für Geschäftspapiere und Drucksachen für Verpackungszwecke. - b) Bis 1987 WA-Nummern 4821 600, 4907 100, 4907 200, 4907 990, 4911 909; 1988 WA-Nummern 4823 30 000, 4907 00 100, 4907 00 300, 4907 00 910, 4907 00 990, 4911 99 900.

Quelle: Statistisches Bundesamt; Berechnungen des Ifo-Instituts.

Tabelle 54

Produktionsentwicklung Übrige Erzeugnisse der Druckindustrie, 1977-1988

- Mill. DM -

Erzeugnis	1977	1978	1979	1980	1981	1982	1983	1984	1985	1986	1987	1988
Verpackungsdrucksachen	878,8	924,8	1 000,1	1 057,8	1 099,7	1 141,9	1 184,6	1 300,4	1 385,1	1 543,1	1 630,0	1 699,9
Wandkalender	280,8	263,0	249,4	266,5	277,4	162,9	175,6	173,5	183,3	196,2	211,7	391,7
Bilddrucke/Karten						195,2	218,2	220,1	211,1	205,5	201,1	
Kartogr. Erzeugnisse	389,3	406,4	483,8	525,8	555,6	42,3	49,5	51,9	46,6	47,2	53,3	59,3
Sonstige Druckerzeugnisse						440,5	468,2	542,6	541,1	529,3	541,2	635,1
Übrige Druckerzeugnisse insg.	1 548,9	1 594,2	1 733,3	1 850,1	1 932,7	1 982,8	2 096,1	2 288,5	2 367,2	2 521,3	2 637,3	2 786,0
Reproduktionen und Druckformen	778,7	867,0	900,9	935,0	987,3	996,2	740,0	790,7	836,1	897,5	962,0	1 098,4
Fremdsatz	81,8	111,5	132,0	144,7	152,8	161,8	172,8	183,2	206,0	227,9	254,0	262,8
Reprografische Produkte	44,3	48,2	51,6	58,4	58,0	57,3	58,2	63,9	65,6	77,4	82,3	91,2
Mikrofilme (belichtet)	.	.	.	.	.	3,9	6,0	7,5	16,0	14,4	15,8	21,8
Lohnveredlungsarbeiten an Druckerzeugnissen	36,6	39,1	41,2	44,8	52,5	30,0	34,8	35,6	37,3	50,6	55,7	64,4

Quelle: Bundesverband Druck e.V., Jahresberichte; Statistisches Bundesamt.